suhrkamp taschenbuch
wissenschaft 394

Geschichtsphilosophie heißt hier eine datierbare Formation: diejenige, die die eine Weltgeschichte proklamiert mit dem einen Ziel und Ende, der Freiheit aller; diejenige also, die gegen das scheinbar Unvermeidliche antritt, daß Menschen vom Leiden anderer Menschen leben; diejenige, die Fortschritt sieht und will und Kritik der vorhandenen Wirklichkeit als Unterscheidung zwischen dem, was ihn fördert, und dem, was ihn nicht fördert, und die dabei mit einer letzten Krise rechnet und mit ihrer definitiven Lösung; kurz: es ist diejenige, die aufruft zum Ausgang der Menschen aus ihrer selbstverschuldeten Unmündigkeit dadurch, daß sie sich aus Heteronomien befreien und sich selber autonom zum Herrn ihrer Welt machen. Geschichtsphilosophie: das ist der Mythos der Aufklärung. Ist sie also Mythos, oder ist sie Aufklärung? Da steckt die Zweideutigkeit, da liegt die Aporie. Die Geschichtsphilosophen haben die Welt nur verschieden verändert; es kommt darauf an, sie zu verschonen.

Odo Marquard

Schwierigkeiten mit der Geschichtsphilosophie

Aufsätze

Suhrkamp

Bibliografische Information der Deutschen Nationalbibliothek
Die Deutsche Nationalbibliothek verzeichnet diese Publikation
in der Deutschen Nationalbibliografie;
detaillierte bibliografische Daten sind im Internet über
http://dnb.d-nb.de abrufbar.

6. Auflage 2017

Erste Auflage 1982
suhrkamp taschenbuch wissenschaft 394

Printed in Germany
Umschlag nach Entwürfen von
Willy Fleckhaus und Rolf Staudt
ISBN 978-3-518-27994-6

Die erste Auflage dieses Buchs erschien 1973.
Sie war Joachim Ritter zu seinem 70. Geburtstag zugeeignet.
1974 ist Joachim Ritter gestorben.
Seinem Andenken widme ich diese Neuauflage.

tristesse oblige

Inhalt

Einleitung

Schwierigkeiten mit der Geschichtsphilosophie

1.

Die Geschichtsphilosophen haben die Welt nur verschieden verändert; es kömmt darauf an, sie zu verschonen.

Ist dieser Rat ratsam? Bevor das zur Debatte stehen kann, muß klargestellt sein, wer hier eigentlich verschont werden soll: sie, die Welt, oder sie, die Geschichtsphilosophen d. h. die Geschichtsphilosophie. Und es muß klargestellt sein, wovor sie zu verschonen ist: die Welt vor der Geschichtsphilosophie, oder die Geschichtsphilosophie vor der Welt. Es liegt zwar auf der Hand, daß hier jenes – daß die Welt vor der Geschichtsphilosophie zu verschonen ist – gemeint sein muß; was aber den Verfasser – der schon immer schwer von Begriff war, gerade in bezug auf seine eigenen Formulierungen – und seine in diesem Buch zusammengestellten Aufsätze betrifft, so sieht es doch zunächst eher so aus, als sei es seine anfängliche Absicht gewesen, die Geschichtsphilosophie zu verschonen, sie zu behelligen allenfalls mit ihm selbst, und daß die andere Version – die naheliegendere: daß die Welt zu verschonen ist und darum gerade nicht die Geschichtsphilosophie – bei der Verfolgung dieser Absicht sozusagen contre coeur erst als Resultat herauskam. Da sich das wirklich so verhält, ist der an den Anfang gestellte Satz nicht sowohl ein Programm, als vielmehr das Fazit der hier zusammengestellten Überlegungen. Die Einleitung zu ihnen muß daher vor allem verdeutlichen, wie es – in diesen zwischen 1962 und 1973 aufgeschriebenen Arbeiten – zu diesem Fazit hat kommen können. Sie handelt deswegen vom hier leitenden Begriff der Geschichtsphilosophie (Abschnitt 2), vom – zunehmend erfolglosen – Versuch, die Geschichtsphilosophie zu vertreten (Abschnitt 3) und ihr Gegenteil, die Anthropologie, anzugreifen (Abschnitt 4), und schließlich davon, was für jemanden philosophisch übrigbleibt, der von diesem Vertreten und diesem Angreifen abläßt (Abschnitt 5).

2.

Geschichtsphilosophie: damit ist hier nicht das gemeint, was zweifellos auch Geschichtsphilosophie heißen kann: die Wissenschaftstheorie der Wissenschaft Geschichte[1]; die regionale Ontologie der ontologischen Region Geschichte[2]; die Fundamentalphänomenologie der Geschichtlichkeit des Menschen[3]; die Historikerweisheit weiser Historiker[4]: all das sind gewiß unermeßlich lehrreiche Dinge, all das kann man ebenfalls Geschichtsphilosophie nennen.

Hier jedoch und im folgenden heißt – wobei fast all jenes in ihr seinen Ort und seine Zeit und seine Funktion zu haben scheint – Geschichtsphilosophie eine datierbare Formation: diejenige, die die eine Weltgeschichte proklamiert mit dem einen Ziel und Ende, der Freiheit aller; diejenige also, die gegen das scheinbar Unvermeidliche antritt, daß Menschen vom Leiden anderer Menschen leben; diejenige, die Fortschritt sieht und will und Kritik der vorhandenen Wirklichkeit als Unterscheidung zwischen dem, was ihn fördert, und dem, was ihn nicht fördert, und die dabei mit einer letzten Krise rechnet und mit ihrer definitiven Lösung; kurz: es ist diejenige, die aufruft zum Ausgang der Menschen aus ihrer selbstverschuldeten Unmündigkeit dadurch, daß sie sich aus Heteronomien befreien und sich selber autonom zum Herrn ihrer Welt machen. Geschichtsphilosophie: das ist der Mythos der Aufklärung. Ist sie also Mythos oder ist sie Aufklärung? Da steckt die Zweideutigkeit, da liegt die Aporie.

Eine datierbare philosophische Formation wird definiert, indem sie datiert wird. Gerade das macht Schwierigkeiten bei der Geschichtsphilosophie, insbesondere, was ihren Anfang betrifft. Fängt sie dort an, wo das Wort Geschichtsphilosophie zuerst vorkommt, also bei Voltaire? Ist Geschichtsphilosophie

– etwa indem sie nach Kosellecks[5] These lanciert wurde durch den politisch ermöglichten Geist des politischen Leichtsinns: als jenes Wunschdenken, das die Befürchtung beschwichtigt, Veränderung könne Schlimmeres sein als Verbesserung – demnach ausschließlich die Formation ihrer neuzeitlichen Klassiker, von Turgot und Condorcet, von Kant und Herder, von Fichte und Schelling, von Hegel, von Marx und Lukács und Bloch bis hin zur Frankfurter Kritischen Schule und ihren Flügeln? Oder fällt – nach den exemplarisch 1947 von Löwith und von Taubes vertretenen Thesen[6] – ihr Anfang zusammen mit dem Anfang des Christentums bzw. der prophetischen Apokalyptik, so daß die neuzeitliche Geschichtsphilosophie als deren Säkularisation diese Geschichtstheologie fortsetzt? Gegen die Säkularisationskategorie hat sich Blumenberg[7] gewandt: wo sie – im philosophiegeschichtlichen Kontext – als Kategorie historischer Illegitimität verwandt wird, ist sie – meint er – in der Regel nur eine Kategorie illegitimer Historie. Was sie voraussetzt, gibt es nicht in der Geschichte: identische Traditionssubstanzen, die zuerst in den richtigen Händen waren, bevor sie in die falschen gerieten; die Neuzeit ist keine Expropriation des Christentums. So wendet er sich – im Interesse der Legitimität der Neuzeit – gegen den Versuch, sie durch das Säkularisationstheorem ins Unrecht zu setzen. Indes: daß die moderne Geschichtsphilosophie das Säkularisat der Geschichtstheologie sei: das setzt für Löwith und für Taubes jene gegenüber dieser nicht ins Unrecht; für Löwith setzt sich in der Geschichtsphilosophie legitim die Illegitimität, für Taubes setzt sich in ihr legitim die Legitimität des biblischen Heilsdenkens fort; für Löwith war schon die Geschichtstheologie schlimm; für Taubes ist noch und erst recht die Geschichtsphilosophie gut: die Kategorie der Säkularisation ist hier – für beide – nicht das, als was Blumenberg sie angreift: eine Diskriminierungskategorie. Daraus aber folgt nicht, daß Blumenberg Unrecht hat, wenn er das Säkularisationstheorem attackiert, weil es die Neuzeit diskriminiert; es folgt daraus nur, daß die Geschichtsphilosophie gar nicht zu dem gehört, was Blumenberg mit seinem Angriff verteidigt: zur Neuzeit. Dies erklärt auch, warum er – mit Recht auf das Recht der Neuzeit pochend – sich um die Geschichtsphilosophie – wo sie ihm nicht zur occasio wird, am Säkularisierungstheorem Anstoß zu nehmen – gar nicht kümmert; legitimerweise: denn so wenig ist die Geschichtsphilosophie durch ihre Neuzeitlichkeit spezifisch definiert, daß vielmehr gilt: in der Geschichtsphilosophie mißlingt die Neuzeit[8]. Wenn die Neuzeit – nach einer möglichen Definition – die Neutralisierung der biblischen Eschatologie ist, so ist die Geschichtsphilosophie die Rache der neutralisierten Eschatologie an dieser Neutralisierung; und wenn die Neuzeit – nach Blumenbergs Definition[9] – die zweite Überwindung der Gnosis ist, dann ist die Geschichtsphilosophie die Rache der zweimal überwundenen Gnosis an ihrer zweiten Überwindung. Das macht plausibel, warum das Säkularisierungstheorem im Kontext der Geschichtsphilosophiediskussion sich den Angriffen Blumenbergs häufig entzieht; wo es kein Diskriminierungstheorem, sondern ein Theorem sein soll, das Kontinuität mit wachsender Weltlichkeit zusammendenkt, da ist bei der Geschichtsphilosophie das Schlimme weder die Säkularisation noch das Operieren mit dem Begriffe Säkularisation, sondern vielmehr dieses: daß in ihr die Säkularisation nicht oder zu wenig stattfand, daß sie in ihr nicht gelang. Daher – ich wiederhole es – ist die Geschichtsphilosophie nicht Neuzeit, in ihr mißlingt die Neuzeit. Sie will ohnehin ein Ende machen; so macht sie und ist sie das Ende der Neuzeit[10] und damit – indem sie zwar selber das Gegenteil meint – nicht das gute Ende einer schlimmen, sondern das schlimme Ende einer guten Zeit. Die Geschichtsphilosophie ist die Gegenneuzeit. Sie ist also, eben weil die Kontinuitätsthesen recht haben, eine schwierige Angelegenheit, diese Geschichtsphilosophie.

Es geschah wohl durch die List seiner Vernunft, daß Blumenberg gerade mit dem Angriff auf diese Kontinuitätsthesen von Löwith und Taubes die einzige Chance zu ihrer wirklichen Verteidigung lieferte: durch sein Funktionsmodell der Geschichte. Denn daß es sich da – bei der alten Geschichtstheologie und der neuen Geschichtsphilosophie – um eine alte identische Substanz handelt, die in substanzieller Identität unter die profanen Räuber fiel und häretisch in ihr Geraubtwerden einwilligte: das ist unplausibel, weil zuviel sich änderte in einem Theorienensemble, das schließlich – am Ende der Theodizee – selbst die Heilserheblichkeit Gottes in Zweifel zog, weil er die Übel zuließ, und ihn deswegen eliminierte; und es ist unplausibel, weil zuviel sich änderte, wenn doch – sofern Koselleck[11] Recht hat – erst in parasitärer Symbiose zum Staat die Geschichtsphilosophie wirklich reüssierte: dort, wo die Entstehung des Staates[12] den Vertretern der Geschichtsphilosophie friedliche Sicherheit so selbstverständlich werden ließ, daß sie mit Zutraulichkeit glaubten risikolos verlangen zu können, diese Sicherheit eschatologisch zu riskieren; darum kam die Geschichtsphilosophie als das Betreiben eines vermeintlich unriskanten Risikos modern zu Erfolg und zu ihrem Namen: als die Fortsetzung jener Zutraulichkeit unter Verwendung anderer Mittel. Das alles sind Änderungen so erheblicher Art, daß die Denker einer geschichtlich substanziellen Identität darüber wirklich in Schwierigkeiten kommen müßten; deswegen versichern sie glaubhaft, so hätten sie es auch gar nicht gemeint[13]. Aber wie haben sie es gemeint? Wie müssen sie es meinen, wenn ihre Kontinuitätsthese plausibel bleiben soll? Da kommt – ob er es will oder nicht – Blumenberg zu Hilfe. Denn daß es sich da – bei den Elementen der alten Geschichtstheologie und der neuen Geschichtsphilosophie – um interdependente Stellen eines sich bewegenden, sich dabei ergänzenden Systems handelt, die umbesetzt werden können und umbesetzt worden sind und in denen die, die sie neu besetzen, Stellenzumutungen unterliegen, so daß sie Imitationspflichten haben: allererst das macht plausibel, wieso bei soviel Anderswerden – bei soviel Umbesetzung im historioeschatologischen Ensemble – immer noch das gleiche Stück gespielt werden kann und gespielt wird: das Stück Erlösung. Das Funktionsmodell allein kann das verständlich machen[14]. Es macht Äquivalenzen sichtbar, etwa bei Umbesetzungen der Stelle der Basis: wie einst – jedenfalls dort, wo das Theorem des Priesterbetrugs angebracht gewesen sein könnte – Gott, so ist jetzt – wo dieses Theorem in abgewandelter Form erneut akut werden müßte – das Proletariat der eigentliche nützliche Idiot seiner Protagonisten; auch der Beweis seiner Existenz ist schon kontrovers und wird – auch unter dem Aspekt der Frage, ob man sie beweisen könne oder glauben müsse – zunehmend zum Problem. Und ein Gerichtsverfahren, gerade Koselleck hat das betont, ein Prozeß war und blieb diese Sache, die Weltgeschichte blieb das Weltgericht: zuerst – in der Theologie – saß Gott über die Menschen zu Gericht, dann – in der Theodizee – die Menschen über Gott, dann – in der Kritik – die Menschen über sich selber; schließlich, als derlei permanente Selbstverdächtigung und Selbstanklage zu anstrengend wurde, entschlossen sich – indem sie die Kritik zur absoluten Geschichtsphilosophie werden ließen – die Menschen, zu dem zu werden, was Menschen doch eigentlich nicht sein können: zum absolut Unanklagbaren, zum Absoluten, das nicht mehr gerichtet wird, weil es nur noch selber richtet. Darum auch sind dann die Menschen – das ist die Konsequenz bei dieser modernen geschichtsphilosophischen Dauerflucht aus dem Gewissenhaben in das Gewissensein – nicht mehr so recht Menschen, sobald sie das Absolute werden. Just so, wie die Theodizee – wenn ich das richtig sehe[15] – mit der Eliminierung Gottes perfekt wurde, gerade so wird die im Namen des Menschen absolut gewordene Geschichtsphilosophie perfekt mit der Eliminierung des Menschen: dieser wird ersetzt einerseits durch die, die sich als kommissarische Absolute verstehen, durch die Protagonisten, andererseits durch die Feinde. Es ist mit Grund geltend gemacht worden, daß das Konfliktmodell des Klassenkampfes nur eines unter mehreren ist, das an diese Eliminierung des Menschen zu denken nahelegt: an die Ersetzung der Menschen durch den Antagonismus der absoluten Rechthaber und der absoluten Unrechthaber. Sie sind dort entweder dies oder das und nie die Nächsten: aber es gibt das Recht der nächsten Dinge gegenüber den letzten, und diese nächsten Dinge sind die Wirklichkeit. In der Geschichtsphilosophie jedoch geraten immer mehr die aus dem Spiel, um derentwillen man emanzipieren wollte: die Menschen. Die negative Schule zieht da mit nobler Traurigkeit die Bilanz: für sie ist der menschliche Mensch nur noch eine vakante Stelle, deren Vakanz sie geltend macht; die Menschen und ihr Heil werden – das ist der unbemerkte Neukantianismus der negativen Dialektik – zum Grenzbegriff. Aber eine Vakanz ist auch ein Machtvakuum. Indem die negative Schule – kritisch auch und gerade gegen die Geschichtsphilosophie selber[16], aus der sie doch herkommt – diese Vakanz geltend macht, ermuntert sie gleichwohl indirekt die Geschichtsphilosophen, sich um dieses Vakuum zu kümmern notfalls mit jener Gewalt eines terroristischen Humanismus, mit der die Geschichtsphilosophie sich zunächst abfindet und zu der anzustiften sie schließlich nicht mehr umhinkann. Sie verfällt in die Ambiguität aller Abenteuer der Dialektik[17], sie verstrickt sich in die Antinomie von Emanzipation und Kondition, von Utopie und Handlungsfähigkeit. Wenn die Geschichtsphilosophie zu reüssieren begann in parasitärer Symbiose mit der direkten Gewalt des absolutistischen Staats, so endet sie – falls sie endet – als direkte Gewalt derer, die im Namen des anonym gewordenen Souveräns, des Menschen, als Souveräne des Souveräns hyperabsolutistisch über ihn herrschen: denn wer kann sich schon vor etwas retten, mit dem er angeblich identisch ist. Der geschichtsphilosophische Ausgang der Menschen aus ihrer selbstverschuldeten Unmündigkeit endet mit der Schlüsselgewalt ihrer selbstverschuldeten Vormünder. Die Geschichtsphilosophie ist die Gegenneuzeit: sie ist der Mythos der Emanzipation, gerade deswegen ist sie keine wirkliche Emanzipation[18].

Das also sind Schwierigkeiten der Geschichtsphilosophie: Schwierigkeiten der Geschichtsphilosophie mit sich selber.

3.

Mit dieser schwierigen Formation Geschichtsphilosophie sich zu identifizieren: das war also zunächst – mit wenig Vorsicht, etwas Hegel[19] und viel Leichtsinn – des Verfassers Absicht. Darum wurde es von vornherein eine schwierige Identifizierung.

Die Bewegung dieser Identifizierung zeigen in etwa die drei Aufsätze des ersten Teils.

Identifizierungen sind immer kompliziert: oft identifiziert man sich mit etwas, um etwas anderes zu vermeiden; manchmal aber sogar, um sich das zu ersparen, mit dem man sich identifiziert. Da mögen allerlei Gründe mitwirken: auch – weil derjenige, der sich identifiziert, identifiziert werden kann: das aber widerspricht dem Grundrecht auf Ineffabilität – der Grund, daß die Geschichtsphilosophie eigentlich nicht vertretbar ist und daß schon allein dadurch Distanz in die Identifizierung hineinkommt. Umgekehrt ist es nur recht und billig, daß jemand, der sich auf die Geschichtsphilosophie festlegt, damit nicht auch schon diese auf ihn festlegt. Identifizierung mit Vorbehalt also: dazu gehörte wohl auch, die Geschichtsphilosophie nicht komplett ins Auge zu fassen. In keinem der drei Aufsätze des ersten Teils ist sie ganz thematisch, möglicherweise schon allein deswegen nicht, weil die faktische – wenn auch gar nicht exklusiv gemeinte – Hintergrundthese die war: wer die Geschichtsphilosophie verstehen will, muß jedenfalls diejenige Philosophie verstehen, die – nach mancherlei Umbenennungsturnieren – vielleicht immer noch ganz brauchbar deutscher Idealismus heißt. Kommt man in ihm wirklich an die ganze Geschichtsphilosophie heran? Aber kam es denn – bei einer Identifizierung mit Vorbehalt – darauf an, an die ganze Geschichtsphilosophie wirklich heranzukommen? So war alles ambivalent: Ausdruck von Schwierigkeiten mit der Geschichtsphilosophie. Hegel und das Sollen: indem dieser Aufsatz das Sollensdenken als Ermunterung zur Regression kritisierte und dadurch für die geschichtsphilosophische Kategorie des erreichten Standes plädierte, blieb er dennoch als ein nur indirekter Hegelianismus ambivalent. Idealismus und Theodizee: dieser Aufsatz mit der These, daß der Idealismus Perfektion der Theodizee durch Eliminierung Gottes und gerade deswegen Geschichtsphilosophie sei, ist mit seinem Atheismus ad maiorem Dei gloriam doch auch eine ambivalente Angelegenheit. Selbst der Aufsatz über die Irrationalität der Geschichtsphilosophie – geschrieben von einem von ihr sehr enttäuschten Anhänger – war nicht eindeutig; aber aus ihm kann man entnehmen, was bei diesem Identifizierungsversuch schließlich herauskommen muß: nämlich der Abschied von der Geschichtsphilosophie.

Dabei gehörte – und zwar nicht nur für kurze Zeit – zu den Anfangsmotiven dieser Identifizierung zweifellos aufrichtig die Absicht, für die Geschichtsphilosophie – die in ihrer Aufklärungsintention recht zu haben und insofern die Wahrheit zu sein schien – wirklich einzutreten. Ihr Aufhelfer zu sein: das hatte Sinn im Zeitalter der Verfallstheorien, in welchem es der Geschichtsphilosophie nicht gutging. Dort hatte sie mit einigem Recht jenes faszinierende Image des Verdrängten, dem zu einer guten Wiederkehr zu verhelfen nachgerade fällig war. Bei einem, der in diesem Sinne ihr Aufhelfer sein wollte, sprach für sie, daß fast alle gegen sie sprachen. Die eigentliche Sorge war, sie verfehlen zu können; darum mußte man auf ihre möglichen Selbstverfehlungen – für die ihre Geschichte Beispiele bot[20] – aufmerksam sein. So konzentrierte der Verfasser sich alsbald auf Fehlverläufe der Geschichtsphilosophie; schnell war er spezialisiert auf ihre Aporien; seine Zuständigkeit begann, wo ihre Sache schiefging: er wurde Experte fürs Mißlingen. Das einschlägige Projekt einer Philosophie der Geschichte der Resignation der Philosophie der Geschichte[21] war zunächst durchaus für die Geschichtsphilosophie gemeint; einer schwachen Formation aufzuhelfen dadurch, daß man ihre Schwächen begreift: das war die Absicht. Tatsache war und wurde, daß es sich nicht um eine schwache Formation handelte; plötzlich – und das bewirkte im näheren Umkreis die Frankfurter Schule – gab es etwas, womit der Verfasser, obwohl er doch selber darauf hinarbeitete, nicht gerechnet hatte: eine Konjunktur der Geschichtsphilosophie. Was also nun? Er war spezialisiert auf ihre Resignationen, jetzt aber resignierte sie gar nicht; und doch läßt eine solche Spezialisierung sich nicht so einfach beiseitelegen, wenn sie einmal zur Gewohnheit und gewissermaßen chronisch geworden ist. Indem die Geschichtsphilosophie erfolgreich und folgenreich und dabei teils – bei den üblichen Anhängern Marcuses – enthusiastisch und teils – bei Habermas – seriös wurde, blieb der Verfasser, der weder so enthusiastisch wie die Enthusiasten sein konnte noch so seriös wie die Seriösen, beim Part des Argwohns. Aufgerufen zur großen Weigerung wurde er zum Weigerungsverweigerer. Das bedeutete einen Funktionswechsel des Argwohns, einen Wechsel der Tonart des Denkens: darum mußte so etwas wie ein zweites Thema herbei. Dieser Blick aufs Problematische, der zuerst fürsorglicher Besorgnis entsprang, wurde jetzt etwas anderes: Zweifel an der Sache und dem guten Schicksal der Geschichtsphilosophie. Meine Position wurde – und dabei mochten subjektive Faktoren begünstigen; ich bin das geborene Trojanische Pferd: vor allem leer, solange nicht alte Griechen in ihm sitzen[22] – die der eschatologischen Unke, des transzendentalen Defätisten; daß es bös enden wird mit dem guten Ende, das die Geschichtsphilosophie betreibt: dies in wachsendem Maße zu meinen liegt nahe, je mehr bei der Geschichtsphilosophie die Antinomie von Utopie und Handlungsfähigkeit und ihre Folgen erneut und weiterhin zur unmittelbareren Erfahrung wird. Dieser Erfahrung – kann man einwenden – fehlt die Empirie. Aber Erfahrung: das ist die Empirie, gebracht in die Reichweite der je eigenen Existenz. L'expérience c'est moi: das ist gewiß wenig, das ist nicht einmal Psychologie, kann es also Philosophie sein? Es ist die andere, la deuxième philosophie[23]: die eines Transzendentalbelletristen, eines Schriftstellers, der – meistens – nicht schreibt. Argumente gegen

ihn mögen sich finden lassen, aber sie sind konterprivatistisch. Wenn also diese Identifizierung mit der Geschichtsphilosophie es nicht von Anfang an war, so wurde sie doch dazu: zur bloßen Verzögerung eines Abschieds, eben des Abschieds von der Geschichtsphilosophie. Durch einen derartigen Abschied kann die Geschichtsphilosophie, sieht man es von ihr her, eigentlich nur gewinnen. Einen Philosophiekraftzersetzer, ein Bremswesen im Konvoi der Emanzipation, einen Zauderer bei der Naherwartung, einen go-slow-Revolutionär, einen Bummeleschatologen[24]: ihn zu verlieren ist für die Geschichtsphilosophie besser als ihn zu behalten; es. ist günstiger für sie, daß er nicht einer der Ihren, sondern daß er einer der Nichtihren ist. So mag der Verfasser erst durch seinen Abschied von der Geschichtsphilosophie das wirklich geworden sein, was er durch seinen Beitritt zu ihr nur sein wollte: ihr Aufhelfer. Fast wäre das ein Grund, ihr unverzüglich wieder beizutreten. Aber verschonungskompetent ist allein der, der dafür sorgt, etwas vor allem vor ihm selber zu verschonen.
Sie war also insgesamt keine glückliche Identifizierung, diese Identifizierung mit der Geschichtsphilosophie. Sie war nicht stabil, also brauchte sie von vornherein Zusatzstabilisierungen. Wie aber stabilisiert man eine unglückliche Identifizierung?

4.

Man tut das durch Gegnerschaften. Ein unglückliches Verhältnis pflegt das, was ihm vom Verhältnis bleibt: das Negieren anderer Verhältnisse. Der Angriff ist die beste Verteidigung nicht zuletzt deswegen, weil man dabei mehr mit dem Angegriffenen als mit dem Verteidigten zu tun hat. Die Identifizierung des Verfassers mit der Geschichtsphilosophie jedenfalls bestand, strenggenommen, überwiegend aus solchen Entlastungsnegationen. Dabei können die attackierten Gegenteile der Geschichtsphilosophie mindestens zweierlei sein: Schwundstufen[25] ihrer selbst oder wirklich gegenteilige Gegenteile.

Mit beiden hat der Verfasser sich – und zwar jedenfalls in den drei Aufsätzen des zweiten Teils – beschäftigt.

Schwundstufen der Geschichtsphilosophie: was hatte er eigentlich dagegen?–: er war doch selber eine. Aber genau das war es, was er dagegen hatte. Je mehr jemand selber auf dem Wege ist, die Geschichtsphilosophie zu verlassen, muß er – solange er sich dessenungeachtet mit ihr identifiziert – gerade jene Formationen kritisieren, die ihm ähnlich sind, da sie auf Wegen wandeln, auf denen er selber wandelt; er wirft ihnen vor, daß sie sind, was auch er sein könnte oder sogar ist; er moniert an ihnen sich selber[26]. Das schließt ein, daß die Rede von Schwundstufen Schätzung nicht ausschließt.

Ein Beispiel dafür ist hier die philosophische Behandlung der Psychoanalyse: der Verfasser nahm sie – was damals, gelinde gesagt, nicht selbstverständlich war – ja schließlich nicht deswegen philosophisch ernst, um sie zu disqualifizieren. Das mag der erste Aufsatz – der über Ästhetik und Therapeutik – belegen. Seine Hintergrundthese ist: psychoanalytische Begriffe gehören in die Philosophiegeschichte und haben philosophische – nämlich geschichtsphilosophische – Relevanz. Sie sind philosophische Begriffe mindestens deswegen, weil sie philosophische Begriffe waren, ehe sie zu psychoanalytischen Begriffen wurden, und weil erstaunlich an ihnen nicht dies ist, daß sie zu philosophischer Geltung drängen, sondern umgekehrt dies: daß sie aufhören konnten, philosophische Geltung zu haben. Die psychoanalytische Theorie darf daher nicht als Gegensatz, sie muß vielmehr als ein bestimmter Zustand der Geschichtsphilosophie begriffen werden: nämlich als die entzauberte Gestalt der – etwa von Schelling entwickelten – transzendentalphilosophischen Naturphilosophie[27], d. h. jener Geschichtsphilosophie, die, indem sie geschichtsphilosophische Probleme in naturphilosophische Probleme verwandelt, selber eine Form, aber eine Reduktionsform der Geschichtsphilosophie ist: eine Schwundstufe.

Solche Schwundstufen etablieren sich in Krisenmomenten der

Geschichtsphilosophie: sie machen ihr Glück durch das Unglück der Geschichtsphilosophie. Sie bilden sich durch die Eliminierung geschichtsphilosophischer Essentials aus dem Konzept der Geschichtsphilosophie: als deren – mit Kompensationen versehene – Subtraktionsgestalten. Im Blick auf diese lag es nahe, eine umfassende Topik dieser Surrogate zu versuchen. Aber die Durchführung scheiterte daran, daß die Kategorie der Schwundstufe aus einem platzanweisenden Widerwort zu einem platzanweisenden Fürwort – also langsam zur Sympathievokabel: und dafür hieß sie dann falsch – sich wandelte. Denn zu diesen Schwundstufen gehörte schließlich fast alles, sogar das, woran der Verfasser nun wirklich hing. Zu den frühen und dauernden Schwundstufen der Geschichtsphilosophie gehört jene Gestalt des fortschrittstheoretischen Positivismus, die aus der Fortschrittstheorie die revolutionären Intentionen und hierfür notfalls auch die politischen Probleme streicht und dann Fortschritt nur mehr als den der Wissenschaften und Technologien zuläßt[28]. Zu den späten Schwundstufen der Geschichtsphilosophie gehört der feindliche Bruder des Positivismus: jene Gestalt der Existenzphilosophie, die – auf dem Weg über eine Fundamentalontologie der Geschichtlichkeit – die Geschichte von der Weltgeschichte zur Seinsgeschichte reinigt und dabei dem Menschen – diesseits aller Täterschaft – einzig seine Endlichkeit, die pure Ohnmacht des Betroffenseins übrigläßt, so daß seine Geschichtlichkeit jenem Verhältnis gleicht, das die sterblichen Einzelnen zu ihrem äußersten Schicksal haben: dem Sein zum Tode[29]; auch diese Verwandlung der Menschengeschichte aus dem geschichtsphilosophischen Sein zur Vollendung zu einem Sein zum bloßen Ende ist eine Schwundstufe der Geschichtsphilosophie. Ihre Variante ist jene hermeneutische Gestalt der Wahrheit, für die – indem sie nicht auf Methode, sondern auf Sprache und Spiel setzt – der Mensch zum gesprächsbereiten Lebewesen wird, das nicht mehr das Sein zum Tode ist, sondern das Sein zum Text[30]. Das ist die Spätgestalt einer frühen dieser Schwundstufen: der Mäßigung der Geschichtsphilosophie zur Position des historischen Sinns[31]; er formiert sich durch die Eliminierung des geschichtsphilosophischen Gedankens des Systems aus der Historie durch Ermächtigung der Kategorie der Individualität. Der Gedanke des Systems – und auch das ist eine Schwundstufe der Geschichtsphilosophie – verabschiedet sich von der Geschichte und geht ins Exil: in Deutschland emigriert er in die schulphilosophische Intuition und wird harmlos; in Frankreich emigriert er in die Linguistik und Ethnologie und wird brisant[32]. So kommt es von dort her schließlich zur Rache des vertriebenen Systemgedankens an der Historie durch die strukturalistisch radikale Vertreibung der Historie aus dem System; sie hat ebenfalls Vermeidungswert: die Frage etwa nach dem Subjekt der Geschichte erledigt sich dort von selbst, wo statt der Geschichte und statt ihres Subjekts die Struktur interessiert und die Frage nach geschichtlichen Antagonismen zur Frage nach strukturellen Oppositionen sich verflüchtigt. Aber auch dort, wo – vorstrukturalistisch gegen Ende des neunzehnten Jahrhunderts – weder das System noch die Historie preisgegeben, wo vielmehr beide – aber diesseits der Geschichtsphilosophie – legiert werden sollte, kam es zu einer Schwundstufe der Geschichtsphilosophie, einer ebenso prekären wie interessanten: zur Weltanschauungstypologie. Mit ihr – einer anthropologischen Denkform des neunzehnten und zwanzigsten Jahrhunderts – befaßt sich im zweiten Teil der zweite Aufsatz.

Insgesamt also war dieses die Bewegung und das Schicksal der Kritik an den Schwundstufen: je riskanter die Geschichtsphilosophie wirklich zu sein scheint, um so legitimer erscheinen diese Versuche, die Geschichtsphilosophie in Formen geminderter Riskanz, in gemilderten Weisen ihrer selbst zu durchleben: so schwindet schließlich der Impetus, die Schwundstufen der Geschichtsphilosophie zu kritisieren. Zwar wurden dabei zunächst – je weniger an ihnen auszusetzen war, je mehr also die Kritik aus der Sache sich in die Sprache retten mußte – die kritischen Formulierungen immer bissiger; darum auch endeten sie meist im Papierkorb[33]: denn es gibt das Grundrecht des Papierkorbs auf Inhalt; aber auch dort, wo der Verfasser diesen wegwerfenden Akt versäumte: letzten Endes polemisierte er sich in die Sympathie, kritisierte er sich in die Zustimmung hinein.

So verhält sich das auch im Fall der zentralen Polemik, der Kritik an der philosophischen Anthropologie. Ihr gilt der dritte Aufsatz: eine begriffsgeschichtliche Untersuchung über den philosophischen Gebrauch des Wortes »Anthropologie« vom Ausgang des achtzehnten Jahrhunderts bis zur Gegenwart. Diese Kritik ist – wie sonst nur die Auseinandersetzung mit der Ästhetik, die in diesem Buche aus technischen Gründen durchweg ausgeklammert bleibt[34] – die Leitkritik; denn die philosophische Anthropologie: sie ist nicht nur Schwundstufe der Geschichtsphilosophie, sie ist vielmehr – auf der Grundlage einer fundamentalen Gemeinsamkeit: der Zuwendung zum Problem der Lebenswelt – ihr wirkliches Gegenteil, und zwar dadurch, daß die für sie fundamentale Frage nicht die Frage nach der Geschichte des Menschen ist, sondern die Frage nach seiner Natur. Daß sie dabei über der Natur den Menschen vergißt: das ist der zentrale Einwand der Geschichtsphilosophie gegen die Anthropologie. Aber wenn doch – falls jene Überlegungen zutreffen, die zu Beginn dieser Einleitung skizziert wurden – just die Geschichtsphilosophie selber, gerade indem sie ist, was sie ist, den Menschen eliminiert: was bleibt dann übrig von diesem Einwand? Ist vielleicht mehr als die Geschichtsphilosophie die philosophische Antropologie Wende zum Menschen? Es ist dies – scheint es – doch folgerichtig: wenn die Geschichtsphilosophie, wo sie radikal wird, den Menschen eliminiert, muß der Mensch seine Chancen bei ihrem Gegenteil suchen: also bei der Anthropologie, und zwar möglichst nicht erst dann, wenn die Geschichtsphilosophie »ihren Auftrag erfüllt«[35], ihre Schuldigkeit getan hat; denn sobald das der Fall ist, könnte es durchaus zu spät sein für die Schuldigkeit der Anthropologie. Wo diese Zweifel Gestalt gewinnen, wo derartige Erwägungen – konsequenterweise dann, wenn die

Geschichtsphilosophie nicht ist, was sie zunächst zu sein schien: die Errettung der Menschen – schließlich dominant werden, dort erweist sich: womöglich ist der Angriff auf die Anthropologie nur die vorletzte Phase des Übertritts zu ihr. Jedenfalls wird, wo die Geschichtsphilosophie und ihr ins-Unrecht-Setzen sich diskreditiert, die Frage unabweisbar: ist die philosophische Anthropologie denn eigentlich schon allein dadurch, daß sie das Gegenteil der Geschichtsphilosophie ist, im Unrecht? Doch wohl kaum. Freilich umgekehrt: ist die philosophische Anthropologie wirklich schon allein dadurch, daß sie das Gegenteil der Geschichtsphilosophie ist, im Recht?[36]

5.

Abschied von der Geschichtsphilosophie und Abschied von der Anthropologiekritik gehören zwingend zusammen; indes: was folgt aus diesem Doppelabschied? Es folgt daraus Skepsis.

Wo die Motive zur Parteinahme im Streit zwischen Geschichtsphilosophie und philosophischer Anthropologie schwächer werden – wobei auch die Frage auftaucht, ob dies wirklich ein Streit sein muß[37] –, bedeutet das: die Geschichtsphilosophie erscheint zunehmend anfechtbarer, die philosophische Anthropologie erscheint zunehmend weniger anfechtbar. Offenbar gibt es schließlich – und meine Dezision dabei ist einzig, daß dieser Augenblick für mich selber in diesem Augenblick stattfindet – den Augenblick der Balance: beide Philosophien werden gleich stark d. h. gleich schwach. Wo jemand von der Sache der Geschichtsphilosophie nicht mehr – sondern nur noch ein wenig – und von der Sache der philosophischen Anthropologie noch nicht – oder nur schon ein wenig – überzeugt ist: dort treten beide für ihn in gleichwertigen Widerstreit[38]. Für beide spricht gleich viel: für die Geschichtsphilosophie – angesichts ihres Erfolgs und ihrer Versicherung, daß ihr die Zukunft gehöre – spricht die Eitelkeit; für die Anthropologie – angesichts ihres Angebots an Konstanten und ihrer Versicherung, daß ihr die Dauer gehöre – spricht die Bequemlichkeit. Und gegen beide spricht gleich viel: wenn die Menschen anthropologisch unverhältnismäßig unter ihrer Würde leben, so leben sie geschichtsphilosophisch unwürdig über ihre Verhältnisse. Beide Philosophien werden gleich schwach d. h. gleich stark.

Daraus folgt – nach der allein für ihn selber folgenreichen Meinung des Verfassers – Skepsis. Er wollte – was Philosophen ja eigentlich meistens wollen – eine Philosophie haben, statt dessen hat er nun zwei: die Geschichtsphilosophie und die Anthropologie. Freilich: abgesehen davon, daß es bei der Philosophie im Zeitalter ihrer Agonie angebracht sein kann, mehrere Philosophien zu haben, um nicht unverzüglich keine mehr zu haben, ist dies – nämlich zwei Philosophien zu haben, und zwar zwei gleichgewichtig einander entgegengesetzte – für den Skeptiker auch erwünscht: denn er gewinnt eben dadurch die Freiheit von beiden. Weder läßt er sich – durch die Anthropologie – an die Kette der Natur und ihrer Folgezwänge legen, noch – durch die Geschichtsphilosophie – an die Kette der Durchsetzungsdisziplin eines Protagonistenkollektivs und ihrer Folgezumutungen[39], obwohl er zugleich weiß, wie sehr er selber Natur und zugleich darauf angewiesen ist, nicht als Einzelner gegenüber Anderen, sondern zusammen mit Anderen gegenüber anderen Anderen zu handeln. Der gleichwertige Widerstreit beider – der Geschichtsphilosophie und der Anthropologie – ermöglicht dem Skeptiker die Epoché. Dabei ist er jenen streitenden Philosophien gegenüber mit sich allein und mindestens insofern ein Einzelner. Das war schon immer im Sinne der Skeptiker: seit je lieben sie den Zwist der Anderen; sie feuern nicht an, aber seit alters wissen sie zu schätzen, wenn Orientierungen im gleichwertigen Widerstreit liegen. Diese Form der Gewaltenteilung: sie ermöglicht ihnen gegenwärtig zwar nicht Ataraxie, wohl aber Atempausen; und jedenfalls befriedigt sie ihren Einsamkeitsbedarf. Denn sie optieren nicht, also schließen sie sich aus: so ein Skeptiker ist ein ausgeschlossener Dritter, der Sätze schreibt, Sätze also vom ausgeschlossenen Dritten. Wenn zwei sich streiten – divide et fuga! – entkommt der Dritte; er probiert es wenigstens: er sucht das Weite, das Weitere mag sich finden. Dies ist – scheint es – Eskapismus. Aber mit diesem Worte wird heutzutage leichtfertig umgegangen; denn wer in bestimmten Situationen nicht flieht, ist einfach unvernünftig: wer in ihnen direkte Konfrontation mit der Wirklichkeit sucht, nimmt sie nicht ernst genug. Die Philosophie aber muß sich hüten, leichtsinnig sein zu wollen. Darum hat auch die Skepsis gegeneinander abzuwägen: den Leichtsinn, der in der Möglichkeit liegt, sich durch Optionen zu versteigen, gegen den Leichtsinn, der auch im Versuch liegen kann, ein Einzelner zu sein.

Die Skepsis ist also in dieser vorsichtig gewordenen Form die prekäre Verteidigung des Einzelnen. Wer aber den Einzelnen verteidigt, verteidigt – mindestens implizit – auch das, was ihn möglich macht; das aber hat sich seit der antiken und der frühbürgerlichen Skepsis geändert; dies – und damit einen Funktionswechsel der Skepsis – hat eindrucksvoll Horkheimer[40] geltend und daraus der gegenwärtigen Skepsis einen Vorwurf gemacht: indem die Skepsis auch noch heute den Einzelnen will, akzeptiert sie – meint er – die Spätform der bürgerlichen Gesellschaft. Aber der Skeptiker – der gegenwärtige – akzeptiert sie nicht mehr, als jeder, der heute denkt, die Bedingungen dafür, daß er denkt, dadurch akzeptiert, daß er sie voraussetzt: auch wer mit Empörung von ihnen lebt, lebt von ihnen; gerade seine Empörung ist dann – bereichert um eine Geste – das Einverständnis. Eine Philosophie also, die die Skepsis mit einem derartigen Argument angreift, legt der Skepsis im wesentlichen das zur Last, was sie, die angreifende, ebenso selber ist; worin sie sich von der Skepsis unterscheidet, ist also vor allem, daß sie es nicht sich selber zum Einwand macht, sondern nur anderen und jedenfalls der Skepsis[41]. Diese – die nicht so vermessen ist, sich die totale Vernichtung der Übel zuzutrauen – ist also das, was auch die anderen sind, nur mit weniger Illusionen. Aber gerade das – ist Horkheimers weiterer Einwand – trifft nicht zu: gerade die gegenwärtige Skepsis – meint er – ist eine besonders intensive indirekte Illusionspflege. Tatsächlich kann ihre Illusionsabstinenz in Illusionspromiskuität übergehen; zudem disponiert die Skepsis – das lehrt ihre Geschichte – nicht selten zu extrem dogmatischen Glaubenspositionen[42]. Sie erhöht, indem sie durch ihre Zweifel sozusagen ein Illusionsdefizit erzeugt, gerade dadurch die Anfälligkeit für Illusionen. Der traditionelle Konservativismus der Skepsis ist der Versuch eines Remediums dagegen: er empfiehlt, bei jedem Anfall begeisterter Zustimmung zu zögern und darauf zu bestehen, daß die Begeisterung die Beweislast trägt[43]. Indes – so argumentiert Horkheimer – nicht, daß die Epoché nicht gelingt, sondern die Epoché selber ist die Illusion der Skepsis; ihre Lebenslüge ist – meint er – das, worauf sie setzt: der skeptische Einzelne. Indem er die bestehende Wirklichkeit nicht zugrunde richtet, sondern den Blick von diesem Grunde weg stattdessen aufs je Eigene lenkt[44], indem er gewissermaßen die teleologische Suspension[45] des Privaten durch die private Suspension des Teleologischen ersetzt, macht er sein Ich zum Fetisch. Aber der Skeptiker verhält sich – das kann nur der übersehen, dem über der Frage nach dem besten Guten der Sinn für die Frage nach dem geringsten Übel abhandenkam; aber das Wahre ist das Halbe – zu sich nicht als zur sicheren Wahrheit; vielmehr: für ihn ist – denn Menschen sind menschlich, indem sie etwas statt dessen tun – der Einzelne das Vermeiden dessen, was noch schlimmer ist als der Einzelne: das skeptische Ich ist zwar Übel, aber das womöglich geringste; es ist nicht Ich in der Wahrheit, sondern Ich in Quarantäne; es ist nicht Fetisch, sondern Antifetisch[46]. Doch eben dadurch – meint Horkheimer – widersetzt sich die Skepsis der Wahrheit und ist sie historische Insubordination gegenüber der heilen Zukunft: »Die Skepsis, einst die Negation der geltenden Illusionen, steht heute gegen gar nichts mehr als gegen das Interesse an einer besseren Zukunft«[47], aber das ist falsch: denn sie steht nicht gegen dieses Interesse, sondern gegen die Illusionen dieses Interesses. Eine Teilmenge dieser Illusionen ist die Geschichtsphilosophie. Zu ihnen gehört die Meinung, Veränderung sei eo ipso Verbesserung. Das Gegenteil von gut ist gut gemeint[48]; die von der Geschichtsphilosophie betriebenen Veränderungen sind in der Regel gut gemeint. Dagegen – wie gegen jede andere Illusion – verhält sich der Skeptiker skeptisch. Darum steht seine Skepsis zumindest im Gegensatz zur Geschichtsphilosophie[49]; denn die Geschichtsphilosophen haben die Welt nur verschieden verändert; es kommt darauf an, sie zu verschonen.

An diesem Rat ist sicher ratsam, daß man die Welt verschonen muß. Ob man sie auch verändern müsse: das steht nur so dahin, wie es bei Marx dahinsteht, ob man sie interpretieren müsse. Vor wem sie zu verschonen ist: vor den Geschichtsphilosophen, vor den Anthropologen, vor beiden, vielleicht gar vor den Verschonern: das ist nicht abschließend ausgemacht. Gerade weil ich das nicht weiß, kommt ja die Skepsis ins Spiel, und gerade weil die Skepsis ins Spiel kommt, weiß ich auch nicht, ob die Skepsis recht hat. In diesem – durchaus unbefriedigenden – Sinn ist also jener Satz das Fazit dieser Überlegungen. Er steht – weil er Fazit ist – in dem zuletzt geschriebenen Aufsatz. Andererseits aber gab es ihn – in einer stilistischen Variante – von dem Verfasser für ihn selber doch schon vorher[50]. Er ist also keine erst gefundene, sondern eine wiedergefundene Formel. Und die Skepsis, die am Schluß dieser Überlegungen als ihr Ergebnis steht, ist also keine neue, sondern sie ist die Wiederholung einer alten Skepsis. Die im folgenden zusammengestellten Überlegungen – Ausdruck eines schwierigen Verhältnisses zur schwierigen Geschichtsphilosophie und ihrer schwierigen Anthropologiekritik – bilden also den Zwischenabschnitt zwischen der Preisgabe und der Wiederholung dieser Formel, der Preisgabe und der Wiederholung dieser Skepsis.

Insofern enthält dieser Band – drum auch erscheint er bei Suhrkamp – die Linksabweichung des Verfassers von sich selber und deren Ende. Seither ist er gewarnt: auch eine Rechtsabweichung von sich selber würde ihn nicht zufrieden machen. Die Lage zwischen jener und dieser Abweichung: das ist also offenbar er selber, denn für ein Interim dauert sie inzwischen schon etwas zu lange. Was seine durchaus unmaßgebliche Person betrifft, so wird er sich also schon so nehmen müssen, wie er ist: als Skeptiker. Die anderen aber: die brauchen ihn – falls sie ihn nicht aus Versehen schon haben – ja überhaupt nicht zu nehmen. Dem widerspricht die Tatsache nicht, daß all dieses hier jetzt als Buch erscheint: denn Aufsätze – will man sich überhaupt in irgendein Verhältnis zu ihnen setzen – muß man lesen; bei einem Buch hingegen genügt es völlig, wenn man es kauft.

Erster Teil
Vorbereitungen zum Abschied von der Geschichtsphilosophie

Hegel und das Sollen

1.

Hegel[1] schreibt in der Phänomenologie des Geistes: »Das Allgemeine im Sinne der Vernunftallgemeinheit ist auch allgemein in dem Sinne ... daß es ... sich als das Gegenwärtige und Wirkliche ... darstellt ... ohne darum seine Natur zu verlieren ... Was allgemein gültig ist, ist auch allgemein geltend; was sein soll, ist in der Tat auch, und was nur sein soll, ohne zu sein, hat keine Wahrheit ... denn die Vernunft ist eben diese Gewißheit, Realität zu haben.«[2] Das ist Hegels Argument gegen das Sollen in einer seiner dichtesten Formulierungen.

2.

Es gibt nun Gründe für eine eingehendere Beschäftigung mit diesem Argument Hegels und mit seiner Kritik jener Philosophie, die das Sollen zur zentralen Bestimmung erhebt. Von diesen Gründen nenne ich hier zwei.

Der erste Grund ist trivial: das Argument ist wichtig, weil es textlich häufig ist. Vorbereitet wird es in Studien der Berner und Frankfurter Zeit. Entwickelt erscheint es in den Arbeiten aus Jena: in der Differenzschrift, in Aufsätzen aus dem Kritischen Journal, in der Jenenser Realphilosophie. Von da an ist dann keine der zentralen Schriften Hegels ohne dieses Argument: weder die Phänomenologie noch die Logik, weder die Enzyklopädie noch die Rechtsphilosophie; in keiner der großen Vorlesungen fehlt es: weder in der Geschichte der Philosophie noch in der Ästhetik, weder in der Religionsphilosophie noch in der Geschichtsphilosophie; ebenso findet es sich in mancher von den kleineren Abhandlungen. Die

Texte dieses Arguments[3] machen also einen immerhin nicht unbeträchtlichen Teil überhaupt des Hegelschen Textes aus: schon das ist ein Grund, sich mit ihm zu befassen.

Aber erst der zweite Grund ist entscheidend: nämlich der gegenwärtige Kursgewinn dieses Hegelschen Arguments. Zwar folgt seine Wichtigkeit aus dem skizzierten philologischen Befund. Gleichwohl wurde sie keineswegs immer bemerkt[4]. Die heutige Hegelforschung aber – jedenfalls eine ihrer wesentlichen Tendenzen[5] – betont sie in wachsendem Maße. Sie versteht Hegels Sollenskritik als jene Polemik Hegels, an der sich grundsätzlich zeigt, was Hegel will. Und sie entschlüsselt sie historisch: diese Polemik richtet sich – das weist sie nach – gegen die nicht-hegelsche Philosophie des sogenannten deutschen Idealismus, also gegen die Transzendentalphilosophie; denn es ist – wie Hegel etwa in der Logik ja auch ausdrücklich tadelt – vor allem »die Kantische und Fichtesche Philosophie«, die »als den höchsten Punkt ... das Sollen« angibt[6]. Zugleich durchschaut diese neue Deutung – eben auf Grund ihrer Ernstnahme der Sollenskritik – Hegels Verhältnis zur Transzendentalphilosophie als ein nicht nur ›auch‹, sondern im Kern kritisches; und dies um so leichter, weil inzwischen die Deutung der Transzendentalphilosophie ihrerseits dazu neigt, nicht mehr Hegel, sondern andere Philosophen – einen zum Hüter der Endlichkeit ernannten Kant oder den späten Fichte und späten Schelling[7] – als Vollender der Transzendentalphilosophie in Anspruch zu nehmen: gerade diese Entlassung Hegels aus dem Amt des Vollenders der Transzendentalphilosophie gibt ihn endgültig frei für das ihres ersten entscheidenden Kritikers. Daß Hegel dies ist, also vor allem Kritiker der Transzendentalphilosophie: diese Einsicht – die vom gegenwärtigen Kursgewinn von Hegels Sollenskritik lebt – zerstört nicht nur gründlich die Vorstellung einer einheitlichen Philosophie des deutschen Idealismus »von Kant bis Hegel«[8]; sie zwingt zugleich den, der über die positiven Absichten Hegels Bescheid wissen will, zur Aufmerksamkeit auf gerade jene Elemente von Hegels

Philosophie, die ihre Sonderstellung gegenüber der Transzendentalphilosophie inhaltlich ausmachen[9]. Diese Elemente scheint vor allem die berühmte Stelle aus der Vorrede der Rechtsphilosophie zusammenfassend zu benennen: »Das was ist zu begreifen, ist die Aufgabe der Philosophie ... Geht« das philosophische Denken – sagt Hegel dort – »darüber hinaus, baut es sich eine Welt, wie sie sein soll, so existiert sie ... nur in seinem Meinen – einem weichen Elemente, dem sich alles Beliebige einbilden läßt«[10]. Beides – Sollenskritik und betonte Aufmerksamkeit auf das, was ist – gehört also zusammen: gerade weil Hegel der transzendentalphilosophischen Suche des Vernünftigen im bloßen Sollen jenseits der vorhandenen Wirklichkeit absagt, will er – allem Mißverständnis vornehmlich der historischen Schule zum Trotz – nicht postulieren und konstruieren, sondern die Wirklichkeit auslegen und interpretieren; gerade weil die Philosophie Hegels gegen das bloße Sollen sich wendet, ist sie ihrer wesentlichen Absicht nach (mit diesem nichthegelschen Wort benennt jene Gegenwartsforschung Hegels zentrale Intention) »Hermeneutik«[11]; und so hat denn – auf Grund dieser neuen Interpretation – Hegels Sollenskritik ihre einzigartige Bedeutung und gegenwärtige Wichtigkeit als die gegenüber der Transzendentalphilosophie polemische Präsenz dieses Prinzips Hermeneutik.

3.

Es ist weder nötig, noch ist es hier beabsichtigt, gegenüber dieser wohlfundierten These gegenwärtiger Hegelforschung Neues und Anderes geltend zu machen. Das entscheidende Resultat liegt also bereits vor. Und was im folgenden getan wird, wäre daher platterdings überflüssig, bestünde nicht ein gewisses Bedürfnis, dieses Resultat zu verteidigen durch einen Beitrag zum Versuch, jenes in sollenskritischer Weise polemisch präsente Prinzip Hermeneutik unverwechselbar zu machen.

Dieses philosophische Prinzip nämlich: es ist, was Hegel betrifft, in Gefahr, mißdeutet zu werden durch eine falsche und fatale Gleichsetzung. Denn: das Prinzip Hermeneutik ist innerhalb der Gegenwartsphilosophie weithin ein etabliertes Prinzip. Aber nicht durch Rückgriff auf Hegel, sondern im Gegenzug zu Hegel ist es dazu geworden. Spätestens seit Dilthey – und dort unter Berufung etwa auf Schleiermacher und nicht auf Hegel[12] – wird es philosophisch fundamental; und im wesentlichen endgültig setzt es sich innerhalb der Gegenwartsphilosophie durch, seit vom Wintersemester 1919/20 an Heidegger die Grundthesen seines späteren Hauptwerks Sein und Zeit unter dem Vorlesungstitel »Hermeneutik der Faktizität« vortrug[13]. Unter Faktizität verstand er dabei den Charakter einer Wirklichkeit, die unverfügbar, d. h. schlechthin gegeben und darum vorbehaltlos hinzunehmen ist – wie exemplarisch das Sterbenmüssen. Vor solcher Wirklichkeit und nur vor ihr – das ist seither verbreitete Überzeugung – muß Philosophie zur Hermeneutik werden: als verstehende vorm Leben; als zur Endlichkeit entschlossene vorm Tod; als hörige vorm ganz anderen Gott und seinem Handeln; als begegnende vorm Du; als vernehmende vorm sich schenkenden Sein; als andenkende vorm Seinsgeschick; als sich fügende angesichts von Dezisionen; als sprachanalytisch sich beugende vorm vorgegebenen Sprachgebrauch usf. All diese Ansätze, scheint es, verbindet – außer etwa ihrer bemerkenswert gemeinsamen Neigung, Sprachphilosophie zur Hauptphilosophie zu machen –, daß sie irgendwie Hermeneutik sein wollen und daß ihnen Wirklichkeit genau nur in dem Maße positiv wichtig wird, wie sie als unverfügbare – als schlechthin gegebene und vorbehaltlos hinzunehmende – sich zeigt. So scheint gegenwärtig Hermeneutik weithin die Losung einer Philosophie der unbedingten Unterwerfung unter Gegebenes[14]. Und die heutige Vorherrschaft gerade dieses Begriffs philosophischer Hermeneutik: sie bringt zwangsläufig auch den Versuch, Hegel im Namen der Hermeneutik zu präsentieren, in den Verdacht, die bloße Variante und Unterstützung dieser Unterwerfungsphilosophie zu sein und rückt damit – gegen die ausdrückliche Absicht dieses Versuchs[15] – Hegel erneut ins Schußfeld jener Kritik, die zuerst die Linkshegelianer gegen Hegel formulierten: seine Philosophie sei die bloße Verteidigung eines schlechten Bestehenden, der der Fortschritt allenfalls als vergangener genehm, als zukünftiger aber nachdrücklichst unerwünscht sei[16], kurz: sie sei die bloße Apologie des nun einmal Gegebenen. Dieses Argument hat jüngst noch – mit ausdrücklichem Bezug auf Hegels Sollenskritik – Ernst Bloch in freilich differenzierterer Weise wiederholt: »die große Klimaverschlechterung des Sollens« bei Hegel – meint er[17] – bedeute »Prozeßbremsung«[18]; »Hegel geht« – schreibt er – zwar »mit großem Recht gegen dies perennierende Sollen vor, doch mit dem Effekt, überhaupt kein Unverwirklichtes mehr zu behalten, also keine Zukunft«[19]: für Hegel, meint darum auch Bloch und wiederholt damit im Grunde, was etwa Haym unterstellte[20], ist die Gegenwart das non plus ultra, das Bestehende das Definitive, das Gegebene das Unüberbietbare und die Sollenskritik nur das Instrument für diese schlechte Zufriedenheit: die Verteidigung nämlich des Faktischen durch den Angriff auf Instanzen, die gegenüber diesem Faktischen Fortschritt und Wahrheit und bessere Zustände einzuklagen vermöchten. So gerät also Hegels Philosophie – und dies gerade weil sie, die sollenskritische, in dieser Situation (und zwar mit Recht) als hermeneutische sich präsentiert – noch einmal in die Gefahr des schlechten Rufs einer Philosophie der Unterwerfung unters Gegebene; und es geraten ihre gegenwärtigen Anhänger in den Verdacht, diese Unterwerfung in neuer Situation einzig zu wiederholen[21].

4.

Um diesem zugleich schlechten und falschen Ruf und Verdacht entgegenzutreten, bedarf es plausiblerweise einer besonderen

Aufmerksamkeit auf jene Elemente der Philosophie Hegels, die das Gegebene als Instanz verwerfen. Das aber sind nun ganz offensichtlich Elemente, die Hegels Denken mit jener Philosophie verbinden, die hier zunächst nur als Gegnerin Hegels zur Debatte stand: mit der Transzendentalphilosophie[22]. Denn was immer diese Transzendentalphilosophie Kants und Fichtes und die des frühen Schelling gewesen und was aus ihr geworden ist: zunächst und vor allem war sie die Weigerung, das Gegebene als Instanz zu akzeptieren. Diese Weigerung gilt es auch bei Hegel zu bemerken.

Darum ist in bezug auf Hegels Sollenskritik – die gegen die Transzendentalphilosophie ganz ohne Zweifel ausdrücklich sich richtet – gleichwohl von ihrer Interpretation mit Nachdruck verlangt, daß sie zunächst wenigstens andeutet, was von dieser Transzendentalphilosophie Hegel, seiner Sollenskritik zum Trotz, gerade nicht kritisiert, sondern bewahrt hat. Das ist – scheint es – vor allem die kopernikanische Wende zum Primat der praktischen Vernunft: zur Maßgeblichkeit also jener Vernunft, der die Wirklichkeit gerade nicht als Gegebenes, sondern als das Ensemble der Mittel für Zwecke wichtig wird. Nur darum kann – wie schon für die Transzendentalphilosophie – nun auch für Hegel der Begriff der »Vermittlung« zum entscheidenden Grundbegriff werden; denn dieser Vermittlungsbegriff: er bezeichnet ja nur sekundär Ausgleichsbemühungen; primär aber meint er die konsequente und progressive Ausbildung von Mitteln: von Einrichtungen also etwa, die vorher allenfalls zufällige Handlungen fortan auf Dauer stellen; und er meint zugleich den jeweiligen Stand der Ausbildung dieser Mittel – der dann kein Stand mehr ohne Mittel, also kein »unmittelbarer« mehr ist. Darum weiterhin hat – wie in der Transzendentalphilosophie – nun auch bei Hegel die Philosophie vor allem den Auftrag, scheinbar bloße Gegebenheiten als solche Mittel, als Vermittlungen zu durchschauen: Philosophie ist Vermittlungsforschung[23]. Aber gerade weil sie das ist, ist sie auch – so nannte das die Transzendentalphilosophie und so nennt das Hegel – »Deduktion«[24]; und dieser Ausdruck, der – für beide – aus der Juristerei kommt[25], er meint: diese Philosophie nimmt die Wirklichkeit nicht hin als nun einmal Gegebenes, sondern prüft und richtet sie, oder genauer: diese Philosophie begreift die Wirklichkeit als eine, die sich selber nicht hinnimmt als nun einmal Gegebenes, sondern beständig mit sich selber einen »Prozeß« führt und sich fortwährend das Urteil sprechen muß[26] und sich dabei freispricht und legitimiert einzig auf Grund ihrer Vermittlungsleistung, ihres Beitrages zur Verwirklichung der maßgeblichen Zwecke. Diese maßgeblichen Zwecke haben also – für die transzendentale und für Hegels Philosophie – entscheidende Bedeutung. Sie sind – in beiden – Zwecke für alle Menschen, allgemeine Zwecke also, die beide als Prädikate der Freiheit verstehen: als Weisen jenes einzigen Absoluten, das der ja nur provisoriumsfähige Mensch von sich aus behaupten darf, weil eben Freiheit die einzige Bestimmung ist, die als absolute nicht aufhört, eine provisorische zu sein, und die dennoch absolute Bestimmung ist, weil sie eine Verfassung meint, die total »für sich sein« kann, d. h. sich vorbehaltlos unter die Augen zu treten vermag[27]. Diese Freiheitsweisen nun, diese allgemeinen Zwecke: sie erheben in der Transzendentalphilosophie ihren Anspruch in der Form des Sollens: sie sollen Wirklichkeit werden; indes: auch Hegel hat offensichtlich dieses Sollen anerkannt, soweit es den Anspruch dieser allgemeinen Zwecke geltend macht; denn »was wirklich ist, das ist vernünftig«[28] auch für ihn im Grund gerade dadurch, daß es ist, was es sein soll: Verwirklichung nämlich und – wie Hegel sagt – »Mittel für die Freiheit«[29]; darum ist – schreibt er – »ein bloßes Sein ohne Begriff, ohne sein Sein-Sollen ... zu haben und ihm gemäß zu sein, ein leerer Schein«[30]; er nennt »den Begriff« des Menschen schlicht das, »was der Mensch sein soll«[31]; und er versichert, »daß ... das Sollen vollkommen anerkannt wird«[32], »wo es ... das Wesentliche gegen das Nichtige behauptet«[33]. Kein Zweifel: Hegel hat weder der Transzendentalphilosophie noch dem Sollen bedingungslos widersprochen; denn: wie schon die transzendentale, so weigert sich auch die Philosophie Hegels, das Gegebene als Instanz zu akzeptieren, indem sie Vermittlungsforschung wird als Deduktion unter Berufung auf den verbindlichen Anspruch allgemeiner Zwecke.

5.

Und doch gibt es Hegels Protest gegen die Transzendentalphilosophie; und doch gibt es Hegels Sollenskritik: das bisher Gesagte will und es kann die Radikalität seines Angriffs nicht leugnen; es gibt einzig der nun fälligen Frage ihre volle Schärfe: was – wenn doch all jenes das Nichtkritisierte ist – was hat Hegels Sollenskritik denn dann kritisiert?

Sie kritisiert, scheint es, an der Transzendentalphilosophie nur etwas ganz Bestimmtes, freilich Entscheidendes: nämlich einzig ihre Weigerung, die allgemeinen Zwecke, die freiheitsbetreffenden also, an den Realisierungsprozeß ihrer Vermittlung und damit das Sollen an Wirklichkeit zu binden[34]. Hegel kritisiert allein ihre Blindheit für jene Einsicht, die er – ähnlich wie in der eingangs zitierten Phänomenologiestelle[35] – z. B. 1817 in der Jacobi-Rezension der Heidelberger Jahrbücher folgendermaßen formulierte: »erst« – schreibt er dort – »die Überzeugung, daß das Vernünftige ebenso ist, als es sein soll, kann die Grundlage fürs Praktische ausmachen«[36]. Diese vielgeschmähte und vielgelobte These der Einheit von Sollen und Sein: für Hegel besagt sie – diesseits aller Mythologie der konkreten Ordnungen und ohne Preisgabe dessen, was bei Hegel Aufklärung und also das Beste ist – schlicht nur folgendes; nämlich: daß freiheitsbetreffende, also allgemeine Zwecke, die es für alle Menschen sind, uneinsichtig und unverbindlich bleiben, solange die Mittel fehlen zu ihrer Realisierung. Darum sind sie für Hegel keine vom Weltlauf unberührbaren Normen und Evidenzen[37]. Ihre Verbindlichkeit und Sichtbarkeit – also die »Wahrheit« des »Vernunftallgemeinen« im Sinne der anfangs zitierten Phänomenologiestelle – ist gebunden an den zureichenden Stand der Ausbildung von Mitteln zu ihrer Realisierung. So bleibt etwa Freiheit durch Selbstbestimmung als allgemeiner Zweck uneinsichtig und unverbindlich vor der griechisch-europäischen Stadt[38]; Freiheit durch Innerlichkeit bleibt als allgemeiner Zweck uneinsichtig und unverbindlich vorm Christentum und seinen neuzeitlichen Formen und Folgen[39]; Freiheit durch radikale Naturbeherrschung bleibt als allgemeiner Zweck uneinsichtig und unverbindlich vor der Ausbildung moderner Naturwissenschaft und Technik; Freiheit durch Gleichheit, also durchs realisierbare Recht auf Ungleichheit für alle (und nicht nur für einige) bleibt als allgemeiner Zweck uneinsichtig und unverbindlich vorm modernen Staat im Zeichen der französischen Revolution, d. h. bevor die Loyalität seiner Bürger zunehmend am rechten Verhältnis des Staats zu denen, die jenes Recht noch nicht realisieren können, ihr Maß und ihre Grenze hat[40]; usf. Evidenz und Gültigkeit dieser allgemeinen Zwecke hängen ab vom Fortschrittsstande ihrer Verwirklichungsbedingungen; ihre Wahrheit ist gebunden an den geschichtlichen Stand ihrer Vermittlung[41]: denn der Mensch ist nicht unmittelbar zur Wahrheit und ist, will er's trotzdem sein, alsbald nur noch unmittelbar und nicht mehr zur Wahrheit.

Die Sollensphilosophie aber, die Hegel angreift: in all ihren Varianten – als Philosophie der unendlichen Aufgabe und immer fernen Zukünftigkeit des Heilen; als Philosophie der zeitlos geltenden Normen; als Philosophie der ideal an sich seienden Werte[42] – in all diesen Varianten fürchtet und vermeidet sie es, diese Wahrheit an ein scheinbar so Unsicheres zu binden wie den geschichtlichen Stand ihrer Vermittlung[43]. Denn dieser ist entstanden und war also nicht immer; und was nicht immer war – meint diese Philosophie – sei nur vorübergehend. Das ist unrichtig: denn es gibt eben das, was entstanden ist und dann bleibt[44], das also, was fortan nur noch entweder ›vollzogen‹ oder ›verdrängt und kompensiert‹

oder ›durch Überbietung ersetzt‹ werden kann; und gerade dieses ›entstandene Bleibende‹ (die Verfassung der Vermittlungen) hat – nach Hegel – die Philosophie, will sie Vermittlungsforschung sein, vor allem ins Auge zu fassen. Dessenungeachtet weigert sich die Sollensphilosophie, allgemeinverbindlichen Zwecken Abhängigkeit vom geschichtlichen Stand ihrer Vermittlung zuzumuten; sie will ihnen ersparen, durch Liaison mit Vorübergehenden selbst zum Vorübergehenden herunterzukommen. Darum proklamiert sie die Magna Charta der Sollensphilosophie: nämlich grundsätzliche Unabhängigkeit der Verbindlichkeit und des Anspruchs allgemeiner Zwecke von der geschichtlichen Lage ihrer Verwirklichung und Vermittlung; oder eben kurz gesagt: Trennung des Sollens von der Wirklichkeit. Gegen diese Trennung und nur gegen sie richtet sich Hegels Sollenskritik; denn diese Trennung – meint Hegel und wiederholt damit zeitgerecht jenen Vorwurf, den einst Aristoteles gegen den Chorismos der Ideen Platons erhob[45] – diese Trennung ist schlimm.

6.

Dieser Vorwurf Hegels ist nun freilich nicht selbstverständlich; er bedarf also ausdrücklicher Begründung: warum – muß gefragt werden – ist die so verstandene Trennung von Sollen und Wirklichkeit eigentlich schlimm?

Sie ist – meint Hegel – schlimm durch den ihr innewohnenden Zwang zur Etablierung eines wirklichkeitsunterbietenden Wirklichkeitsbegriffs; nämlich – sagt er in seiner Logik – »in der Wirklichkeit selbst steht es nicht so traurig um Vernünftigkeit und Gesetz, daß sie nur sein sollten«[46]: das klingt harmlos, ist aber der entscheidende Punkt; denn folgendes ist gemeint: der sollensphilosophische Trennungsakt ist prinzipiell eine Vorsichtsmaßnahme; er trennt die Gültigkeit allgemeiner Zwecke von ihrer Verwirklichung, weil er dieser Verwirklichung nicht traut: die Sollensphilosophie rechnet vorsichtshalber mit der Nichtverwirklichung; und gerade das geht – in der Regel unreflektiert – in ihren Wirklichkeitsbegriff ein und entstellt ihn. Die Sollensphilosophie hat recht im schlimmsten, im äußersten Fall und bestimmt nun den äußersten Fall als durchgängige Wirklichkeitsverfassung, um durchgängig recht zu haben[47]: eben das zwingt sie zur Verleugnung von all dem, was die vorhandene Wirklichkeit vom äußersten Fall unterscheidet, also zum Dekret, daß die Verwirklichung allgemeiner Zwecke auch dort, wo längst die erreichte Vermittlung sie zur dauerhaft-allgemeinen machte, riskant zu sein habe und ausnahmsweise[48]. Freilich hält das – und sie muß es tun – die Sollensphilosophie für schlichte Deskription. Dies zeigt aber nur, daß die vermeintliche Befreiung der Deskription vom Normativen die Deskription vollends erst zum Normativen macht[49]; denn diese scheinbar so schlichte Deskription: sie eben ›fordert‹ von der Wirklichkeit ein geschichtliches Niveau, das diese in Wahrheit längst hinter sich hat und einzig im Katastrophenfall repetiert: ein minder vermitteltes und vergleichsweise unmittelbares. Darum ist der sollensphilosophische Gegenwartsbegriff zwangsläufig – in Richtung auf Regression – anachronistisch. Diesen Unterbietungstrend möchte ich – mit nichthegelschen Ausdrücken – bezeichnen als den Verleugnungszwang und Regressionseffekt des Sollensdenkens[50]: er ist an der Trennung von Sollen und Sein das wirklich Schlimme; gegen ihn und allein gegen ihn richtet sich darum Hegels Sollenskritik.

Sie bemerkt – das wurde gesagt – diesen Zwang und Effekt vor allem in der Transzendentalphilosophie[51]. Gerade weil Kant, Fichte und der frühe Schelling die allgemeinen Zwecke vor der unsicheren Wirklichkeit ins bloße Sollen und in Postulate retten, vermögen sie in der Wirklichkeit das Allgemeine nur fern vom realen Zweck und den Zweck nur fern vom real Allgemeinen zu finden. Allgemeines nur fern vom realen Zweck: nämlich einzig in Form von Gesetzen der Natur als Mitteln zu ihrer Beherrschung mit unbestimmtem Ziel, also wesentlich in der exakten Wissenschaft.

Zwecke nur fern vom real Allgemeinen: nämlich einzig in Form von privaten Gesinnungen mit unbestimmten Realisierungsmitteln, also wesentlich in der Innerlichkeit. Vereinfachend gesagt: nur exakte Wissenschaft und Innerlichkeit kommen in den Blick[52]. Das bedeutet aber: es fixiert die Verlegung der allgemeinen Zwecke ins bloße Sollen die Transzendentalphilosophie an jenen prinzipiell vorrevolutionären Stand, auf dem nur in Wissenschaft und Innerlichkeit »alle Menschen«, im politisch-rechtlichen Bezirk aber nur »einige« frei zu sein vermochten[53]: eben deswegen bemerkt sie als »Mittel für die Freiheit« weithin nur exakte Wissenschaft und Innerlichkeit; und sie übersieht die ausgebildete Gegenwart der anderen – vor allem die Herkunftsformen und die Formen des Rechts und die politischen: Familie, bürgerliche Gesellschaft, Staat[54] – und erblickt an ihrer Stelle oder als ihr Wahres Unmittelbarkeit: das »Sinnliche« und schließlich »Natur«[55]. Der transzendentalphilosophische Wirklichkeitsbegriff unterbietet den erreichten Stand: er macht – so formuliert das Hegel – »das Sollen ... perennierend« und gerade dadurch »die Endlichkeit absolut«[56].

Indes: diesen Unterbietungszwang gibt es nicht nur in der Transzendentalphilosophie; es läßt sich Hegels Sollenskritik für uns – die Späteren – auch lesen als vorweggenommene Diagnose von Schicksalen der Philosophie seit Hegel bis zur Gegenwart. Wo immer in dieser Zeit Geschichtsphilosophie zur Sollensphilosophie resigniert, wo also die Freiheitsziele des Fortschritts zunehmend ins bloße Sollen sich retten, wo sie zu unendlichen Aufgaben, zeitlosen Normen und ewigen Werten sich entwirklichen[57]: überall dort entstehen zugleich die Unmittelbarkeitsphilosophien der Natur und des irrationalen Lebens, die vermittlungsblinden Philosophien der Tatsachen und vollendeten Tatsachen und die des Verfalls – Philosophien also, die jenen regredierenden Wirklichkeitsbegriff ausdrücklich erzeugen, den die Sollensphilosophie begrüßt, weil er sie nötig macht. Zu Fichtes Postulaten gehört Schellings Ermächtigung der Natur und ihre entzauberte Gestalt bei Schopenhauer; zum spätneukantischen Normativismus und zur Wertphilosophie gehört Nietzsche, die wertfreie Tatsachenforschung mit ihrem Trend zu Dezisionismen, der Positivismus; usf.[58]. Gerade diesen Zusammenhang aber hat schon Hegel grundsätzlich durchschaut: das Sollensdenken deckt durch eigene oder – arbeitsteilig – durch scheinbar entgegengesetzte Philosophien seinen unvermeidlichen Regressionsbedarf.

Gerade ihn kritisiert Hegel; darum ist seine Sollenskritik keine Prozeß-, d. h. Progreßbremsung, sondern im Gegenteil: Regreßbremsung. Sie widersetzt sich nicht dem Fortschritt, sondern im Gegenteil: sie schützt ihn. Und sie tut das in einer Form, die – weil sie im Klima des Progressiven Regressionsdiagnosen, also Verfallsbeobachtungen zuläßt – in einzigartiger Weise Neigungen der Gegenwartsphilosophie entgegenkommt: denn diese liebt selbst noch dort, wo sie dem Fortschritt und seiner Theorie mit Ernst sich verschreibt, die Verfallstheorie und ist gerade darum disponiert zur Rezeption von Hegels Argument: dem – wie man sagen könnte – Initialbeitrag zu jener einzigen Form von Verfallstheorie, die innerhalb der Fortschrittstheorie Platz hat und nötig wird: der Theorie nämlich des Verfalls der Fortschrittstheorie; zu einer Theorie also, die Verfall nicht unmittelbar in der Wirklichkeit, sondern – da nun einmal Verfall zu suchen ihr Schicksal ist – Verfall im zunehmenden Zwange entdeckt, Verfall in der Wirklichkeit zu entdecken. Einen solchen Zwang erzeugt – in all ihren Varianten – die Sollensphilosophie: das und wesentlich nur das hat Hegel an ihr kritisiert; also den – wie ich das hier genannt habe – Verleugnungszwang und Regressionseffekt des Sollensdenkens.

7.

Es besteht Grund zur Befürchtung, daß im Zuge dieser Überlegung längst die Anstrengung des Begriffs in Anstrengung des Hörers umgeschlagen ist. Es wird also Zeit für Konklusionen, Zeit zu fragen: hat – wie sie es doch plante – diese Überlegung wirklich beigetragen zum Versuch, das Prinzip Hermeneutik hegelhinsichtlich unverwechselbar zu machen? Was bedeutet – nach dieser Überlegung – das Hermeneutische bei Hegel, was Hegels betonte Aufmerksamkeit auf das, was ist?

Eine Antwort ist in der Tat gegeben; denn: wenn Hegels Sollenskritik gegen Regressionseffekte sich richtet: dann bedeutet – innerhalb der Reichweite dieser Überlegung – Hegels Plädoyer für das, was ist, gewiß nicht das Lob des Gegebenen nur weil es nun einmal ist; es bedeutet also kein Verbot von Deduktion und Kritik und keines von Fortschritt und Antezipation, sondern einzig: die Empfindlichkeit gegen Regressionen. Wo also – wie in jener Hegeldeutung, von der hier ausgegangen und über die hier nirgends hinausgegangen wurde[59] – in der Rede vom Hermeneutiker Hegel es darum geht, nicht: Hegel durch einen herrschenden Gegenwartssinn von Hermeneutik, sondern: die Hermeneutik durch Hegel zu definieren: da meint Hermeneutik gerade nicht die philosophische Anleitung zur Unterwerfung unters Gegebene, sondern – und das ist etwas schlechthin anderes – einzig die philosophische Bildung des Sinns für das schon Erreichte als Empfindlichkeit gegen jede Form von Unterbietung des erreichten Stands[60].

Dieses Resultat Hegels läßt sich – scheint mir – nicht ungestraft verdrängen; und nur weil es solche unausweichlichen Resultate Hegels gibt: darum allein ist ja heute Hegelinterpretation sinnvoll und der Gegenwartsphilosophie rechtens ein ernstnehmendes Hegelverhältnis abverlangt. Daß es dafür mehrere Möglichkeiten gibt, bleibt unbestritten; denn es gibt mindestens zwei. Die Gegenwartsphilosophie wird entweder Hegel haben oder den verlorenen suchen: jenes macht den direkten, dieses den indirekten Hegelianismus. Zum letzteren gehört – als die habendste Form des Suchens – die Bemühung, Hegels Philosophie durch Rezeption ihrer Gegnerschaften zu rezipieren; und die hier versuchte Überlegung war ein Beitrag allein dazu. Mit ihrer These riskiert sie es freilich, zugleich Hegel und sich selber unbequem zu sein; aber dies bewußt: denn unvermeidlich, scheint es, gehören Aporien zur philosophischen Gegenwartslage, in welcher – nach der freilich begrenzten und darum irrtumsgefährdeten Einsicht des Täters dieser Überlegung – selbst die Schwierigkeiten beim Versuch, ein Hegelianer zu sein, nur noch übertroffen werden durch die Schwierigkeiten beim Versuch, kein Hegelianer zu sein.

Idealismus und Theodizee

1.

Spätestens seit Ende des Ersten Weltkriegs gibt es massiv das Phänomen einer theologisch inspirierten Idealismuskritik. Ihre Gegner sind in letzter Instanz Kant, Fichte, Schelling, Schleiermacher, Hegel: die Philosophen also des sogenannten deutschen Idealismus. Hauptgewährsmann dieser Kritik ist Kierkegaard[1]. Ihre Vollstrecker sind zunächst die, die an Kierkegaard anknüpfen: da sind Karl Barth, Emil Brunner, Friedrich Gogarten, Eugen Rosenstock-Huessy; da ist Ferdinand Ebner; da ist Leo Schestow; da sind zugleich Franz Rosenzweig und Martin Buber: um hier nur einige zu nennen[2]. Nicht wenige sind ihnen gefolgt.

Die Theologie also inspiriert diese Kritik; genauer gesagt vier Theologien: reformatorische, katholische, orthodoxe, jüdische Theologie; und so ist diese Idealismuskritik mindestens ein ökumenisches Ereignis hohen Ranges[3].

Zugleich aber haben ihre Argumente philosophisch erhebliches Gewicht: sie leben nicht mehr von jener fragwürdig »realistischen« Schadenfreude über den im Idealismus angeblich herrschenden Mangel an Gewißheit über die Existenz der Außenwelt[4]; sondern sie richten sich gegen tatsächliche Thesen des Idealismus: vor allem gegen die Autonomiethese, also gegen jene radikale Freiheitsthese, die etwa Schelling so formuliert: »Der Begriff« – schreibt er – »von dem wir ausgehen, ist der des Ich«; »das Wesen des Ichs« – sagt er – »ist die Freiheit, d.h. es ist nicht anders denkbar, denn nur insofern es aus absoluter Selbstmacht ... sich setzt«; »und mit diesem ... Akt« – meint er – »ist nicht nur das Ich mit allen seinen Bestimmungen, sondern ... auch alles andere gesetzt, was für das Ich überhaupt gesetzt ist«; so ist also die »Freiheit ... das einzige Prinzip, auf welches alles aufgetragen ist«; und »die höchste Würde der Philosophie« – sagt Schelling – »besteht gerade darin, daß sie alles von der menschlichen Freiheit erwartet«[5]: Idealismus – das steckt in diesen Aussagen – Idealismus ist die Philosophie radikaler menschlicher Freiheit mit der folgerichtig radikalen These: nicht Gott, sondern der Mensch selber macht und lenkt die Menschenwelt. Wesentlich gegen diese These – die Autonomiethese – protestiert die Idealismuskritik.

Sie tut das, wie es scheint, mit gutem Grund und vollem Recht; denn diese idealistische Autonomiethese: offenbar doch ist sie – das jedenfalls meint die Idealismuskritik – der Ausdruck für »Selbstherrlichkeit« und »Vermessenheit« des Menschen[6]; offenbar doch überschätzt sie die menschliche Eigenmacht durch Mangel an Endlichkeitssinn; offenbar doch entwirklicht sie den Menschen durch Verleugnung seiner Faktizität; offenbar doch verurteilt sie ihn zur »Icheinsamkeit«[7] durch Verweigerung eines echten Bezugs zum Du; offenbar doch bedeutet sie Auflehnung gegen Gott durch Mißachtung der Geschöpflichkeit des Menschen und seiner Welt. Es scheint also, daß keine Theologie diese idealistische Autonomiethese gelten lassen kann, und daß keine Philosophie, die Theologisches ernstzunehmen bereit ist, sie zu akzeptieren vermag. Eben diese Überzeugung bringt die Idealismuskritik spätestens seit Ende des Ersten Weltkriegs und bis heute mit Nachdruck zur Geltung.

2.

Eines der wichtigen Ereignisse der zwanziger Jahre ist es nun gewesen, daß diese Idealismuskritik alsbald in den Ansatz der Interpreten und Anhänger des deutschen Idealismus selber eingewandert ist. Deren Aporie bestand fortan im Dilemma, weder den Idealismus noch die Idealismuskritik verwerfen zu können.

Das Bedürfnis nach einem Ausweg aus diesem Dilemma hat

dann sehr bald zu einer Interpretationstendenz geführt, die hier die erste Apologie des Idealismus genannt werden soll: zum Versuch nämlich, die Idealismuskritik im Idealismus selber zu entdecken. Dieser Versuch bestimmt bis heute die Situation der Deutung der Philosophie des deutschen Idealismus. Sie findet teils im »Spätidealismus«[8], teils im Gesamtidealismus just das, was die Idealismuskritik dort sonst gerade vermißt: den Sinn für die Grenzen menschlicher Autonomie: den für Endlichkeit, den für Faktizität und fürs Du, den fürs Andere zur Vernunft und darum dann schließlich auch den für die absolute Herrschaft Gottes.

Entscheidende Anstöße hat dieser Interpretationsbewegung – auch ein knapper Hinweis sollte nicht versäumen, daran zu erinnern – Heinz Heimsoeth gegeben[9]. Bei Kant hat er das Motiv der endlich-hinnehmenden Vernunft gesehen, das dann Heideggers erstes Kantbuch für die »Kritik der reinen Vernunft« und Krügers Kantbuch für Kants praktische Philosophie radikal geltend gemacht haben[10]. Bei Fichte hat Heimsoeth 1923 das bemerkt, was heute etwa Coreth, Weischedel, Schulz und der Kreis um Lauth betonen: Fichte – nicht nur der späte, aber vor allem der späte – dachte dialogisch-theologisch; er kannte die Endlichkeit des Menschen und die Absolutheit des reinen Seins d. h. Gottes[11]. Und beim späten Schelling hob Heimsoeth 1929 das hervor, was dann Fuhrmans genau untersucht hat: die absolute Freiheit Gottes und die Vernunft, die sich vor ihr beugt; und Schulz hat diese These nicht so sehr korrigiert als vielmehr radikalisiert, indem er die Spätphilosophie Schellings zur Vollendung des deutschen Idealismus erklärte[12]. Neuere Interpretationen von Schleiermacher und Hegel agieren entsprechend: das sei hier ohne weiteren Hinweis erwähnt, denn im folgenden sollen Schleiermacher und Hegel ausgeklammert bleiben.

Jedenfalls versuchen – und zwar im wesentlichen seit den zwanziger Jahren – all diese Idealismusdeutungen, im Idealismus selber die Idealismuskritik, d. h. in der Philosophie der Autonomie die Kritik der Autonomie zu entdecken[13].

Die Fruchtbarkeit dieser Interpretationsbewegung ist unbestreitbar. Ihr Verdienst um die Erschließung der Philosophie des deutschen Idealismus – vom Editorischen über Werkdeutung bis vor allem zur Erforschung ihrer Vorgeschichte – steht außer Zweifel. Überdies hat sie Kommunikationen begünstigt, die vordem unmöglich schienen: Beispiel sind Gespräch und Annäherung zwischen Thomismus und Transzendentalphilosophie; auch die reformatorische Theologie – immer noch voll Mißtrauen durch den Gedanken an Schleiermacher und Ritschl – hat es über sich gebracht, dem deutschen Idealismus ihre Gunst wieder zuzuwenden. All das[14] sind zweifellos Aktiva jener Interpretationstendenz, die hier die erste Apologie des Idealismus genannt wurde.

3.

Indes: erstaunlich ist es, mit welcher Selbstverständlichkeit heute dieser Interpretationswandel fast ausschließlich als Gewinn betrachtet wird. Denn immerhin ist er mit schweren Problemen belastet. Ich nenne hier nur zwei.

Erstens muß diese erste Apologie des Idealismus plausibel machen, warum eigentlich jener vermeintlich so autonomieabstinente Idealismus durch die Idealismuskritik als Position der Autonomie habe verkannt werden können. Nächstliegende Antwort ist eine Art Sündenbocktheorie: die Unterscheidung autonomistischer und nichtautonomistischer Trends im deutschen Idealismus und die Überzeugung, es habe die Idealismuskritik irrtümlich seinen schlimmen Teil fürs Ganze gehalten. So weit, so gut. Aber es ist schwierig, sich darüber zu einigen, welche Philosophie des deutschen Idealismus diesen schlimmen Teil repräsentiert: darum hat der zweifellos nicht unberechtigte Angriff auf die Vorstellung einer einheitlichen Philosophie des deutschen Idealismus[15] bisher weitgehend zur Bildung nur von Fraktionen geführt, deren jede der jeweils anderen – also etwa die Schellingianer oder Fichteaner den

Hegelianern und umgekehrt – mit Akkuratesse pünktlichst dasselbe vorwirft: zuviel Autonomie und zuwenig Endlichkeit zu bemerken; zuviel im Kopf und zuwenig in der Wirklichkeit zu haben; zuviel Konstruktion, zuwenig Hermeneutik zu praktizieren; usf. Dieses merkwürdige Phänomen einer im strengen Sinn reziproken Polemik ist wahrlich ruinös: denn es macht – zunächst – alle Fraktionen gleichermaßen unglaubwürdig.

Zweitens aber und vor allem hat es diese erste Apologie des Idealismus versäumt, das zu verteidigen, was die Idealismuskritik wirklich angegriffen hat: eben die Autonomiethese. Gerade dieses Versäumnis hat schlimme Folgen. Denn die Preisgabe der Autonomiethese bedeutet keineswegs nur die Absage an eine philosophische Meinung; vielmehr: sie ruiniert das affirmative Verhältnis zu mindestens drei entscheidenden Wirklichkeiten, die an menschliche Autonomie gebunden sind:

1. das zur exakten Naturwissenschaft und Technik; solches aber bedeutet – in äußerster Konsequenz – den Tod vieler und den Hunger der meisten.
2. das zur Innerlichkeit und privaten Subjektivität; solches aber bedeutet – in äußerster Konsequenz – Terror: die Unmöglichkeit »ohne Angst anders zu sein«.
3. das zum Politischen und zum Recht als Wirklichkeiten, die der Mensch nicht nur interpretieren, sondern verändern kann; solches aber bedeutet – in äußerster Konsequenz – die Preisgabe der Hoffnung auf eine bessere und gerechte Welt[16].

Mindestens diese drei Wirklichkeiten sind an menschliche Autonomie gebunden. Sie sind zugleich unabdingbar. Zur Preisgabe der Autonomiethese gehört also die ruinöse Neigung, gerade das als Verfall zu verdammen, was doch in Wahrheit Bedingung jedes zumutbaren Menschenlebens ist[17]: denn der Mensch ist ein viel zu endliches Wesen, als daß er es sich im Ernst leisten könnte, ein endliches Wesen zu sein[18]; und seine Autonomie ist eine viel zu gefährdete Sache, als daß er im Ernst darauf verzichten könnte, sie zu verteidigen.

4.

So entsteht – angesichts der Idealismuskritik und angesichts der Schwierigkeiten, in welche die erste Apologie des Idealismus gerät – das Bedürfnis einer neuen, einer zweiten Apologie des Idealismus: einer Verteidigung gerade und vor allem der Autonomiethese. Dieser Verteidigung widerspricht – wie gesagt[19] – die idealismuskritische Überzeugung: daß keine Theologie die Autonomiethese gelten lassen kann; und daß keine Philosophie, die Theologisches ernstzunehmen bereit ist, sie zu akzeptieren vermag. Jede künftige Apologie des Idealismus ist also – sofern überhaupt Theologisches für sie Bedeutung hat – darauf angewiesen, diese und gerade diese Überzeugung zu überprüfen. Stimmt sie?
Diese Frage läßt sich inhaltlicher formulieren; etwa so: gibt es vielleicht doch ein auch theologisch plausibles und honoriges Motiv, die Autonomie d. i. die menschliche Freiheit Gott gegenüber zu radikalisieren – im Extremfall in einem Maß, daß die Rede von Gott verstummen muß? Antwort: es gibt ein solches Motiv – das Theodizeemotiv: das Bedürfnis, all jenes, was an der Welt schlimm ist, menschlicher Freiheit zuzuschreiben, damit es nicht Gott belaste[20]. Diese Antwort sei hier kurz erläutert; und es seien dabei einige Belege beigebracht für folgende These: gerade die Autonomie-Position des transzendentalen Idealismus (also der Philosophie Kants, Fichtes, Schellings) wird – bewußt oder unbewußt – nötig, d. h. sie entsteht und steht im Dienste der Theodizee.

5.

Diese These scheint zunächst kaum plausibel. Denn der »Hochidealismus«[21] hat das Theodizeeproblem in der Regel nicht diskutiert. Zwar hat Kant noch an der einschlägigen Preisfrage der Königlich-Preußischen Akademie der Wissenschaften für 1755 teilnehmen wollen[22]; und ohne Zweifel bleibt bei ihm – wie beim frühen Fichte[23] – die Ausgangsgestalt des Freiheitsproblems im Rahmen der Theodizeefrage: ist Gott oder ist der Mensch verantwortlich fürs Schlimme der Welt, d. h. ist der Mensch Gott gegenüber frei genug, um für dieses Schlimme verantwortlich zu sein[24]? Aber dann verschwindet dieses Problem. Erst nach der Jahrhundertwende taucht es wieder auf; vor allem bei Schelling: 1804 in der Abhandlung über Philosophie und Religion; 1809 im Freiheitsaufsatz; 1810 in den Stuttgarter Privatvorlesungen[25]; und – nota bene – auch Hegel hat ja dann seine Geschichtsphilosophie ausdrücklich wieder als »Theodizee« deklariert[26]. In der Zwischenzeit aber wird bei Kant, Fichte, Schelling das Theodizeeproblem – grob gesagt – eben nicht diskutiert: offenbar bildet diese Zwischenzeit – die Zeit der extremen Autonomiethese – eine ›Pause‹ im Theodizeeproblem[27].

Indes: diese Pause im Theodizeeproblem muß einen Grund haben; und nach diesem Grund muß man fragen: warum eigentlich wird dieses vorher und nachher so zentrale philosophische Problem gerade in dieser idealistischen Zwischenzeit nicht diskutiert? Eine mögliche und naheliegende Antwort wäre diese: das Theodizeeproblem wird in gerade dieser Zeit nicht diskutiert, weil es in gerade dieser Zeit kein Problem mehr, d. h. weil es gelöst ist: der Idealismus Kants, Fichtes, Schellings mindestens zwischen 1781 und 1800[28] ist gerade als ›Pause‹ im Theodizeeproblem eine ›Phase‹ im Theodizeeproblem: nämlich jene Phase, in der das Theodizeeproblem radikal gelöst ist.

6.

Diese These behauptet einen Zusammenhang zwischen Lösung des Theodizeeproblems und idealistischer Autonomiethese. Dieser Zusammenhang besteht. Inwiefern?

»Unter einer Theodizee« – schreibt Kant – »versteht man die Verteidigung der höchsten Weisheit des Welturhebers gegen

die Anklage, welche die Vernunft aus dem Zweckwidrigen in der Welt gegen jene erhebt«[29]. Dieses »Zweckwidrige in der Welt« aber wird – mindestens ab 1769 – durch Kant und seine Nachfolger in neuer und besonders eindringlicher Weise expliziert: durch den Aufweis von »Antinomien«[30]. Was noch Descartes durch die Hypothese eines genius malignus glaubte fingieren zu müssen, zeigt sich jetzt offen als Grundzug der Wirklichkeit: die Welt ist voll Täuschung, d. h. unvermeidlicher Widersprüche; sie ist also schlimm[31]. Gerade das belastet ihren Schöpfer. Und gerade das also muß eine extreme Anstrengung zu seiner Entlastung erzwingen: den radikalen Nachweis der Schuldlosigkeit Gottes. Dabei gelingt ein Freispruch Gottes wegen erwiesener Unschuld – also eine Theodizee – offenbar genau nur dann, wenn sich nachweisen läßt: nicht Gott ist verantwortlich für diese schlimme Welt, denn nicht er macht und lenkt sie – sondern ein anderer: nämlich der Mensch oder (wie Kant, Fichte, Schelling statt dessen sagen) das Ich. Dieser Nachweis und genau dieser Nachweis ist der Idealismus: also eine Theodizee durch die Autonomiethese; nämlich durch die These: nicht Gott ist schuld, denn nicht Gott macht und lenkt die Welt, sondern der Mensch.
Übergangen sei hier, daß diese These bei Kant, Fichte, Schelling unterschiedlich radikal durchgeführt ist. Denn es kommt hier allein darauf an, dieses eine hervorzuheben: eben deswegen, weil diese idealistische Autonomiethese Theodizeesinn hat: darum ist sie – im Gegensatz zur Meinung der Idealismuskritik – gerade kein Angriff auf Gott, sondern eine Verteidigung Gottes; oder um es extrem zu formulieren: die idealistische Wende fort von der philosophischen Schöpfungstheologie hin zur Autonomie-Position ist – im Gegensatz zur Meinung der Idealismuskritik – keine Abkehr von Gott, sondern (als Theodizee) die Abkehr einzig von jener verhüllten Weise der Blasphemie, die angesichts einer schlimmen Welt in der Aussage steckt, Gott habe sie geschaffen.
Mindestens drei Tatbestände der Philosophie des deutschen Idealismus machen diese – gewiß waghalsige – These wo-

möglich plausibler. Da ist erstens ihr eigentümliches Prozeßdenken (Abschnitt 7). Da ist zweitens ihre Philosophie der Geschichte als Rechtsprogreß (Abschnitt 8). Da ist drittens die eigentümliche Ambivalenzgestalt der philosophischen Theologie, die sie gleichwohl versucht hat (Abschnitt 9). Auf diese drei Tatbestände soll jetzt hingewiesen werden.

7.

Der erste Tatbestand ist das eigentümliche Prozeßdenken der idealistischen Philosophie. Indiz für ihre – wie man sagen kann – ›juristische‹ Orientierung ist ihre ausgeprägte Vorliebe gerade für Rechtsmetaphern: sie ist ein »Rechtshandel« vorm »Gerichtshof der Vernunft«; ihre Aufgabe ist transzendentale »Deduktion«: und dieses Wort soll man verstehen wie »die Rechtslehrer« das tun; sie wird als »Prozeß« definiert: schon Kant scheint es – so sagt er am Schluß der Dialektik seiner ersten Kritik – »ratsam, gleichsam die Akten dieses Prozesses ausführlich abzufassen und sie im Archive der menschlichen Vernunft ... niederzulegen«[32]; usf. Diese und andere zentralen Rechtsmetaphern zeigen an, daß für Kant, Fichte, Schelling die Philosophie ein Gerichtsverfahren ist: die grundlegenden Tatbestände der Welt werden »deduziert« d. h. richterlich überprüft: sie werden verurteilt, wo sie zu Antinomien führen; sie werden freigesprochen, wo sie zur Auflösung von Antinomien führen; also: sie werden verurteilt, wenn sie die Welt schlimm, sie werden freigesprochen, wenn sie die Welt besser machen; oder: sie werden verurteilt, wo sie ›gegen‹, sie werden freigesprochen, wo sie »für das Ich« sind[33]; schließlich: sie werden verurteilt, wo sie die menschlichen Rechte verletzen; sie werden freigesprochen, wo sie die menschlichen Rechte realisieren. Das ist eindeutig ein »Rechtshandel«. Daraus folgt: die Philosophie Kants, Fichtes, Schellings bleibt in ihrem Vollzug offenbar genau das, was bereits die überlieferte Theodizeefrage gewesen ist: nämlich ein Gerichtsverfahren, ein Rechtshandel, ein Prozeß[34]: nur geht es jetzt – nach dem Freispruch Gottes mit Hilfe der Autonomiethese – um einen Prozeß des Menschen nicht mehr mit Gott, sondern – in der gleichen Sache – um einen Prozeß des Menschen mit sich selber.

8.

Wer einen Prozeß führt, macht Rechte geltend. So ist – in der überlieferten Theodizee wie im Idealismus – der Mensch gedacht als einer, der Rechte hat und geltend macht.

Es soll hier nicht soziologisch diskutiert werden, warum dieser Begriff des Menschen gerade dort sich durchsetzt, wo die bürgerliche Welt zum Zuge kommt; und es soll hier ebensowenig entschieden werden, ob dieser Begriff des Menschen theologisch bedenklich ist, oder ob es vielmehr bedenklich ist, wenn er theologisch bedenklich wäre[35]. Sondern es soll einzig der zweite hier entscheidende Tatbestand betont werden: daß u. a. durch die Verwandlung der überlieferten zur idealistischen Theodizee die moderne Geschichtsphilosophie entsteht.

Wenn der Mensch Rechte hat und geltend macht: dann auch gegenüber Gott; just das geschieht durch die Theodizeefrage. Grundargument der überlieferten Theodizee ist der Nachweis, daß diese Rechte im Ernst nicht verletzt sind: das impliziert »Optimismus«[36]. Wo dieser – durch Aufweis von Antinomien – zerbricht, glückt eine Theodizee nur noch dann, wenn nicht mehr Gott als Schöpfer gilt, sondern (idealistisch) der Mensch: der einzige Schöpfer, von dem Menschen im Ernst verlangen können, daß er diese Welt besser mache, als er sie schon gemacht hat; nämlich so, daß in ihr alle Menschen zu ihrem Recht kommen: also wesentlich durch Veränderung der Rechtsverhältnisse. Genau das aber – Veränderung der Rechtsverhältnisse – wird im Idealismus zur konkreten Definition der Geschichte: »nicht alles« – sagt etwa Schelling – »was geschieht, ist darum ein Objekt der Geschichte«; sondern: »das einzige Objekt der Geschichte (ist) das allmäh-

liche Realisieren der Rechtsverfassung«[37]: bei gleichbleibender Definition der Philosophie als Prozeß und des Menschen als Recht-habendes Wesen erzwingt die Wende von der überlieferten ›Theodizee durch Optimismus‹ zur idealistischen ›Theodizee durch Autonomie‹ die moderne Geschichtsphilosophie, die die Geschichte als Rechtsprogreß begreift[38].
Es scheint – nota bene – ein begriffsgeschichtlich interessantes Vorspiel dieses Vorgangs zu geben. Leibniz gebraucht als erster den Ausdruck »théodicée«: publik wird er 1710. Voltaire gebraucht als erster den Ausdruck »philosophie de l'histoire«: publik wird er 1765[39]. Zwischen beiden Daten liegt Voltaires Leibnizkritik: eine Kritik am Optimismus. In der Tat scheint schon hier es so sich zu verhalten: wo die Theodizee nicht mehr den Optimismus als Rückhalt hat, sondern die trübe Welterfahrung des »Candide«[40]: da verwandelt sich die überlieferte Theodizee zur Geschichtsphilosophie. Just diese Verwandlung wiederholt sich radikal im deutschen Idealismus: wo die Welt zu antinomisch ist, als daß noch Gott ihr Schöpfer genannt werden dürfte, wird der Mensch zum Täter und Lenker der Welt, d. h. zum Subjekt der Geschichte als eines Fortschritts in den menschlichen Rechtsverhältnissen.

9.

Freilich: ist dieses bürdenreiche Amt eines Täters und Lenkers der Welt am Ende nicht doch zu schwer für den Menschen? Der Idealismus selber hat das befürchtet[41]. Darum haben bereits die Philosophien Kants, Fichtes, Schellings sich nach Helfern umgesehen: nach Potenzen, die den Menschen in dieser Rolle des entscheidenden Täters und Lenkers der Welt unterstützen oder gar ersetzen. In Kants Kritik der Urteilskraft und in Schellings naturphilosophischen Schriften suchen sie Hilfe bei dem, was gewissermaßen ›unter‹ dem Menschen ist: nämlich bei der Natur[42]. Und von der Postulatenlehre in Kants Kritik der praktischen Vernunft an und verstärkt bei Fichte und Schelling seit der Jahrhundertwende suchen sie Hilfe bei dem, was gewissermaßen ›über‹ dem Menschen liegt: also nun doch wieder bei Gott[43].

Die eigentümliche Ambivalenzgestalt dieser idealistischen Rückrufung Gottes ist der dritte Tatbestand, auf den hier hingewiesen werden soll, selbst noch sie – scheint es – belegt die vorgebrachte Grundthese; denn: selbst noch in dieser philosophischen Theologie des Idealismus bleibt jenes Theodizeemotiv in Kraft, das die Autonomiethese erzwang: sie ruft jeweils Gott herbei und macht ihn doch zugleich unwirklich. Vier Ansätze scheinen hier wichtig. Der erste: Gott ist – aber nur postuliert. Der zweite: Gott ist – aber nur als Gott der Ideen. Der dritte: Gott ist – aber erst in ferner Zukunft. Der vierte: Gott ist – aber der »ganz andere«. Diese vier Ansätze idealistischer Theologie hat – scheint es – besonders instruktiv Schelling nacheinander durchgespielt. Auf ihn also sei diese abschließende Bemerkung beschränkt. Da ist

erstens die philosophische Theologie des frühen Schelling; bis 1800 wiederholt er im Grunde nur die Postulatenlehre Kants: »es ist« – sagt er im Transzendentalsystem – »eine Voraussetzung, die selbst zum Behuf der Freiheit notwendig ist, daß der Mensch zwar, was das Handeln selbst betrifft, frei, was aber das endliche Resultat seiner Handlungen betrifft, abhängig sei von einer Notwendigkeit, die über ihm ist«: also von Gott; denn nur dadurch kann er »in Ansehung der Folgen einer Handlung ganz ruhig sein«[44]. Diese These macht das Gottesverhältnis in erforderlicher Weise ambivalent: sie ruft Gott herbei und macht ihn zugleich unwirklich: zum unvermeidlichen, aber schließlich doch nur postulierten Gott. Da ist

zweitens die philosophische Theologie der Identitätsphilosophie ab 1801; am deutlichsten ausgesprochen hat Schelling ihre These – schon rückblickend – 1804 in Philosophie und Religion; dort sagt er: »In Gott liegt nur der Grund der Ideen ... und keine vom Absoluten ausgehende Wirkung macht eine Leitung oder Brücke vom Unendlichen zum Endlichen«[45]. Auch diese These macht das Gottesverhältnis in erforderlicher Weise ambivalent: sie ruft Gott herbei und macht ihn zugleich unwirklich: zum Gott nicht der faktisch-unheilen Wirklichkeit, sondern zum ihr gegenüber »indifferenten« Gott einzig der ewigen Ideen. Da ist

drittens die philosophische Theologie der Freiheits- und Weltalterphilosophie zwischen 1806 und 1821; bereits in den Stuttgarter Privatvorlesungen von 1810 sagt Schelling: »So gewiß (Gott) sich selbst macht, so gewiß ist er nicht ein gleich von Anfang Fertiges und Vorhandenes«: Gott wird erst Gott; und eben das unterstreicht Schelling 1812 in der Streitschrift gegen Jacobi; dort schreibt er: »Ich setze Gott als Erstes und Letztes, als A und als O, aber als das A ist er nicht, was er als das O ist, und inwiefern er nur als dieses – Gott sensu eminenti ist, kann er nicht auch als jenes Gott in dem nämlichen Sinne sein, noch, aufs strengste genommen, Gott genannt werden, es wäre denn, man sagte ausdrücklich, der unentfaltete Gott, Deus implicitus, da er als O Deus explicitus ist«[46]. Auch diese These macht das Gottesverhältnis in erforderlicher Weise ambivalent: sie ruft Gott herbei und macht ihn zugleich unwirklich: zum Gott nicht der faktisch-unheilen Gegenwart, sondern zum Gott erst einer fernen und dann heilen Zukunft. Da ist schließlich

viertens die philosophische Theologie der »positiven« Spätphilosophie nach 1821: sie »verlangt« – sagt Schelling zum Schluß des zweiten Buchs der Philosophie der Mythologie – »den Gott ... der als ein selbst tatsächlicher dem Tatsächlichen des Abfalls entgegentreten kann, kurz der der Herr des Seins« und daher »außer und über der Vernunft« ist[47]. Auch diese These macht das Gottesverhältnis in erforderlicher Weise ambivalent: sie ruft Gott herbei und macht ihn zugleich unwirklich: er ist der ›ganz andere‹ Gott, der sich über das menschlich unabdingbare Recht auf »Vernunft in der Geschichte« hinwegsetzen kann und dadurch unvollziehbar wird[48].

Diese vier – hier nur angedeuteten – Versuche einer philosophischen Theologie des Idealismus: sie rufen also durchweg Gott herbei und machen ihn doch zugleich unwirklich; das bedeutet aber: der einzig Verantwortliche für die mißliche Welt bleibt auch hier stets der Mensch; er bleibt auf sich selber angewiesen; denn die idealistische Theologie ist eine – aus Theodizeerücksichten – konsequenterweise durchweg sich selber verhindernde Theologie: ihre eigenartig ambivalenten Gestalten hat sie gerade darum, weil selbst noch bei ihr jenes Theodizeemotiv in Kraft bleibt, das zunächst die radikale Autonomiethese erzwang: das Motiv der Theodizee durch menschliche Autonomie perenniert selbst hier, wo es scheinbar untergeht.

10.

Die besondere Art der Idealismuskritik, die spätestens seit Ende des Ersten Weltkriegs entstand und die bis heute erstaunlich unbehelligt herrscht, ist – das wurde gesagt[49] – theologisch inspiriert. So muß jede Auseinandersetzung mit ihr, ob sie es will oder nicht, in die Nähe theologischer Fragen geraten. Eine derartige Auseinandersetzung war hier beabsichtigt. Sie hat es sich – im Unterschied fast zur gesamten Gegenwartsphilosophie – erlaubt, das Theodizeeproblem für eine ernsthafte Frage zu halten. Und für sie ist – im Gegensatz zur genannten Idealismuskritik – die idealistische Autonomie-Position statt schlimm nur die vielleicht einzig aussichtsreiche Form der Theodizee. Sollte in dieser These Atheismus stecken: dann allenfalls ein ›methodischer Atheismus ad maiorem gloriam Dei‹.

Wie irrational kann Geschichtsphilosophie sein?

1.

Ein Vortragender, der zweifelt, sich für die ehrenvolle Einladung durch einen wirklich genehmen und wirklich angenehmen Vortrag revanchieren zu können, tut sicher gut daran, die wesentlich einzige Gelegenheit a priori zur Minimalrevanche zu ergreifen: dadurch nämlich, daß er das ihm gestellte Thema – seine Formulierung stammt meines Wissens von Herrn Oeing-Hanhoff – als von ihm gemeintes Thema anerkennt und sich dafür bedankt, daß ihm die Anstrengung abgenommen wurde, sein Thema selber zu finden.
Gestellt ist mir eine Frage: Wie irrational kann Geschichtsphilosophie sein? Eine Antwort – sie ist nur auch ein Beitrag zur Dialektik der Aufklärung unter manch anderen wirklichen und manch anderen möglichen – versuche ich durch die folgende These: Irrational ist die Geschichtsphilosophie mindestens dann, wenn sie im Namen der Emanzipation deren Gegenteil und wenn sie im Namen der Autonomie Heteronomie lanciert. Erlauben Sie mir, Ihre Aufmerksamkeit auf einige – freilich ebenso globale wie vage, also sinnvollerweise gerade philosophisch ansprechbare – Zusammenhänge zu lenken, die diesen Befund zu belegen scheinen. Ich möchte das – denn es handelt sich hier, wenn ich die im Kratylos[1] auf Prodikos gemünzte Formulierung des Sokrates verwenden darf, ja nicht einmal um den kleinen Vortrag zu einer Drachme, geschweige denn um die große Analyse zu fünfzig Drachmen, sondern einzig um eine Bemühung im Rahmen der entsprechenden Möglichkeiten der Görres-Gesellschaft – ich möchte also diesen Transzendentalbericht mit einer gewissen vorsätzlichen wenn auch milden Liederlichkeit und in etwa fünfzig Minuten erstatten, und ich möchte das in drei Abschnitten tun: im nächsten Abschnitt mache ich einige Be-

merkungen über den Vorgang, daß und wie die Geschichtsphilosophie sich etabliert; im übernächsten Abschnitt mache ich einige Bemerkungen über den Vorgang, daß und wie die Geschichtsphilosophie sich aporetisiert oder gar ruiniert; im letzten, ganz kurzen Abschnitt mache ich einige weitere Bemerkungen.

2.

Daß und wie die Geschichtsphilosophie sich etabliert: darüber kann man Bemerkungen sinnvollerweise nur dann machen, wenn man davon ausgeht, daß die Geschichtsphilosophie kein ewiges Ressort der fundamentalphilosophischen Branche ist, sondern daß sie – was ihre Zeugung, ihre Geburt und ihren Lebenslauf betrifft – ein datierbares Phänomen ist: wer es nicht glaubt, erkundige sich bei meinem Nachredner; Herr Koselleck[2] hat eindrucksvoll und überzeugend klargestellt, daß – und vor allem: warum – der emphatische Begriff »die Geschichte« ebenso wie der Begriff »Geschichtsphilosophie« eine Prägung der Mitte des achtzehnten Jahrhunderts ist; damit ist – jedenfalls nach Maßgabe des wahren begriffsgeschichtlichen Glaubens, zu dem von Zeit zu Zeit zu konvertieren ich für vertretbar halte – auch die Sache Geschichtsphilosophie ein Erzeugnis präzis dieser Zeit: also ein Produkt der Aufklärung.

»Aufklärung« – definiert 1784 Kant[3] – »ist der Ausgang des Menschen aus seiner selbstverschuldeten Unmündigkeit«; diese Aufklärungsdefinition macht, kann man sagen, die Geschichtsphilosophie – von Voltaire an über Turgot und Lessing und unterm Eindruck der französischen Revolution bei Condorcet und bis hinein in die sogenannte klassische deutsche Philosophie und darüber hinaus bis zu ihren materialistisch-dialektischen Erben – zur Definition der Geschichte: Geschichte ist, geschichtsphilosophisch definiert, Emanzipation: die Hervorbringung menschlicher Autonomie. Neben der

Durchsetzung flankierender Theoreme – Perfektibilität des Menschen als Möglichkeit der Geschichte; Zukunft als Spielraum der Geschichte; Fortschritt als Bewegungsform der Geschichte; diesseitiges Reich der Freiheit als Endzweck der Geschichte; Naturrecht auf Menschenwürde und Menschenglück als moralische Instanz der Geschichte – ereignet sich dabei vor allem dies: daß der Mensch seine geschichtlichen Angelegenheiten emphatisch selber in die Hand nimmt. Mit diesem Autonomieanspruch tritt der Mensch – mit der Absicht, es gewesen zu sein – geschichtsphilosophisch ein in jene Stelle des Subjekts und Täters der Geschichte (mit fast allen ihren Rollenzumutungen), die geschichtstheologisch – also mindestens von Augustinus bis Bossuet – Gott innehatte[4].

Freilich: damit der Mensch in diese Stelle eintreten konnte, mußte Gott aus ihr verabschiedet sein; es muß also Gründe gegeben haben, die es nahelegten, Gott aus dieser Stelle des Subjekts und Täters der Geschichte zu verabschieden. Ich beabsichtige hier nun nicht, diejenigen Gründe dafür zu nennen, die ohnehin – empört oder begeistert – jedermann nennt, sondern ich beschränke mich auf die Akzentuierung jenes einen Zusatzgrundes, der – soweit ich bisher habe feststellen können – offenbar einzig mir selber einleuchtet: es ist, wie mir scheint, ein gleichwohl philosophisch und theologisch nicht ganz unerheblicher Grund. Ich meine nicht die entweder – das sagen die Autonomismuskritiker – hybride oder die – das ist von Krüger über Kamlah bis Blumenberg[5] mit wachsender Deutlichkeit gesagt worden – nur allzu verständliche Flucht vor einer theologisch übersteigerten Allmacht Gottes in eine anthropologisch übersteigerte Gegenallmacht des Menschen: diesen Grund gibt es – als langfristig wirkendes Hintergrundmotiv des angesprochenen Vorganges – natürlich auch. Sondern der von mir gemeinte Grund ist einer, der – wenn auch in besonderer Anwendung – den Wirkungsmechanismus der historisch global von Nietzsche behaupteten und derzeit unter dem Eindruck von Löwith durch Grau[6] analysierten Selbstzerstörung des Christentums hat; es handelt sich hier bei dem, was ich meine, um eine zumindest partielle Selbstzerstörung der philosophischen Theologie: um den – vermutlich gerade im 18. Jahrhundert sich zur Geltung bringenden – Schluß von der Güte Gottes auf seine Nichtexistenz; also, wenn man so will, um eine negative Variante des physikotheologischen Arguments. Das Problem selbst ist alt; es entsteht angesichts der Übel der Welt, dem, was später unter gewissen Umständen Entfremdung heißt. Es nimmt 1710 – bei Leibniz[7] – unterm Namen des Problems der Theodizee die Form eines Prozesses an; verhandelt wird – ich verwende die Formulierung Kants von 1791[8] – »die Anklage, welche die Vernunft aus dem Zweckwidrigen in der Welt gegen jene« – die Weisheit und Güte Gottes – »erhebt«. Bis Mitte des achtzehnten Jahrhunderts erfolgt in diesem Prozeß – soweit ich sehe – in aller Regel Freispruch des angeklagten Gottes auf der Basis des Bestmöglichkeitsnachweises in Bezug auf die Welt, d. h. auf der Basis des Systems des metaphysischen Optimismus. 1753 formuliert die Preußische Akademie der Wissenschaften als Preisfrage für 1755 und bereits in Erwartung einer kritischen Antwort die Aufforderung, dieses System des Optimismus zu prüfen[9]. Kant hat – ein Resümee von 1759[10] zeigt das – auf diese Frage noch verteidigend antworten wollen; er hat es aber nicht getan und hat – in weiterer Prüfung dieser Frage – 1763 die negativen Größen in die Weltweisheit eingeführt, die Theorie der Zero-Bilanz und die Theorie der Realrepugnanzen[11], und hat wenig später die Antinomienlehre entwickelt[12]; der metaphysische und – sit venia verbo – erkenntnistheoretische Optimismus zerbricht; und dies eben in den Fünfziger-, Sechziger- und frühen Siebzigerjahren des 18. Jahrhunderts: jenen, in denen die Geschichtsphilosophie entstand und ihren Namen bekam[13]. Gerade da wird das Problem radikal: denn jetzt ist die Welt, auch der philosophischen Erfahrung nach, selbst wenn sie die bestmögliche wäre, jedenfalls eindeutig keine gute mehr: die Erfahrung des Übels der Welt – des Bösen, der Not und Langeweile, der Angst, der Schuld, der Unterdrückung, der Krankheit, des Schmerzes, des Todes – radikalisiert sich (und diese Radikalisierung ist datierbar) durch die philosophische Entdeckung der unvermeidlichen Antagonismen und Antinomien. Wenn Gott für diese Welt der Schöpfer und Täter ist, dann bedeutet das – diesseits des metaphysischen Optimismus und in jenem Augenblick, in dem Hamartiologien nicht mehr effizient zur Debatte stehen (etwa weil sie in die Gefühlstheologie retiriert sind) – letzten Endes nichts anderes als dies: Gott ist der Täter von Untaten. Aber Gott ist doch der gute Gott. Diese theologisch unabdingbare Behauptung ist jetzt nur noch durch eine radikale These zu retten, durch die radikale Theodizee: Gott ist und bleibt, auch angesichts der radikal als schlimm erfahrenen Welt, der gute Gott genau dann, wenn es ihn nicht gibt, oder wenn er jedenfalls nicht der Schöpfer und Täter ist: das ist die radikale, die mögliche verbleibende Theodizee, die Theodizee durch einen Atheismus ad maiorem Dei gloriam[14].

Sie erzwingt die Autonomieposition: den philosophischen Beweis dafür, daß Gott deswegen nicht der Täter ist, weil nachweislich ein anderer als Gott dieser Täter ist: nämlich der Mensch. Dieser Nachweis kann idealistisch, er kann materialistisch versucht werden: das sind sekundäre Varianten. Aber so oder so: es muß – angesichts der geschilderten und approximativ datierten Erfahrungslage – es muß dieser Nachweis der autonomen Täterschaft des Menschen versucht werden; und die konkrete Form des Versuchs, diesen Nachweis zu führen, ist die Geschichtsphilosophie: denn gerade die Geschichte ist ja – nach der Einsicht bereits von Vico – am auffälligsten jene Wirklichkeit, die die Menschen selber machen. Die Geschichtsphilosophie – das ist also die These, die ich nach der Maxime ›lebe vorsichtig und denke gefährlich‹ hier waghalsigerweise vertrete – die Geschichtsphilosophie muß plausiblerweise – mindestens auch – zu jenem Zeitpunkt entstehen und zur zentralen Philosophie werden, in welchem unter dem Druck der radikalisierten Erfahrung des Schlimmen

der Welt die Theodizee nur noch durch einen Atheismus ad maiorem Dei gloriam möglich und dadurch die Autonomieposition unvermeidlich wird: dabei bleibt – nota bene – die Geschichtsphilosophie bei all ihrem Avancement ja tatsächlich, wie vordem die Theodizee, die Philosophie eines Prozesses, eines Rechtshandels, und sie bekennt sich ja sogar tatsächlich weiterhin zum Theodizeeproblem: die Schlußsätze von Hegels Vorlesungen über die Philosophie der Weltgeschichte[15] sind dafür nicht das einzige, sondern nur das eindrucksvollste Zeugnis. Die Geschichtsphilosophie ist also die konkrete Vollstreckung der Autonomieposition; ihr Auftrag ist der konkrete Beweis des Satzes: der Mensch selber macht seine Welt, und zwar sosehr, daß selbst dort, wo er sie vermeintlich als nur gegebene hinnehmen muß, dies dadurch erklärt werden kann, daß er dabei nur vergessen hat, daß er sie selber machte: das ist teils – angesichts der jedermann präsenten Erfahrung, wie schnell mühsam Erreichtes zur fraglosen Selbstverständlichkeit wird – eine Trivialität, teils aber die geschichtsphilosophische Ursprungsgestalt jener Theorie des Unbewußten, die Fichte nicht nur mit Schelling, Hegel und Marx, sondern auch – nach Erweiterung durch eine Theorie des Interesses am Vergessen – mit Freud verbindet[16]. Was dem Menschen scheinbar nur auferlegt ist und zustößt, soll er als seine eigene Tat erkennen; und selbst das finaliter ihm Auferlegte hat er autonom sich selber auferlegt: daß er seine Emanzipation vollenden solle und – dafür sind die Bedingungen der Möglichkeit transzendental deduzierbar: und es ist immer ratsam und beruhigend, transzendental deduziert und eine Bedingung der Möglichkeit zu sein – daß der Mensch seine Geschichte zu einem guten Ende zu bringen habe.
Aber wie steht es nun damit, mit diesem guten Ende? Dort, wo die Begeisterung des Unterwegsseins erlahmt, wo die Lust des unendlichen Progresses als Last des unendlichen Ausbleibens empfunden wird und die Bedingungen der Möglichkeit zu Ungeduld und Zerstreutheit neigen: dort werden geschichtsphilosophisch zwei extreme Positionen aktuell: entwe-

der die Position der Entschärfung des Problems durch die These: grundsätzlich ist dieses gute Ende erreicht; das meint Hegel; oder die Position der Zuspitzung des Problems durch die These: nicht einmal grundsätzlich ist dieses gute Ende erreicht, es muß also noch und schließlich – durch Revolution – definitiv erzwungen werden; das meint Marx. Zu beiden Positionen gehört aber offenbar ein Mißlingensschrecken: zu Hegel und den Hegelianern gehört die Enttäuschung darüber, daß die Vollendung nicht besser ist als sie ist; zu Marx und den Marxisten gehört die Enttäuschung darüber, die Mittel offenbar doch nicht zu haben, jene Vollendung – überhaupt und ohne unerträglichen Aufschub – zu erzwingen. In dem Maße, in dem diese Enttäuschung wirksam ist, sieht sich der Mensch in der Rolle des autonomen Täters der Geschichte nun fast schutzlos jener Anklage konfrontiert, die er Gott ersparen wollte, indem er dieser autonome Täter der Geschichte wurde: daß er die geschichtliche Welt, wenn er sie doch gemacht hat, nicht besser gemacht hat, als sie ist; denn – das wird nur mühsam und flüchtig verdeckt durch ebenso mühsame wie flüchtige Euphorien – es bleibt doch, wo das gute Ende aussteht oder kein gutes Ende ist, bei der Erfahrung des Übels der Welt: des Bösen, der Not und Langeweile, der Angst, der Schuld, der Unterdrückung, der Krankheit, des Schmerzes, des Todes, der Entfremdung, der einstweilen unvermeidlichen Antagonismen und Antinomien. Jetzt – geschichtsphilosophisch, nach dem Freispruch Gottes durch seine Verabschiedung und im Namen und Zeichen der Autonomie – jetzt ist es der Mensch, der das alles gemacht hat, und sei es nur insofern, wie er es ändern sollte und nicht ändern kann. Offenbar ist also jetzt der Mensch das, was zu sein er geschichtsphilosophisch Gott ersparen wollte: ein Täter von Untaten. Wie hält er das aus?

3.

Diese Frage des Aushaltens: sie treibt nach meiner, der Meinung eines – freilich von ihr sehr enttäuschten – Anhängers der Geschichtsphilosophie, diese in Schwierigkeiten. Unter dem Druck dieser Lage und Frage des Aushaltens seiner Täterrolle kommt es – und das gehört nun meines Erachtens unter das Stichwort des Irrationalen der Geschichtsphilosophie – zu einem dubiosen Fundamentalarrangement des scheinbar geschichtsmündig gewordenen Menschen, das ich, in Ermangelung eines präziseren, eines besseren Ausdrucks einstweilen nennen möchte: die Kunst, es nicht gewesen zu sein.

Ihr präludiert oder sekundiert ein Phänomen, das sich im Einflußbereich der Geschichtsphilosophie allenthalben meldet: es ist die mangelnde Begeisterung des geschichtsphilosophischen, zum Geschichtstäter avancierten Menschen, der zu sein, der er damit ist: eine Art Unlust zur eigenen Identität; er benimmt sich – wenn ich so sagen darf – wie Stiller[17], ein Stiller im geschichtsphilosophischen Lande. Etwa die transzendentalphilosophische Geschichtsphilosophie Kants, Fichtes, die des frühen Schelling: sie bestimmt zum Geschichtstäter den Menschen als das transzendentale Ich. Dessen abstraktes und im Grunde ungeklärtes Verhältnis zum je empirischen Ich erlaubt diesem fast beliebige Identitätsgefühle bei günstigen und fast beliebige Identitätsverleugnungen bei ungünstigen Geschichtslagen; nur eines scheint gewiß: der Erfolg hat empirische Väter, der Mißerfolg transzendentale, wobei nicht unwichtig ist, welche Instanz darüber entscheidet, wer solch transzendentale Vaterschaft jeweils empirisch auszubaden hat. Jedenfalls bleiben hier die Zurechnungsverhältnisse schonsam in kompliziertester Verwirrung; die Kunst – erlauben Sie mir diese fast totale Variation eines berühmten Fichtesatzes[18] – die Kunst, jeweils das andere Ich zu sein: sie macht den gemeinen Skrupel zu dem transzendentalen; und zu transzendentalen Verantwortlichkeiten kann man sich in aller Regel distanzierter verhalten als zu empirischen. Aber auch die geschichtsphilosophisch konkreteren Vollstreckerkategorien – der Weltgeist bei Hegel und die Klasse bei Marx – ermächtigen ebensosehr den Menschen zum Täter der Geschichte wie sie ihm seine Identität ersparen. Ich knüpfe an an einen berühmt gewordenen Satz: »Es gibt keine zweite Philosophie, die so sehr und bis in ihre innersten Antriebe hinein Philosophie der Revolution ist wie die Hegels«[19]; die im Blick auf diese These Joachim Ritters zu Hegel seit den frühen Sechzigerjahren einschlägig geführte Kontroverse zwischen Jürgen Habermas – vor allem in seiner Heidelberger Antrittsvorlesung von 1962[20] – und Hermann Lübbe – vor allem in seinem Pariser Vortrag von 1969[21] – ist dafür aufschlußreich: Hegels geschichtsphilosophisches Konzept – das meinen beide – beruht auf der List der Vernunft des geschichtsmündig gewordenen Menschen, seine welthistorisch revolutionären Geschäfte durch eine Stelle abwickeln zu lassen, die vorsichtshalber nicht besetzt und darum nicht funktionsfähig ist; »Weltgeist« – so interpretieren beide – ist offenbar die geschichtsphilosophische Formel für diese Vakanz in Dingen des Täters der Geschichte[22]. Dabei plädiert nun Lübbe ›für‹ die Perennierung dieser Vakanz, Habermas ›dagegen‹; dieser ohnehin geringfügige Unterschied zwischen beiden wird vollends minimal, wenn man in Betracht zieht, daß Lübbe ›andere‹ vor der Besetzung dieser Stelle ›warnt‹, Habermas aber ›sich‹ und die seinen zur Besetzung dieser Stelle ›ermuntert‹: das Resultat ist m. E. dasselbe, denn beide erhalten durch ihre Argumentation die Option auf die Selbstbesetzung, sozusagen den Alleinverwechslungsanspruch; wie dann zwei Alleinverwechslungsansprüche sich zueinander verhalten, ist eine sehr interessante weitere Frage: denn vielleicht brauchen sie ja einander, um der Gefahr zu entgehen, sich realisieren zu müssen. Auch das wäre dann wohl ein Fall von Unlust zur eigenen Identität im hier gemeinten Sinne. Dabei hat sich zugleich stillschweigend Einvernehmen darüber hergestellt, daß es mindestens eine zweite Philosophie gibt, die mehr noch bis in ihre innersten Antriebe hinein Philosophie der Revolution ist als die Hegels: die Geschichtsphilosophie von Marx. Diese durchleidet und durchkostet die einschlägigen Identitätsschwierigkeiten am Begriff jener Klasse, die durch diese Geschichtsphilosophie zum menschlichen Täter und Protagonisten der Geschichte avanciert: dem Proletariat. Denn auch das Proletariat ist ein Geschichtstäter mit suspendierter Identität: es ist der Täter und ist dieser Täter zugleich noch nicht, solange es das Bewußtsein noch nicht hat, dieser Täter sein zu müssen und sein zu können: das zulängliche Klassenbewußtsein[23]. Die einstweiligen Verwalter des Bewußtseins dieser Klasse, die Schlüsselgewaltigen ihres von ihrem Sein – einstweilen oder zunehmend – verschiedenen geschichtsphilosophischen Sollens: ihnen fehlt ebenfalls die echte Identität; denn dieses transzendentale bessere Selbst des Proletariats – indem das Proletariat in Wirklichkeit noch nicht oder nicht mehr dessen Basis ist – steht (und dies vielleicht nicht ungern zögernd und lange) vor dem Problem, eine Vizebasis – die Intellektuellen, die Jugend, die dritte Welt – sich erzeugen zu müssen und mit dieser entweder gegen den Stand des Bewußtseins der Basis oder überhaupt nicht oder nicht mehr marxistisch zu handeln[24]. Dabei eröffnet sich der fast unwiderstehliche Ausweg, diese Vizebasis entweder durch Selbstbewußtsein zu ersetzen nach der Maxime ›die Philosophen haben die heilige Kuh nur verehrt, es kömmt darauf an, sie zu sein‹, oder diese Vizebasis, falls solch unmittelbare Naivität fehlt, nach Art der monumentalischen Historie[25] vorläufig durch Berufung auf klassische Vergangenheiten zu ersetzen. Bei derlei Weltmeisterschaften in Unverwechselbarkeit geht es zuweilen dann wiederum weniger wirklich um Identität als vielmehr um Assekuranz. All das ist natürlich mitnichten auf die Marxismen beschränkt; denn auch derjenige zum Beispiel, der sich durch Schelling definiert – vielleicht liegt dem ja gar nicht daran, seine Flagge zu zeigen, sondern einzig daran, eine zu haben, die man zwar in den Wind hängen, aber gleichwohl nicht sehen kann. Weiterhin gehört insgesamt zum hier angesprochenen

Phänomenkomplex auch die nicht selten freudige Bereitschaft, das, was man ist, zu temperieren oder zu suspendieren zugunsten dessen, was man sein muß, um handlungsfähig zu bleiben: die eigene Identität zurückzunehmen zugunsten der eigenen Kondition, und gegebenenfalls dann auch diese noch einmal zugunsten der eigenen Identität; nicht ungern war man selber nicht man selber, als man selber es war. Diese und manch andere – wie ich sie nannte – Unlust des geschichtsmündigen Menschen zur eigenen Identität, diese seine Neigung zu einem Doppelspiel, für das die Unterscheidung des transzendentalen und des empirischen Menschen die ontologische Rahmenformel ist, diese – im Grund transzendental intrigante – Fertigkeit, etwas anderes zu sein: sie präludiert und sekundiert, sage ich, dem, was in Dingen Geschichtsphilosophie ich hier nun schließlich ins Auge fassen will.

Das ist – so nannte ich sie – die Kunst, es nicht gewesen zu sein: ein – ich wiederhole es – ein dubioses Fundamentalarrangement angesichts des schwierigen Problems für den geschichtshinsichtlich in Täterrolle geratenen Menschen, die Situation des angeklagten Täters einer schlimm verlaufenden Geschichte durchzustehen. Diese Kunst, es nicht gewesen zu sein, läuft insgesamt darauf hinaus, es andere gewesen sein zu lassen. Just jene Geschichtsphilosophien, die den Menschen zu dem emanzipieren und als den inthronisieren, der er selber sein will, gehen geradezu zwanghaft auf die Suche nach einem ›anderen Täter‹: sie brauchen ihn als Alibi; sie suchen entweder selber oder lassen suchen: durch supplementäre Philosophien; und sie finden diesen anderen Täter, und zwar selbst dann, wenn es ihn gar nicht gibt.

Sie suchen ihn zunächst einmal in dem, was nicht der Mensch ist: in dem, was – traditionell lokalisiert – unter dem Menschen oder über dem Menschen ist: in der Natur oder doch wieder in Gott. Die Geschichtsphilosophien assoziieren sich Naturphilosophien: zu Fichte gehört Schellings Naturphilosophie, zu Marx die Naturdialektik von Engels, zu den soziologischen Geschichtstheologien unseres Jahrhunderts diejenigen

Naturtheorien des Menschen, die anthropologisch zu ihrer Entlastung bereitstehen, zur kritischen Theorie die Aufmerksamkeit auf Nietzsche, und so fort: wo der Mensch es geschichtlich selber sein und dennoch nicht gewesen sein will, ermächtigt er die Natur. Er tut das enthusiastisch in der Romantik, fasziniert bei Nietzsche, resigniert bei Löwith: hier unter dem Eindruck der Einsicht, daß die Natur für geschichtliche Klagen der Menschen unerreichbar bleibt; in der Tat haben die Versuche Blochs und Marcuses, die Natur durch die Aussicht auf Verleihung des Prädikats des Progressiven zu bestechen, die Natur wohl in keiner Weise beeindruckt. Darum drängt diese geschichtsphilosophische Suche der durch sich selber überforderten Emanzipation nach dem anderen Täter trotz allem immer wieder auch auf theologische Antworten[26]; damit hängt zusammen, daß selbst Geschichtsphilosophien, die extrem auf den Menschen setzen, nicht selten ihre theologische Spätphase haben: vom späten Schelling bis zum späten Horkheimer. Denn der ideale ›andere Täter‹: das ist zweifellos Gott. Aber jetzt – nach seiner Entlassung und Vertreibung, nach seinem Tod und auf dem Weg zur vaterlosen Gesellschaft – jetzt steht Gott nicht mehr zur Verfügung: was also nun?

Die Verabschiedung Gottes bedeutet, was immer sie sonst noch bedeuten mag, jedenfalls das eine: was zuvor (im Zeitalter der traditionellen Theodizee) als Streit des Menschen mit Gott – als transzendente, als sozusagen menschheitsaußenpolitische Frage – abgemacht werden konnte, muß jetzt als Streit des Menschen mit Menschen – also als immanente, als menschheitsinnenpolitische Frage – ausgefochten werden. Wo der außerweltliche Sündenbock verlorengeht, muß ersatzweise ein innerweltlicher und dort, wo die Natur dafür als ungeeignet gilt, ein menschlicher Sündenbock gefunden werden: die vormals transzendent adressierte Unzufriedenheit mit der Welt muß ans Immanente, ans Binnengeschichtliche umadressiert werden. Darum ist es von der Geschichtsphilosophie konsequent, daß sie – insbesondere dann, wenn sie geboren ist aus dem Geiste der Theodizee und wenn sie dem Zwang zur Verinnerlichung des von dieser geführten Prozesses unterliegt – auf Fronten drängt. Die Geschichte selbst – ein Vorgang, in dem schon getan ist und in dem noch zu tun ist, in dem also Herkunft und Zukunft im Spiel sind und auf dem Spiel stehen – bietet ja die elementare Möglichkeit zu Fronten: zum Konflikt zwischen denen, die das gemacht und zu verantworten haben, was schon getan ist, und denen, die das erst machen und verantworten wollen, was noch zu tun ist. »Die Menschen machen ihre … Geschichte« – schreibt Marx in ›Der 18te Brumaire des Louis Napoleon‹ – selbst, »aber sie machen sie … nicht unter selbstgewählten, sondern … unter gegebenen Umständen«[27]: Die Kollegen mit dem richtigen Überbau leben zur Zeit ganz zweifellos im Blick auf diese berühmte Formulierung in einer Periode wachsender Aufmerksamkeit auf ihren zweiten Halbsatz; sie bemerken seine tatsächlich bemerkenswerte Verwendbarkeit als Alibi: im genannten Konflikt zwischen Zukunft und Herkunft fühlen die Vorkämpfer der Zukunft sich leicht und mit oftmals freudiger Empörung gern verhindert durch das geschichtlich schon Vorhandene, und es fühlen die Bewahrer der Herkunft sich leicht und mit oftmals enthusiastischer Resignation gern verhindert durch das geschichtlich Kommende; es handelt sich hierbei – im Zeichen der Kunst, es nicht gewesen zu sein – ohne Zweifel um ein ausbaufähiges Alibisystem; denn gerade die Möglichkeit dieser wechselseitigen Verhinderung gewährt – angesichts der drückenden Last der menschlich emanzipativen Absicht, es gewesen zu sein – die Chance zur erleichternden Einsicht, daß man selber es sein wollte und die anderen es waren. Wo es übel steht, sind – geschichtsphilosophisch im Zeichen der Autonomie und der Kunst, es nicht gewesen zu sein – zwar die Menschen es gewesen, aber die anderen Menschen: angesichts des perennierenden Übels auf der Suche nach dem anderen Täter entdeckt die Geschichtsphilosophie, indem sie von Gott nicht mehr spricht und von der Natur nicht mehr sprechen will, von den Menschen aber sprechen muß, als entscheidende Figur die anderen, die das menschlich gewollte Gute verhindernden Menschen: also die Gegner, die Feinde[28].

Ich habe hier nicht die Absicht, mich darüber zu äußern, ob wirklich und gegebenenfalls wie sehr gerade die Geschichtsphilosophie des Klassenkampfs diesen Mechanismus einer Erzeugung von Gegnerbedarf gewissermaßen idealtypisch rein vollstreckt[29]; ich meine, daß es dafür noch eine Reihe anderer Exempel gibt und daß – ich schließe das jedenfalls nicht aus – von mir selber zwischenzeitlich vertretene Positionen zu diesen Exempeln gehören könnten; ich lasse im übrigen hier ebenso die Frage nach den sozialdarwinistischen Varianten beiseite wie die Frage, ob der geschilderte Mechanismus nicht auch in konservativen Geschichtstheorien ziemlich ungehemmt funktioniert. Wichtig ist mir der Mechanismus selber, ein einstweilen offenbar unvermeidlich wirkender Zwangszusammenhang: weil – möglicherweise, wie ich anfangs anzudeuten versuchte, aus theologisch honorigen Gründen – die Geschichtsphilosophie Gott aus dem Spiel bringt, vermag sie gleichwohl – angesichts einer schlimm sich befindenden Geschichtswelt – mindestens eine von Gottes Funktionen nicht zu entbehren: die des Alibis[30]. Autonomieanspruch erzeugt Alibibedarf und mindestens in diesem Sinne Heteronomie: der Andere, aus dessen Gesetz die Menschen autonom sich befreien wollten, kehrt – solange die Probleme der Geschichte nicht gelöst, d. h. solange Menschen unzufrieden sind – offenbar unvermeidlich wieder und zwingt die Menschen unter das Gesetz dieses Anderen, unter den Zwang, ein Alibi zu haben: wenn nicht in der Maske des Gottes, dann in der Maske des Feindes. Das Avancement der Begriffe zu Bekämpfender im Gefüge der autonomiewilligen Geschichtsphilosophie ist – wenn man die Analyse auf den Unzufriedenheitssektor beschränkt[31] – die entstellte Wiederkehr des verdrängten Gottes: die Imputation Gottes wird ersetzt durch die Imputation von Gegnern; die Furcht des Herrn wird ersetzt durch die Furcht des Feindes; die guten Werke werden

ersetzt durch die bösen Worte; das heteronome Gesetz Gottes wird ersetzt durch das heteronome Gesetz der Kampfespflicht; und die Wahrheit der Geschichtsphilosophie ist, wo nicht mehr Hegel diese Wahrheit ist, die Aggression[32]. Derlei Überlegungen stellen in einem gewissen Umfang fest, wie sehr die Menschen geschichtsphilosophisch im Namen der Autonomie einstweilen nicht wirklich freigekommen sind, sondern nur – und dies meist ohne es zu merken – die Gestalt ihrer Heteronomie gewechselt haben. Die Geschichtsphilosophie: sie hat die Pflicht zum Gottesbeweis durch die Pflicht zum Feindesbeweis ersetzt, das Proslogion durch das Kapital, die Theodizee durch die Revolution, die mißlingende Theodizee durch den Bürgerkrieg. Sie begann als Kritik der Religion; sie endet als Religion der Kritik: der Gott dieser neuen Religion ist das Alibi; sein Gottesdienst ist die Polemik in ihren gezügelten und ungezügelten Formen.
Vielleicht darf man eine philosophische Formation irrational u. a. dann nennen, wenn sie auf eine unbewußte d. h. nicht kalkulierte Weise etwas und zugleich dessen Gegenteil betreibt. Wenn diese Benennung zulässig ist, wird man die Geschichtsphilosophie mindestens in dem Maße irrational nennen können, in welchem sie die Autonomie des Menschen nicht allein betreibt, sondern sie, ohne es zu wissen, zugleich auch hintertreibt: und dies tut sie, wenn gerade sie, die autonomiewillige Position, die Heteronomie in Gestalt eines Zwangsbedarfs an Alibis, an Gegnerfurcht und Kampfespflicht reetabliert. Daß das im Fall der Geschichtsphilosophie so sich verhalten könnte, habe ich – im vollen Bewußtsein der nur geringen Originalität dieser Betrachtung – hier wenigstens anzudeuten versucht.

4.

Meine Abschlußbemerkung ist kurz. Menschen – und diesen Satz halte ich zwar nicht für eine metaphysische oder anthropologische Einsicht, wohl aber für wichtig und zuweilen sogar für wahr – Menschen sind in hohem Maß gezwungen und in der Lage, etwas stattdessen zu tun. Wenn man diesem Satz eine so allgemeine Anwendbarkeit zuspricht, wie er das womöglich verdient, wird man schließlich auch zu der Meinung kommen können, daß sogar die Geschichtsphilosophie und das, was die Menschen meinen und tun, wenn sie das meinen und tun, was zu meinen und zu tun die Geschichtsphilosophie ihnen zumutet, etwas statt dessen tun. In diesem Augenblick entfällt das Argument, daß etwas schon allein deswegen suspekt ist, weil es statt der Geschichtsphilosophie als deren Surrogat geschieht. Ganz im Gegenteil: dort, wo die Geschichtsphilosophie einstweilen, allein indem sie ist, was sie ist, Aggressionsbedarf lanciert, werden jene Positionen wieder interessant und diskutabel, die etwas statt der Geschichtsphilosophie tun. Die Geschichtsphilosophen haben die Welt nur verschieden verändert; es kömmt darauf an, sie zu verschonen. Freilich: wie macht man das? Wie verschont man die Welt, die Veränderer vor den Veränderern, sich selbst vor sich selbst? Manchmal durch Abwesenheit; es verschont, wer woanders ist: privat im eigenen Innern, wissenschaftlich in der Provinz, philosophisch in Gedanken, antiquarisch in der Vergangenheit, futurologisch in der Zukunft[33], ethnologisch, touristisch, auch wissenschaftstouristisch oder auch politisch in der Ferne: das hat etwas mit Flucht und Pilgerschaft zu tun und erlaubt – nota bene – eine präzise Definition von Bildung: Bildung ist die Sicherung der Emigrationsfähigkeit. Derlei Antworten bleiben gleichwohl unzulänglich. Die Antworten der Geschichtsphilosophie jedoch sind unzulänglicher.

Zu den geschichtlichen Formationen, die unterm Eindruck von Unzulänglichkeiten der Geschichtsphilosophie entstanden sind und wirken, gehörte und gehört – neben manch anderen – der historische Sinn: die Mäßigung der Geschichtsphilosophie zur Historie. Ich weiß nicht, ob dies die tatsächliche Intention der Arrangeure der heutigen geschichtstheoretischen Tagesordnung war; aber ich halte es – angesichts des von mir skizzierten Befindens der Geschichtsphilosophie und unter dem Eindruck, daß erste Philosophien zwar penetrant, letzte Philosophien aber geradezu unausstehlich sind – für ausgesprochen gut und richtig, daß hier, was den heutigen Tag betrifft, zunächst der Philosoph redet und erst dann der Historiker, daß also der Philosoph meinethalben das erste Wort hat, jedenfalls aber nicht das letzte.

Zweiter Teil
Vorbereitungen zum Abschied von der Anthropologiekritik

Über einige Beziehungen zwischen Ästhetik und Therapeutik in der Philosophie des neunzehnten Jahrhunderts

1.

Den Ausgangspunkt dieser Überlegung bilde der Hinweis auf zwei Bücher. Das eine erschien im ersten Jahr des neunzehnten Jahrhunderts. Das andere erschien im letzten Jahr des neunzehnten Jahrhunderts. Das eine ist Schellings »System des transzendentalen Idealismus«. Das andere ist Freuds »Traumdeutung«.

Schellings »System des transzendentalen Idealismus« erscheint im ersten Jahr des neunzehnten Jahrhunderts[1]: es erscheint drei Jahre nach seinen »Ideen zu einer Philosophie der Natur«, zwei Jahre nach seiner Weltseelenschrift, ein Jahr nach seinem »Ersten Entwurf eines Systems der Naturphilosophie«; es erscheint also 1800; und sein »sechster Hauptabschnitt« – der abschließende und entscheidende – enthält die »Deduktion eines allgemeinen Organs der Philosophie oder Hauptsätze der Philosophie der Kunst nach Grundsätzen des transzendentalen Idealismus«[2]. »Die Kunst« – schreibt Schelling dort – »ist ... dem Philosophen das Höchste«[3]: »nicht nur das erste Prinzip der Philosophie« – schreibt er – »und die erste Anschauung, von welcher sie ausgeht, sondern auch der ganze Mechanismus, den die Philosophie ableitet, und auf welchem sie selbst beruht, wird erst durch die ästhetische Produktion objektiv«[4]. »Der eigentliche Sinn« – sagt deswegen Schelling – »mit dem diese Art der Philosophie aufgefaßt werden muß, ist also der ästhetische, und eben darum die Philosophie der Kunst das wahre Organon der Philosophie«[5]: Schelling begreift also offenbar die Wirklichkeit des Menschen exemplarisch von der Kunst und vom Künstler her, und er bringt das zur Geltung, indem er der Kunstphilosophie die zentrale Stelle gibt[6]. Schellings »System des transzendentalen Idealismus« rückt das Dasein repräsentativ unter ästhetischen Aspekt; es bestimmt die Philosophie zentral als Ästhetik.

Freuds »Traumdeutung« erscheint im letzten Jahr des neunzehnten Jahrhunderts: sie erscheint, wie Jones mitteilt[7], faktisch am 4. November 1899; auf dem Titelblatt steht – just wie bei Husserls »Prolegomena zur reinen Logik«[8] nur deswegen, weil der Verleger es so wünschte – die Jahreszahl 1900. Die »Traumdeutung« ist nun jenes Werk, in dem sich Freuds Psychoanalyse zuerst[9] in großem Stile theoretisch formuliert hat; und sie ist zugleich jenes Werk, durch das sie aufhörte, eine nur medizinische Sonderdisziplin zu sein. »Bisher« – schreibt Freud – »hatte die Psychoanalyse sich nur mit der Auflösung pathologischer Phänomene beschäftigt«[10]; jetzt aber – so sagt er – »als die Analyse der Träume Einsicht in die unbewußten seelischen Vorgänge gab und zeigte, daß die Mechanismen, welche die pathologischen Symptome schaffen, auch im normalen Seelenleben tätig sind, wurde die Psychoanalyse zur Tiefenpsychologie und als solche der Anwendung auf die Geisteswissenschaften fähig«[11]: »der Weg« – schreibt Freud – »ins Weite, zum Weltinteresse ist ihr eröffnet«[12]. So ist die »Traumdeutung« also dasjenige unter Freuds Werken, das zuerst jenen Anspruch begründet hat, den der alte Freud – 1938 – dann so formulierte: »Wir haben erkannt, daß die Abgrenzung der psychischen Norm von der Abnormität wissenschaftlich nicht durchführbar ist ... Wir haben damit das Anrecht begründet, das normale Seelenleben aus seinen Störungen zu verstehen«[13]: Freud begreift also offenbar die Wirklichkeit des Menschen exemplarisch vom Kranken aus und von dem her, der ihn heilt: vom Arzt. Freuds »Traumdeutung« rückt das Dasein repräsentativ unter therapeutischen Aspekt: sie bestimmt – wenn anders hier von Philosophie gesprochen werden darf – die Philosophie zentral als Therapeutik.

2.

Zwei Bücher also: Schellings »System des transzendentalen Idealismus«, Freuds »Traumdeutung«. Beide sind ihrer Zeitstelle, ihrer Absicht, ihrer Denkungsart nach durchaus verschieden. Es scheint unsinnig, scheint zumindest waghalsig, sie zusammen zu nennen oder gar einen Zusammenhang zwischen ihnen zu sehen. Und doch soll gerade das hier versucht werden. Freilich: dieses Interesse für einen Zusammenhang zwischen Thesen Schellings und Freuds soll hier nur der Leitfaden sein für die Überlegung einer sehr viel allgemeineren Frage: der allgemeinen Frage nämlich nach dem Zusammenhang der – spätestens seit dem neunzehnten Jahrhundert und in auffälliger Gleichzeitigkeit bzw. Kontinuität sich herausbildenden – philosophischen Konjunktur der Ästhetik und philosophischen Konjunktur der Therapeutik. Dabei nennt diese Überlegung »Ästhetik« das philosophische Geltendmachen der Kunst; sie nennt – analog – »Therapeutik« das philosophische Geltendmachen der Heilkunst. Hat der zeitliche Zusammenhang beider Konjunkturen einen sachlichen Grund und wenn ja welchen? – das ist die Frage.

3.

Diese Frage gerade im Blick auf Schelling und Freud anzugehen: das wäre nun gewiß kein irgend diskutables Unternehmen, gäbe es nicht – trotz aller Verschiedenheit ihrer Ansätze – auch Verbindendes.
Mit ihrem Abstand ist es nämlich eine merkwürdige Sache. Das gilt schon vom zeitlichen Abstand – er trügt: Freud wurde nur zwei Jahre nach Schellings Tod geboren[14]. Darüberhinaus ist Schelling ja nicht der letzte Philosoph im Zeichen der Ästhetik, Freud nicht der erste Philosoph im Zeichen der Therapeutik: es gibt Mittelglieder, von ihnen wird noch die Rede sein. Außerdem existieren über Personen laufende

Beziehungen zwischen beiden. Maria Dorer hat etwa auf den Einfluß seines Lehrers Theodor Meynert auf Freud hingewiesen: Meynert war Schüler Griesingers, dessen Lehrer war Herbart[15]. Dorer hat nicht reflektiert, daß Herbarts Lehrer Fichte gewesen ist[16]. Fichtes Schüler war Schelling. Zu Schellings Anhängern gehörte der große Physiologe Johannes Müller[17]. Dessen Schüler Ernst Brücke war der andere Lehrer Freuds[18].

Freilich: all diese – und andere[19] – Beziehungen erklären keineswegs hinreichend, was nun doch wirklich einer Erklärung bedarf: es existieren nämlich sachliche Gemeinsamkeiten zwischen Schelling und Freud. Darauf haben (mehr oder minder beiläufig) so verschiedenartige Autoren aufmerksam gemacht wie – auf der Suche nach Tiefenpsychologien vor der Tiefenpsychologie – Josef Meinertz[20] oder – gewissermaßen bei der Sichtung seines Archivs vermiedener Versuchungen – Arnold Gehlen[21] oder – im Verhältnis zu Freud nahe wohnend auf getrenntestem Zauberberge – Thomas Mann[22]. Und in der Tat: beide, Schelling und Freud, bemühen ein recht gleichgeartetes Ensemble von Grundbegriffen. Beide operieren z. B. mit einer Zwei-Tendenzen-Theorie[23]: Freud begreift diese beiden Tendenzen als die »Systeme« des »Unbewußten« und »Bewußten«[24], Schelling begreift sie als die »bewußtlose« und »bewußte Tätigkeit«[25]; beide verstehen die »unbewußte« Tendenz als »unbestimmten« d. h. »gestaltlosen« und »frei beweglichen«[26] »Trieb«[27]; beide charakterisieren die »bewußte« durch die Leistung der »Hemmung«[28] und »Verdrängung« (auch bei Schelling wörtlich!)[29]; auf Grund dieser »Hemmungen« realisiert sich der Mensch, steigert er sich und wird geistig – nicht nur bei Freud[30], auch bei Schelling[31]; beide begreifen also die Geschichte des Geistes als das, was »statt« einer unmittelbaren Befriedigung geschieht: als Produktion von »Scheinprodukten«[32] und »Ersatzbildungen«[33]; beide begreifen die Phänomene dieser Geschichte als unstabile »Synthesen«[34] und »Kompromißbildungen«[35]; beide lieben den Vergleich dieser Tendenzen mit den Kräften Repulsion und Attraktion[36]; beide denken »genetisch«[37] und verstehen, was sie dabei tun, als »Konstruktion«[38]; beide wollen Zufälliges nicht gelten lassen[39]; beide werden darum immer wieder einmal Deterministen, Fatalisten, Mechanisten gescholten[40]; beide attackieren wesentlich Selbsttäuschungen durch Bewußtmachung der unbewußten Vorgeschichte des Ich: »das Ich ... erinnert ... sich nicht mehr des Wegs, den es ... zurückgelegt hat ... es (hat) ... den Weg zum Bewußtsein selbst bewußtlos und ohne es zu wissen zurückgelegt ... (es) findet in seinem Bewußtsein nur noch gleichsam die Monumente, die Denkmäler des Wegs, nicht den Weg selbst. Aber eben darum ist es nun Sache der Wissenschaft ... jenes Ich des Bewußtseins mit Bewußtsein zu sich selbst, d. h. ins Bewußtsein kommen zu lassen. Oder: die Aufgabe der Wissenschaft ist ... eine Anamnese« – diese Sätze könnte man bei Freud vermuten, sie stehen aber bei Schelling[41]. All dieses – und vieles andere mehr –: es spricht nicht eben gegen eine gewisse Verwandtschaft beider Ansätze.

Diese Gemeinsamkeiten der Theorien Schellings und Freuds sind ohne Zweifel auffällig, sie sind erklärungsbedürftig. Sie interessieren die hier versuchte Überlegung nur unter einem sehr begrenzten Aspekt: sie interessieren sie einzig als ein gewichtiges Indiz für einen Zusammenhang zwischen Ästhetik und Therapeutik.

4.

Dieser Zusammenhang ist nun freilich noch undurchsichtig. Durchsichtig wird er – scheint es – erst dann, wenn man auf die zugleich zentralste und trivialste Gemeinsamkeit zwischen Schelling und Freud achtet: auf ihre Ernstnahme der Natur. Schellings Frühphilosophie hat ja ihre Eigenart nicht nur durch die zentrale Stellung der Ästhetik, sondern mindestens ebensosehr durch die zentrale Stellung der »Naturphilosophie«[42]. Und Freuds Theorie hat ja ihre Eigenart auch nicht allein durch die fundamentale Geltung der therapeutischen Optik, sondern mindestens ebensosehr durch ihre Aufmerksamkeit auf die fürs Menschenleben bestimmende Macht der Natur[43]. Dabei meinen – bei allen Unterschieden – beide eben gerade jene Natur, die wesentlich nicht als Objekt unter Kontrolle und Herrschaft des Menschen steht[44]. Vielleicht verhält es sich nun gerade so: weil für Schelling diese Natur die zentrale Stellung gewinnt, darum kommt es bei ihm zur zentralen Stellung auch des Ästhetischen; und weil bei Freud diese Natur ihre zentrale Stellung nicht verliert, darum kommt es bei ihm zur zentralen Stellung des Therapeutischen. Konjunktur der Ästhetik und Konjunktur der Therapeutik – offenbar haben sie je für sich einen ausgezeichneten Bezug zur Ermächtigung der Natur. Wenn aber Ästhetik und Therapeutik je für sich Zusammenhang haben mit der philosophischen Wende zur Natur: dann haben sie auch untereinander Zusammenhang. Und so ist es in der Tat: Ästhetik und Therapeutik und ihre Konjunkturen gehören zusammen als Organe bzw. Symptome des einen und selben Grundvorgangs: der philosophischen Ermächtigung nämlich der Natur. Der Weg der Philosophie zur Natur und zur Anerkenntnis ihrer Macht – ein Weg gerade des neunzehnten Jahrhunderts – etabliert die philosophische Geltung beider Formen, der Kunst und der Medizin, als Geltung von Formen einer Naturpräsenz: von Formen einer unriskanten Präsenz der Natur. Das sei hier die These.

5.

Wenn es mit dieser These seine Richtigkeit hat: dann ist es sinnvoll, die Untersuchung des Zusammenhangs zwischen Ästhetik und Therapeutik und ihrer Konjunkturen wesentlich als Analyse dieser philosophischen Wende zur Natur durchzuführen. Darum widmet diese Überlegung dieser Wende ihre besondere Aufmerksamkeit; ihre Frage gilt zunächst den Motiven, den Antrieben, den Bedingungen der Nötigkeit dieser

Wende; und sie verschreibt sich folgender Antwort: die philosophische Wende zur Natur wird erzwungen durch einen Schwächezustand der »in weltbürgerlicher Absicht«[45] geschichtlichen Vernunft: Ohnmacht der Vernunft etabliert die Macht des zur Vernunft Anderen, die Macht der Natur[46]. Kronzeuge für diese Antwort ist – gewiß nicht allein[47] und gewiß nicht allzugern, doch ohne Zweifel in eindrucksvoller Weise – gerade jenes Buch, von dem diese ganze Überlegung ausging: Schellings »System des transzendentalen Idealismus«. Es handelt von der »Geschichte«[48], und es bringt diesen Schwächezustand, diese Ohnmacht der Vernunft zur Geltung. Als »Vernunft der Gegenwart« nämlich bemerkt es überwiegend nur die theoretische Forschungsvernunft des Erkenntnissubjekts der Naturwissenschaften[49] und die moralische Gesinnungsvernunft des privaten Einzelnen[50]: für Schellings Philosophie ist – zugespitzt formuliert – die Vernunft der Gegenwart keine Vernunft der Gesellschaft. Die »Vernunft der Gesellschaft«[51] aber, die die Kampfverhältnisse der Gesellschaft zu Rechtsverhältnissen[52] und damit den Naturzustand der Gesellschaft zur »weltbürgerlichen Verfassung«[53] zähmt: sie rückt eben darum für Schellings Transzendentalsystem überwiegend in eine aussichtslos ferne Zukunft[54]; für Schellings Philosophie ist – zugespitzt formuliert – die Vernunft der Gesellschaft keine Vernunft der Gegenwart. Dieses Sich-Zurückziehen der Vernunft teils in die unendlich ferne Zukunft, teils ins Séparée[55] der bloßen Theorie und der bloßen Innerlichkeit definiert ihre Ohnmacht. Wo aber die Vernunft derart ohnmächtig ist d. h. wo sie als Gegenwartsvernunft sich der Gesellschaft und als Gesellschaftsvernunft sich der Gegenwart versagt, überläßt sie just dadurch zwangsläufig die gesellschaftliche Gegenwart und Realität der Geschichte dem, was nicht verwirklichte Vernunft ist: der Natur. Gerade diese Konsequenz[56] macht Schellings Transzendentalsystem ausdrücklich und erkennt sie an, und zwar nicht allein durch Zusammenarbeit mit der »Naturphilosophie«[57], sondern gerade auch durchs Transzendentalsystem selbst: durch seinen »fünften Hauptabschnitt«[58], der – als eine Naturphilosophie in nuce – ja keine bloß anmutige Zwischenpastorale, sondern des frühen Schelling Grundaussage über die »Geschichte« ist[59]. Gerade »der Transzendentalphilosoph« – schreibt Schelling dort – »sieht es wohl, daß das Prinzip derselben« – nämlich der »Natur« – »das Letzte in uns ist ... auf welches das ganze Bewußtsein mit allen seinen Bestimmungen aufgetragen ist«[60]: die Natur behauptet sich durch die Schwäche der Vernunft als »das Letzte« in der Geschichte, als die in ihr entscheidende Macht: die Vernunft und ihre Geschichte gibt sich in die Hände der Natur[61].

6.

Das Offenlegen dieser unaufgelösten Macht der Natur ist ein notwendiger Akt der Aufklärung. Das Sich-Abfinden mit dieser Macht indessen ist ein Akt der Resignation: es kompensiert die durch Schwäche der Vernunft fehlende Kraft, die Natur in der Geschichte »aufzuheben«[62]; »Natur« wird faktisch zum Inbegriff jener unaufgelösten Probleme, vor deren Auflösung die vernünftige Geschichte resigniert. Gerade durch diese grundsätzliche Resignation aber entsteht nun eine Frage und wird unabweislich; diese: wie leben mit der Natur, wo sie derart unangetastet Macht hat über die Geschichte?
Schelling – und mit ihm ein Großteil der »romantischen« Naturphilosophie: am entschiedensten wohl Oken[63] – hat sich angesichts dieser Macht der Natur eben dadurch helfen wollen, daß er sie, die er nicht aufheben konnte, akzeptierte, lobte und zur rettenden Wahrheit erklärte: »alle Heilkraft« – sagt Schelling – »ist nur in der Natur«[64]; »Kommet her zur Physik« – ruft er aus – »und erkennet das Wahre!«[65]. Indes: diese »romantische« Naturverklärung ist grundsätzlich labil; sie ist darum innerhalb der Geschichte der philosophischen Wende zur Natur auch nur eine Antwort, und zwar eine transitorische[66]. Schopenhauer[67] ersetzt sie

durch desperate, Feuerbach[68] durch abstrakt-sensualistische, Nietzsche[69] durch dionysische, Freud[70] durch nüchtern-skeptische Stellung zur Macht der Natur. Doch all dieser Verzicht auf ihre Verklärung bringt die Macht der Natur nicht zum Verschwinden, sondern nimmt ihr nur ihre erfreulichen Prädikate und entdeckt ihre bedrohlichen. Es setzt sich das durch, was man ihre définition noire nennen könnte: es zeigt sich, daß diese Natur, die doch stets irgendwie im Zeichen der »Möglichkeit« steht, ebendarum zum Garnichts Beziehungen unterhält; ihre scheinbar beglückende Ursprünglichkeit und Unmittelbarkeit demaskiert sich als Herd des Zunichtewerdens: als Zwang des Kämpfens und Zerstörens, als »Todestrieb«[71]. An der vormals heilen Natur bedrückt fortan ihre Unabänderlichkeit: die »ewige Wiederkehr des Gleichen«, der »Wiederholungszwang«[72]. Diese »définition noire« aber ist ihre wahre Definition[73]: sie ist wahr genau in dem Sinne, daß all jenes, was diese Natur zweifellos und echterweise »auch noch ist«, zeitkritische Instanz nämlich[74] und paradiesisches Refugium als Kompensat der Versachlichungen[75], ihrer »définition noire« auf die Dauer nicht gewachsen ist und sich in deren Dienste zwingen läßt[76]. Es gibt auf der Basis der bloßen Wende zur Natur und Unmittelbarkeit offenbar keine Chance einer wirksamen und lebbaren Unterscheidung zwischen Vernichtung und Befreiung[77]: die Präsenz dieser mächtigen Natur »nur als Natur« ist – in ihrer dominierenden Tendenz – Präsenz nicht des Heilen, sondern Präsenz der Destruktion.

7.

Eben weil sich dies so verhält: darum gehört nun zu dieser ganzen philosophischen Wende zur Natur zugleich die Unbereitschaft, die gerufene und jedenfalls mächtige Natur »ohne weiteres« als Natur auftreten zu lassen; die Philosophie dieser Wende sieht sich vielmehr gezwungen, an dieser Natur Präsentierungsweisen zu entdecken, die die Natur zum Unriskanten zähmen. Hierhin gehört bereits der romantisch-naturphilosophische Versuch, diese unheimliche Natur mit viel Vernünftigkeit zu versetzen: ihr die Bestimmungen des »Ich« und »organisch«-Heilen zuzusprechen[78]. Hierhin gehört das Bedürfnis bereits des mittleren Schelling, diese Natur als »Grund in Gott« dessen Aufsicht zu unterstellen[79]. Hierhin gehören aber auch die eigentümlichen Versuche gerade jener Naturphilosophen, die – auf dem Wege einer Entzauberung der romantischen Naturphilosophie – die Destruktionsmacht dieser Natur durchschauten: zu Schopenhauers Philosophie des ziellosen Willenskreislaufs gehört der Ruf nach dem »Heiligen«, der ihn in sich zum Erlöschen bringt[80]; zu Nietzsches Philosophie des »amor fati« dieser »ewigen Wiederkehr des Gleichen« gehört der Ruf nach jenem »Übermenschen«, dem dieser »schwerste Gedanke« »leicht und selig« ist[81]. Zur Machtergreifung der Natur gehört ganz allgemein die Suche nach den Chancen, sie auszuhalten: es gibt offenbar keine Möglichkeit, die Macht der Natur anzuerkennen, ohne zugleich jene Formen ihrer Präsenz als Nicht-Natur mitzurufen, die ihr Auftreten als vollendete Unmenschlichkeit verhindern.

Unter diesen Formen[82] müssen nun offenbar gerade jene besonders wichtig werden, die sich speziell dem Umgang mit der Natur widmen. Das aber sind in ausgezeichneter Weise Geniekunst und Medizin. Wo die Vernunft sich – notgedrungen – couragiert, die Macht der Natur anzuerkennen und dadurch ihre eigene Negation zu riskieren: da bedarf es gerade des Künstlers und des Arztes als der Organe einer – respektablen – Angst vor dieser Courage. Sie geraten in Funktionsverwandtschaft: Geniekunst und Heilkunst gewinnen – angesichts der riskanten Wende zur Natur als dem Retter – eine gemeinsame philosophische Rolle als die ebenso notwendigen wie ohnmächtigen Versuche des Menschen, vor diesem Retter sich zu retten. Das gilt gerade für das neunzehnte Jahrhundert. Eben weil durch seine philosophische Wende zur Natur dieses Problem des Sich-Rettens vorm Retter unvermeidlich entsteht: darum muß die Philosophie diese Wende durch transzendentale Nobilitierung gerade dieser modi vivendi mit der zur Macht gekommenen Natur überbieten.

8.

Dies ist, scheint es, der Grund, aus dem bereits Schellings Transzendentalsystem mit seinem »fünften Hauptabschnitt« – obwohl doch in diesem die Wende zur Natur zur definitiven Lösung des Geschichtsproblems erhoben wird – nicht abschließen kann. »Die Natur«, schreibt Schelling an der schon zitierten Stelle: »Der Transzendentalphilosoph sieht es wohl, daß das Prinzip derselben das Letzte in uns ist ... aber das Ich selbst sieht es nicht«[83]: das »Ich selbst« wagt es nicht zu sehen. Es wagt diese Macht der Natur zu sehen und zu akzeptieren erst im mildernden Reflex der »Kunstanschauung«[84], so »daß« – schreibt Schelling – »dieses Reflektiertwerden des absolut Unbewußten ... nur durch einen ästhetischen Akt der Einbildungskraft möglich ist«[85]. Darum also gehört zum »fünften Hauptabschnitt« des Transzendentalsystems der »sechste«[86]; es gehört zu Schellings Naturphilosophie insgesamt deren Überbietung durch die Ästhetik[87]. Dieser Zusammenhang aber ist allgemein: eben weil die Welt als die allzunatürliche sich erweist, muß sie gerade »als ästhetisches Phänomen gerechtfertigt«[88] werden. Gerade die Wende zur Natur zwingt die Philosophie, zentral zur Ästhetik zu werden; gerade angesichts der Macht der Natur gewinnt die Geniekunst philosophische Fundamentalgeltung, und zwar durch ihre Vermeidungskraft, ihre Kompetenz fürs Ersparen: als eine Form nämlich von »unriskanter« Präsenz der Natur.

Tauglich für diese Rolle ist just die Geniekunst, weil ihr Täter, das ästhetische Genie, zum Problem speziell der übermächtigen Natur besonders enge Beziehungen unterhält.

Einerseits nämlich ist das ästhetische Genie diesem Problem der übermächtigen Natur in besonderer Weise ausgesetzt; denn das Genie: kraft jener seiner Definitionen, die besonders seit der Kant-Schule[89] und bis in die Freud-Schule hinein[90] Geltung gehabt hat, ist es unmittelbar diese Natur; und eben gerade deswegen ist es in extremer Weise gezwungen, das Problem zu lösen, wie ein Mensch sosehr Natur sein und trotzdem als Mensch leben könne.

Andererseits ist das ästhetische Genie diesem Problem der – in ihm selbst – übermächtigen Natur auch in besonderer Weise gewachsen: es hat die erstaunliche Fähigkeit, diese geschichtsbedrohende und geschichtsvernichtende Natur aus einem Schicksal der Realität in ein Spiel der Phantasie zu verwandeln und dadurch unriskant zu machen: und zwar nicht nur, indem es auf die mancherlei Gestalten der Natur[91] sich allein durch Klage und Sehnsucht bezieht, damit sie die »verlorene«, die »ferne« Natur sei und nicht die gefährlich-gegenwärtige[92]; sondern auch, indem es die bedrohliche »Gegenwart« dieser Natur ins Kunstwerk bannt: all jenes, was an dieser Natur zu leben es vermeiden muß, ihre Destruktivität also, entschärft es eben darum zum poetischen Sujet; das Scheitern, Zerbrechen, »Zunichtewerden«[93] und all seine Formen – und zwar gerade die, welche die Innerlichkeit des Einzelnen selber vollstreckt: die Regression zum Primären und Primitiven, die Sucht überhaupt nach Imperfekt, die Leidenschaft für Wunden und Zerrissenheit, für das Asoziale, fürs Nichts und den Tod, den Rausch der Selbstauflösung und die Begierde des Böseseins, den Zwang zur Perfektion in Defizienzen, die Virtuosität in der Saumseligkeit, den Drang zum Absurden und den Enthusiasmus des Mißlingens –: all dieses »dichtet« das ästhetische Genie, gerade um es nicht »sein« zu müssen; es malt den Teufel an die Wand, damit er nicht komme[94]; es operiert in Bezug auf die Natur als das Organ zur Vermeidung der Sünde, sie zu sein, statt sie zu dichten[95].

Indes: diese Überlegung will nicht so sehr das Ästhetische

kennzeichnen als vielmehr jene Frage, die entsteht, wenn das Ästhetische vor seinem Problem mit seiner Lösung versagt. Gerade das aber tut es. Das Ästhetische versagt, weil es ihm nicht gelingt, dieser Natur und ihrer Gefährlichkeit für die Geschichte jenen Grad an Unwirklichkeit, an ästhetischer Unriskanz zu verschaffen und zu erhalten, der ihre Rückverwandlung in Wirklichkeit[96] verhindert. Indiz für dieses Versagen ist der alsbald im Übermaß wachsende Aufwand an Zusatzaktionen zur Rettung dieser Unwirklichkeit: etwa die Konjunktur der Ironien[97]. Fast mehr als durch Mangel an Wirklichkeit disqualifiziert sich das Ästhetische durch diesen Mangel an Unwirklichkeit[98]: seine Vermeidungskraft wird unglaubwürdig, seine Ersparungspotenz wird zweifelhaft. Sein fortdauernd akutes Pensum, unriskante Präsenz nämlich der allzuriskanten Natur zu sein: das Ästhetische erfüllt es nicht mehr. Wer aber erfüllt dieses Pensum, wenn nicht mehr das Ästhetische es erfüllt? Das ist jetzt die Frage. Wie leben mit der Natur, wo sie Macht hat über die Geschichte, wenn es nicht mehr ausreicht, mit ihr »ästhetisch« zu leben?

9.

Nächstliegende Antwort auf diese Frage ist die Medizin: sie ist ja in exemplarischer Weise der Helfer des Menschen beim schwierigen Geschäft, mit seiner Natürlichkeit zu leben und auszukommen. Wo es nun – angesichts der philosophisch fortdauernden Wende zur Natur – weiterhin darum geht, die Schwierigkeiten der Geschichte als Bedrohlichkeiten der Natur zu bestehen; wo es zugleich aber nicht mehr ausreicht, diese Bedrohlichkeiten als Krisen der Innerlichkeit zu »dichten«: da muß es schließlich zum Versuch kommen, sie als »Krankheiten« zu »heilen« und dadurch unriskant und menschlich lebbar zu machen. Wo die Wende zur Natur und damit das Pensum ihrer unriskanten Präsenz fortdauert, führt innerhalb der Philosophie die Krise der Ästhetik zur Konjunktur der Therapeutik: weil »der Poet« als der transzendentale Arzt« versagt, folgt ihm der reale Arzt im Amte des Hüters der »transzendentalen Gesundheit«[99].

Bereits im frühen neunzehnten Jahrhundert wird dieser Wachwechsel akut: zu einer Zeit also, da die Medizin noch nicht durch den Wandel zur exakten Wissenschaft und die dadurch wachsenden Heilerfolge sich empfahl[100]. Indiz dafür sind mindestens zwei Phänomene gerade dieser Zeit: die Wende der Philosophie zur Medizin und die Wende der Medizin zur Philosophie.

Da ist einerseits die auffällige Wende der Philosophie zur Medizin. Repräsentativ ist ein weiteres Mal Schelling. Gerade zu jener Zeit etwa zwischen 1800 und 1806, wo er von der wirklichen Durchführung seiner Ästhetik Abstand nimmt[101], kommt es bei ihm zur philosophischen Aufwertung der Medizin. Einen Hinweis gibt schon ihre merkwürdige Bedeutung für seinen Lebensgang in diesen Jahren der entscheidenden Wende seiner Philosophie: Schellings eigener therapeutischer Versuch – wie immer es damit bestellt gewesen sein mag – vertreibt ihn aus Jena[102]; Zwischenstation war Bamberg und die dortige Zusammenarbeit mit den Medizinern Marcus und Röschlaub[103]; auf deren Betreiben kommt es zu Schellings Würzburger Professur[104]; in München schließlich erwartet ihn Baader, der selber als Arzt begann. Dazu gehört eine bei Schelling wachsende philosophische Bedeutung der Heilkunst: bereits sein »Erster Entwurf eines Systems der Naturphilosophie« enthält ja zentral eine »Theorie der Krankheit«[105]; an seiner »Zeitschrift für spekulative Physik« beteiligt er – man denke an Eschenmayer, damals noch Physikus, und an Hoffmann, der dort eine »Konstruktion der Krankheit« publiziert[106] – in beträchtlichem Ausmaß Ärzte; 1802 – im Jahr also von Schellings Landshuter medizinischer Ehrenpromotion[107] – handelt die naturphilosophisch entscheidende seiner »Vorlesungen über die Methode des akademischen Studiums« von der Medizin[108]; ab 1806 – also unmittelbar nach dem Ende seiner Kunstphilosophie-Vor-

lesungen[109] – gibt dann Schelling zusammen mit Marcus die »Jahrbücher der Medizin als Wissenschaft« heraus[110]; ἰατρὸς φιλόσοφος ἰσόθεος ist ihr Motto; »Sind die Naturforscher« – schreibt Schelling dort in der »Vorrede« – »alle ... Priester ... gewisser Naturkräfte: so bewahrt ... der Arzt das heilige Feuer im Mittelpunkt ... Die Arzneiwissenschaft ist die Krone und Blüte aller Naturwissenschaften«[111]; und die (spekulativen) Naturwissenschaften sind für Schelling die Grundwissenschaften. Gerade dort also, wo in Schellings Philosophie die Kunst ihre philosophische Fundamentalrolle verliert, gewinnt diese Fundamentalrolle die Medizin[112]. Das ist zugleich ein allgemeiner Vorgang[113]: wo die Ästhetik zurücktritt, kommt die Therapeutik zum Zuge.
Da ist andererseits die auffällige Wende der Medizin zur Philosophie: die Ärzte antworten auf ihren philosophischen Kursgewinn nicht nur mit neuen medizinischen Theorien, sondern damit, daß sie selber zu Philosophen werden. Es kommt darauf an – fordert etwa Kieser 1817 in seinem »System der Medizin« – »nach höheren, philosophischen Ansichten eine ... Krankheits- und Heilungslehre zu geben«[114]: dazu gehört z. B. auch eine »philosophische Geschichte der Medizin«[115]. Es entsteht eine Fülle von Philosophien der Krankheit – diese mag nun als Disharmonie[116], als Regression[117] oder gar als Sündenfall[118] verstanden werden. In einem ganz erstaunlichen Ausmaß ist zudem die »romantische Naturphilosophie« selbst von Ärzten geschrieben worden: Kielmeyer, Eschenmayer, Windischmann, Ritter, Treviranus, Oken, Troxler, Schubert, Baader, Carus (um hier nur einige Namen zu nennen): das waren ja Ärzte, Pharmazeuten, Medizinprofessoren[119]. Schließlich aber entfaltet sich gerade in dieser ersten Hälfte des neunzehnten Jahrhunderts jenes Genre der Philosophie, das damals fast ausschließlich eine Domäne der Ärzte gewesen ist: die »Anthropologie«; es erscheint eine Unzahl einschlägiger Titel[120] und, unter der Direktion von Friedrich Nasse, eine eigene – freilich sehr psychiatrisch orientierte – »Zeitschrift für die Anthropologie«[121]: es war

dies in der Tat – wie Heinroth in seinem »Lehrbuch der Anthropologie« von 1822 sagt – eine »Zeit, wo die Anthropologie ein Lieblingsgegenstand der Forscher« gewesen ist[122]. »Aus den Händen der Anatomen und Ärzte« – schreibt bereits 1810 Franz von Paula Gruithuisen in seiner »Anthropologie oder von der Natur des menschlichen Lebens und Denkens für angehende Philosophen und Ärzte« – »muß diese Lehre hervorkommen, so sagen selbst jene Philosophen, die keine Anatomen und Ärzte sind«[123]; denn es »ist keiner mehr im Stande Verborgenes im Menschen aufzufinden, als der forschende Arzt«[124]. Dabei spricht nun die Tatsache, daß ihre Verfasser Ärzte gewesen sind, nicht gegen die philosophische Wichtigkeit dieser Anthropologien, sondern für die philosophische Wichtigkeit der Ärzte: die heute übliche Geringschätzung dieser »nur physiologischen« Anthropologie – man lese aber nach, was Steffens dazu geschrieben hat[125], und man lese die Bücher selbst[126] – ist durchaus fehl am Platz; nicht nur hat sie unter allen Ahnen der heutigen Anthropologie den eindeutigen Vorzug, daß sie sich wirklich »Anthropologie« genannt hat; sie nimmt auch ihre Thesen vorweg: »Der Mensch ... nach seinen physischen Kräften ... entdeckt man an ihm bald eine Schwäche und Mängel, vermöge welcher er mit den Tieren keinen Vergleich aushält ... Aber vermöge seines Geistes« – der »ein absolut von der Natur verschiedenes ... Wesen« ist und »nie erscheint«[127] – »ist er über die Natur erhaben«: das etwa ist kein Scheler-Zitat, sondern eine Formulierung des Bonner Medizinprofessors Joseph Ennemoser aus seinen »Anthropologischen Ansichten« von 1828[128]. Gewiß: Ähnliches hat Herder auch schon gesagt[129]. Jetzt aber sagen es die Ärzte; sie werden kompetent für philosophische Fundamentalthesen – und man muß fragen: wie kommen gerade die Ärzte dazu? Die hier vorgeschlagene Antwort ist eben diese: zur philosophischen Kompetenz der Ärzte kommt es im Zusammenhang einer philosophischen Konjunktur der Therapeutik, und zu dieser kommt es dort, wo die Philosophie zur Natur als der entscheidenden

Macht sich wendet, und wo zugleich die Ästhetik als Philosophie des Lebens mit dieser Natur unzureichend wird und versagt[130].

10.

Diese These kennzeichnet ein transzendentales Revirement und glaubt damit einen nicht unerheblichen Vorgang innerhalb der Philosophie des neunzehnten Jahrhunderts zu benennen: den Wachwechsel zwischen Ästhetik und Therapeutik, der freilich zunächst und weithin in der milden Form einer Wechselwirtschaft sich vollzieht. Zu einer solchen Wechselwirtschaft gehört, daß die einander ablösenden Potenzen Interesse füreinander entwickeln. Und so entsteht denn auch gerade im neunzehnten Jahrhundert zunehmend ästhetisches Interesse fürs Medizinische und medizinisches Interesse fürs Ästhetische.

Da ist einerseits das wachsende ästhetische Interesse fürs Medizinische: die – gerade in diesem Zeitraum – zunehmende ernste Aufmerksamkeit der Dichtung und Literatur für den Kranken und den, der ihn heilt: den Arzt. Dieser Tatbestand läßt sich kaum kürzer charakterisieren als mit einer Formulierung von Hans Robert Jauß: »Die Beliebtheit« – schreibt er – »des Arztes als Zentralgestalt und moderner Held im Roman und Film der Gegenwart läßt leicht vergessen, daß seine literarische Rolle in der Vergangenheit weniger rühmlich, nämlich lange Jahrhunderte hindurch vornehmlich die einer Komödienfigur war ... Der Wandel zu einer ernsten Auffassung der literarischen Arztrolle fällt wahrscheinlich in das XIX. Jahrhundert«[131]. Entsprechendes mag vom Kranken gelten[132]. Eine einschlägige Inventur der Figuren des Arztes und Kranken in der Literatur des neunzehnten Jahrhunderts ist freilich noch Desiderat[133]. Immerhin läßt sich – etwa allein schon angesichts des Robert Guiskard, des Wilhelm-Meister-Schlusses, der Arztgestalten E. T. A. Hoffmanns, vor allem aber angesichts des Aufschwungs der Arzt-Dichtung gegen Ende des Jahrhunderts[134] – wohl sagen: der Arzt und der Kranke, also die Akteure des Therapeutischen – sie erhalten gerade im betrachteten Zeitraum zunehmend auch literarische Anerkennung ihrer philosophisch wachsend gewichtigen Rolle als Erben der ästhetischen Lösung: Kunst und Literatur machen sich auf den Weg zum Zauberberg[135].

Da ist andererseits das wachsende medizinische Interesse fürs Ästhetische: Künstlertum wird – gerade im neunzehnten Jahrhundert – zunehmend zum medizinisch-pathologischen Befund. Ein Vorspiel dazu ist das zeitliche Zusammentreffen des Auftretens von Ästhetik und anthropologischer Ärzte-Philosophie schon im achtzehnten Jahrhundert: 1750 erscheint Baumgartens »Aesthetica«, 1772 publiziert Platner die erste Fassung seiner »Anthropologie für Ärzte und Weltweise«[136]. Seither wird das Schöne und die Kunst zum festen Thema dieser medizinisch-philosophischen Anthropologien[137]: die Ärzte kümmern sich wachsend repräsentativ um die Ästhetik – sei es, daß sie darüber (wie schon Schiller) von der Medizin abkommen und zum reinen Künstler werden, sei es, daß sie (wie etwa Carus[138]) trotz ihres Künstlertums in betonter Weise Mediziner bleiben. In zunehmendem Maße aber rückt dabei die Ästhetik unter medizinischen Aspekt. Und so gehört in den Zusammenhang dieses Vorgangs nicht zuletzt auch jene Diskussion des »Genieproblems«, die – seit Moreau[139] und Lombroso[140] und bis zu Lange-Eichbaum[141] und Benn[142], also spätestens seit der zweiten Hälfte des neunzehnten Jahrhunderts und bis in die Gegenwart hinein – »Genie und Wahnsinn« hat zusammenbringen wollen. Das ist nun zwar eine seit Platons »Ion« altehrwürdige Verbindung. Das Neue daran aber ist jetzt der Wandel des Wahnsinns vom »enthusiasmos« zum pathologischen Syndrom: ästhetische Produktivität wird zum Therapiesurrogat. Davon sind auch jene Versuche überzeugt, die ästhetische Symbole als Symptome durchschauen wollen. All das ist nur konsequent: wo statt der Ästhetik die Therapeutik zur amtierenden

Grundphilosophie wird, verlangt nicht zuletzt gerade die Philosophie selber eine medizinische Diagnose der Problem- und Lösungslage des Ästhetischen. Darum erobert dieser medizinische Aspekt der Ästhetik ohne Schwierigkeit auch die Philosophen-Philosophie[143]: hierhin gehört Nietzsches Idee einer »Physiologie der Ästhetik«[144]; hierhin gehört die Genie-Wahnsinn-Diskussion Nietzsches mit dem Freud-Freunde Josef Paneth 1884 in Nizza[145]; hierin gehört aber ebenso schon Schellings Genie-Wahnsinn-Theorie der »Stuttgarter Privatvorlesungen« von 1810[146]; und jüngst hat Pöggeler[147] wieder darauf aufmerksam gemacht, wie sehr auch bereits 1819 für Schopenhauer die Theorie des »Genies« in diesem Sinne mit der des »Wahnsinns« verbunden war[148]: einer Theorie des Wahnsinns übrigens, die Freud, seit Otto Rank ihn 1910 auf sie aufmerksam machte[149], als die ihm selber bis dahin unbekannte Vorwegnahme seiner eigenen Neurosenlehre verstanden hat[150]. Und so ist schließlich Freuds Psychoanalyse selbst und ihre philosophische Attraktivität Position innerhalb einer durch wachsende Krise der Ästhetik wachsenden Konjunktur der Therapeutik[151].

11.

Freud war zusammen mit Schelling der Ausgangspunkt dieser Überlegung. Schellings Philosophie repräsentierte die Ästhetik; Freuds Theorie repräsentierte die Therapeutik. Zugleich aber erregten Gemeinsamkeiten beider Theorien die Aufmerksamkeit dieser Betrachtung. Was sie dann vorgebracht hat: das waren freilich nur einige Vorüberlegungen zum Versuch, innerhalb der Philosophie des neunzehnten Jahrhunderts den Weg von Schelling zu Freud als den Vollzug eines Wachwechsels zwischen Ästhetik und Therapeutik zu begreifen, der unter den Bedingungen einer fortdauernden Schwäche der Vernunft und Resignation der Geschichtsphilosophie – also einer fortdauernden Macht der Natur – unvermeidlich wurde.

Dieser Versuch ist aber zugleich ein Versuch, die Gemeinsamkeiten zwischen Schelling und Freud zu verstehen. Und so bestand denn diese ganze Überlegung ebenso aus Vorüberlegungen zum Versuch einer Theorie des Grundes dieser Gemeinsamkeiten. Der betreffende Wachwechsel nämlich – das wurde betont[152] – ist eine Veränderung in der Besetzung derselben Rolle: nur wo Ästhetik und Therapeutik, wenn sie im betrachteten Zeitraum Geltung gewinnen, im Grunde dasselbe zu tun haben – wo beide den bedrohlichen Retter Natur zur Unbedrohlichkeit zähmen sollen –: nur dort können sie ja in dieser Funktion einander ablösen: der Wachwechsel zwischen Ästhetik und Therapeutik setzt ihre Funktionsverwandtschaft voraus. Wenn also die Theorien Schellings und Freuds durch diesen Wachwechsel sich zueinander verhalten, dann sind sie funktionsverwandte Positionen; und aus dieser Funktionsverwandtschaft ihrer Theorien folgt, was aus Verwandtschaft zu folgen pflegt: nicht nur Streit, sondern vor allem Ähnlichkeit. Das impliziert: Freuds Psychoanalyse bezieht ihre philosophische Position innerhalb der Wachablösung der Ästhetik durch Therapeutik folgerichtig in der Form einer Wiederholung von Denkfiguren der transzendentalphilosophischen Wende zur Natur (die freilich zu Anfang des neunzehnten Jahrhunderts überwiegend noch nicht zur Therapeutik, sondern überwiegend noch zur Ästhetik führte); sie ist darum – kann man, ohne daß dies in diesem kurzen Versuch schon hinreichend belegt wäre, sagen – kein »Gegensatz«, sondern eher ein »Zustand« dieser Transzendentalphilosophie: darum jene Ähnlichkeit gerade der Theorien Schellings und Freuds, von der eingangs die Rede war[153]. Drei ihrer Elemente seien hier noch einmal eigens hervorgehoben:

Da ist erstens die grundsätzliche Ähnlichkeit in der Figur ihrer Aktionen: weil beide es mit der Natur unter den Bedingungen der Schwäche geschichtlicher Vernunft d. h. weil beide es mit dieser Natur als einer unauflöslichen Macht zu tun haben, bleibt beiden einzig, diese Macht, die sie nicht »aufheben« können, wenigstens zu *erinnern*. Schelling tut das vertrauensvoll und modifiziert dieses Erinnern ästhetisch; Freud tut es besorgt und modifiziert dieses Erinnern therapeutisch. Für beide aber gilt der prinzipielle Vorrang der Anamnese[154].

Da ist zweitens die grundsätzliche Ähnlichkeit in der Figur ihrer Hoffnungen: beide müssen – Schelling tut es enthusiastisch, Freud tut es skeptisch – hoffen, daß jene Unbedrohlichkeit, die die Erinnerung allein der Natur nicht zu verschaffen vermag, die Natur schließlich doch sich selber verschafft. Wo unangetastet der Bock der Gärtner ist, bleibt als letzte Hoffnung die, daß Böcke wirklich zu Gärtnern sich zu steigern vermögen. Diese Hoffnung aber braucht die Theorie einer besonderen »List der Vernunft« – die Theorie einer »Vernünftigkeit durch Natur«: Schelling gibt sie als Theorie einer »absoluten Produktivität« der »Natur«, die »Hemmungen« hat und sich darum vergeistigt[155]; Freud gibt sie als Theorie von Naturtrieben, die durch »Zielhemmungen« zur Geistigkeit gezwungen werden[156]; beides aber sind prinzipiell Sublimierungstheorien.

Da ist schließlich drittens die grundsätzliche Ähnlichkeit in der Figur ihrer Enttäuschungen: beide Ansätze glauben der »guten« Sublimierung nicht dauerhaft[157] und enden bei der These unüberwundener Bedrohlichkeit der Natur. Schelling überläßt die Formulierung dieser Enttäuschung Schopenhauer: »der Wille, welcher die natura naturans ist«[158], schreibt Schopenhauer, ist wesentlich »Selbstzerfleischung« und »nur ein fortdauernd gehemmtes Streben, ein immer aufgeschobener Tod«[159]. Freud formuliert diese Enttäuschung selber durch Theorie des übermächtigen »Todestriebs«[160] und schreibt: wir »können ... uns nicht verhehlen: daß wir unversehens in den Hafen der Philosophie Schopenhauers eingelaufen sind«[161]. Selbst noch in der Art ihrer Enttäuschungen wiederholt Freuds Psychoanalyse Motive und Schicksale der vormals transzendental-philosophischen Wende zur Natur[162].

12.

Damit sei diese Überlegung abgebrochen. Sie hat sich ans transzendentalphilosophische Pensum der Funktionsdiskussion gehalten. Sie hat dabei – in einigen Andeutungen – von nur einer Funktion gesprochen, in deren Erfüllung Ästhetik und Therapeutik im betrachteten Zeitraum Verwandtschaft und Rivalität entwicklen und in eins damit zu philosophischen Ehren kommen. Sie hat das getan: nicht als Durchführung einer These, sondern als Versuch zur Formulierung einer inskünftig zu erprobenden Arbeitshypothese. Es ist diese: wo die vernünftige »Geschichte in weltbürgerlicher Absicht« und das in ihr um der Freiheit willen verwirklichte Recht die Menschlichkeit nicht zu realisieren schien, sollte es die Natur tun; dieser riskante Retter aber bedurfte, um lebbar zu werden, unriskanter Präsenz; unriskante Präsenz der Natur: das war zunächst die Geniekunst, und es wird, wo diese zu schwach sich zeigt, die Heilkunst. Ästhetik und Therapeutik – sie beide haben also, wo sie im neunzehnten Jahrhundert zu Geltung gelangen, mindestens eine gemeinsame Funktion: beide sind definierbar als Versuche, unterm Eindruck der Ohnmacht und Resignation geschichtlich-weltbürgerlicher Vernunft d. h. unterm Druck einer Übermacht der Natur der Menschlichkeit Präsenz zu bewahren. Beide agieren statt der Geschichtsphilosophie, aber auch statt ihrer schlimmen Negation.

Weltanschauungstypologie

Bemerkungen zu einer anthropologischen Denkform des neunzehnten und zwanzigsten Jahrhunderts

1.

Der Mensch ist ein zu Meinungsverschiedenheiten neigendes Lebewesen. Wo diese Meinungsverschiedenheiten »ins Grundsätzliche abgleiten«, berühren sie die Philosophie. So will zwar die Philosophie die e i n e sein. Gleichwohl gibt es viele Philosophien.

Das ist vielleicht keine ewige Schwierigkeit; gewiß aber ist es eine alte[1]. So kommt es im Laufe der Philosophiegeschichte zu einer Mehrzahl von Versuchen zur Lösung dieser Schwierigkeit. Die Weltanschauungstypologie ist unter diesen Versuchen nur einer. Gerade darum aber wird die Frage möglich und nötig, warum sie zur repräsentativen Antwort just des ausgehenden neunzehnten und des beginnenden zwanzigsten Jahrhunderts geworden ist. Denn das war sie. Warum wird gerade zu dieser Zeit die Weltanschauungstypologie philosophisch nötig und wichtig?

Die folgende Überlegung will diese Frage in jenem begrenzten Maß diskutieren, in welchem sie sich in Beziehung bringen läßt zum Vorgang der Resignation der Geschichtsphilosophie des sogenannten deutschen Idealismus[2]. Sie will also diese Frage diskutieren als eine unter den vielen möglichen Fragen nach Symptomen dieses Resignationsprozesses.

2.

Dabei geht diese Überlegung aus von der sozusagen klassischen Schrift dieser Weltanschauungstypologie. Sie erscheint

1911: Wilhelm Diltheys Abhandlung über »Die Typen der Weltanschauung und ihre Ausbildung in den metaphysischen Systemen«[3]. Diese Schrift stellt sich der genannten Schwierigkeit: dem »Widerspruch« – wie Dilthey sagt – »zwischen dem zunehmenden geschichtlichen Bewußtsein«, d. h. »dem ... Bewußtsein von der grenzenlosen Mannigfaltigkeit« und »Anarchie der philosophischen Systeme« »und dem Anspruch der Philosophen auf Allgemeingültigkeit«[4]. Eine Auflösung dieses Widerspruchs erwartet Dilthey von seiner Lehre von den Weltanschauungstypen: es gibt – meint er und beruft sich dabei auf die »historische Vergleichung« als »Verfahren«[5] –, es gibt im Grunde ebensowenig grenzenlos viele Philosophien wie nur eine, sondern es gibt einige Philosophien; es gibt drei große Grundtypen zur Philosophie gewordener Weltanschauung: 1. den positivistischen Ansatz vom Verstand her: den »Naturalismus«, 2. den aktivistischen Ansatz vom Willen her: den »Idealismus der Freiheit«, 3. den kontemplativen Ansatz vom Gefühl her: den »objektiven Idealismus«[6]. Diese drei Typen sind – sagt Dilthey – »nicht Erzeugnisse des Denkens«, sondern »gegründet in dem Leben selbst, der Lebenserfahrung, den Stellungen zum Lebensproblem«: dem ewigen »Rätsel des Lebens«. All diese Weltsichten – meint Dilthey – melden sich in »Religion und Poesie« und kommen im Interesse ihrer – wie er sagt – »Festigung« zum Begriff in den »metaphysischen Systemen«: dort suchen sie »Allgemeingültigkeit. Aber die Menschheit« – schreibt Dilthey – »ist auf diesem Wege nicht einen Schritt weitergekommen. Der Kampf der Weltanschauungen untereinander ist an keinem Hauptpunkt zu einer Entscheidung gelangt ... ihre großen Typen stehen selbstmächtig, unbeweisbar und unzerstörbar nebeneinander aufrecht da ... Die einzelnen Stufen und die speziellen Gestaltungen eines Typus werden widerlegt, aber ihre Wurzel im Leben dauert und wirkt fort und bringt immer neue Gebilde hervor«[7]. Das ist – in aller Kürze – die These der Abhandlung Diltheys.

3.

Diese Schrift und ihre These steht nun nicht allein. Dilthey selber hat seine Typenlehre schon früher in verschiedenen Zusammenhängen mehr oder minder ausdrücklich formuliert[8]. Und diese Lehre hat Vorläufer.

1847 veröffentlicht Adolf Trendelenburg einen kleinen Aufsatz »Über den letzten Unterschied der philosophischen Systeme«[9]. Dieser »letzte Unterschied« – meint Trendelenburg dort – beruht auf dem »Gegensatz« von »Kraft« und »Gedanke« und hat zur Folge, daß es Philosophien gibt, die den »Gedanken« auf die »Kraft«, andere, die umgekehrt die »Kraft« auf den »Gedanken« zurückführen, und noch andere, die »Kraft« und »Gedanke« in eins zu setzen versuchen. Trendelenburg nennt diese drei Möglichkeiten nach ihren repräsentativsten Vertretern: er spricht von »Demokritismus«, von »Platonismus«, von »Spinozismus«. Joachim Wach[10] hat darauf aufmerksam gemacht, daß diese drei Grundformen Trendelenburgs mit den drei Weltanschauungstypen Diltheys pünktlich übereinstimmen. Das ist auch in keiner Weise verwunderlich; denn Dilthey war Schüler Tendelenburgs und hat sich als solcher bekannt[11].

Aber auch Trendelenburg hat diese Dreiteilung kaum erfunden. Sie lag nahe: besonders für jemanden, der – wie Trendelenburg – bei Reinhold und Schleiermacher studierte, die beide – je auf ihre Weise – mit Fichte Verbindung hatten. Denn Fichte diskutiert 1797 in seiner »Ersten Einleitung in die Wissenschaftslehre« »die absolute Unverträglichkeit« von »Idealismus« oder »Kritizismus«, der die freie »Intelligenz«, und »Dogmatismus«, der das fatalisierende »Ding« zum Grund macht; und er räumt zugleich ein, daß »in spekulativer Rücksicht beide Systeme von gleichem Werte zu sein scheinen«. In diesem Zusammenhang nennt er beiläufig noch eine dritte Position, den »Skeptizismus, als gänzliche Verzichtleistung auf die Beantwortung des aufgegebenen Problems«[12]; dabei ist offensichtlich »Skeptizismus« so verstanden, wie

Kant ihn im Blick auf Hume verstand: als empiristisch-spekulationsabstinenter Positivismus. Dementsprechend handelt es sich hier bei Fichte nicht allein um eine recht genaue Vorwegnahme der Positionenkonstellation bei Dilthey; sondern es handelt sich bei ihm zugleich um eine Aufnahme der Kritizismus-Dogmatismus-Skeptizismus-Dreiteilung Kants. Freilich: was bei Kant »Stadien der Metaphysik«[13] waren, wird nun bei Fichte – im Fall von »Dogmatismus« und »Idealismus« – wenigstens vorübergehend zu gleichwertigen Möglichkeiten; und »was für eine Philosophie man wähle, hängt sonach davon ab, was man für ein Mensch ist«[14]. Dieser berühmte Fichtesatz, der im zitierten Zusammenhang steht, ist seinerseits nur die Neuformulierung einer These, die bereits zwei Jahre früher der junge Schelling in bezug auf die »Systeme« »Dogmatismus« und »Kritizismus« vertreten hat: »Welches von beiden wir wählen, dies hängt von der Freiheit des Geistes ab, die wir uns selber erworben haben. Wir müssen das sein, wofür wir uns theoretisch ausgeben wollen«: das ist »die Auflösung des Rätsels ... warum diese beiden Systeme notwendig nebeneinander bestehen müssen«[15]. Das schreibt Schelling 1795 und zitiert dann Jacobis Spinozabüchlein: er rekurriert zur historischen Definition der Dogmatismus-Kritizismus-Kontroverse auf den Pantheismus-Streit[16]. Und so macht sich – könnte man sagen – Kants Dogmatismus-Kritizismus-Skeptizismus-Dreiteilung just in dem Augenblick, wo sie die Frontstellung des Pantheismus-Streits sich assimiliert, auf den Weg zur Weltanschauungstypologie.

4.

Aber warum macht sie sich auf diesen Weg? Warum wird es – durch diese Rezeption und von Kant über Fichte, Schelling, Trendelenburg bis zu Dilthey – zunehmend »gleichwertig« und zur bloßen Frage der »Weltanschauung« und ihres »Typs«, ob man die Welt »dogmatistisch« akzeptieren,

d. h. nur interpretieren, oder »idealistisch« verbessern, d. h. verändern, oder ob man sich diesseits dieser – dann angeblich »bloß spekulativen« – Alternative »positivistisch« auf die Erforschung und Lösung von Spezialproblemen beschränken solle? Wieso wird in derart zunehmendem Maße die Weltanschauungstypologie nötig? Unter welche Bedingungen muß die Philosophie geraten, damit sie zur Weltanschauungstypologie sich wendet? Anders gesagt: wer ist es – und wer nicht –, der Weltanschauungstypologien macht, d. h. braucht?

Trotz allem bisher Gesagten: die genannten Vorläufer Diltheys sind es noch nicht. Denn gewiß nicht Kant: er sprach eben von »Stadien« und »Antinomien« und nicht von »Typen«. Und auch noch nicht Fichte und Schelling: sie schrieben nur vorübergehend und nicht zuletzt wohl aus didaktischen Gründen von »gleichwertigen« Möglichkeiten und schließlich doch wieder von »Stufen«. Und nicht einmal Trendelenburg: für ihn war der »letzte Unterschied« der Philosophien immer noch der von Wahrheit, d. i. »Platonismus«, und Unwahrheit, d. i. »Demokritismus«, und ihrem fragwürdigen Kompromiß, d. i. »Spinozismus«. Daß also die drei genannten Ansätze jenseits von Sukzession und Wahrheitsfrage zu ewigen und gleichwertigen »Typen« werden: das geschieht schließlich doch wohl erst bei Dilthey; es geschieht – scheint mir – bei ihm dort, wo die inhaltlichen Fragen der Geschichte die methodologischen überwiegen. Und es geschieht dann in seiner engeren und weiteren Schule: wenn Nohl den Diltheyschen Typen entsprechende »Typische Kunststile in Dichtung und Musik« und in der Malerei sucht, wenn Wach den »Typen religiöser Anthropologie« nachgeht, wenn Groethuysen eine Typologie politischer Tendenzen unternimmt, wenn Spranger eine Neugruppierung der »Lebensformen« wagt, wenn Leisegang – zwar nicht unmittelbar von Dilthey herkommend – »Denkformen« klärt[17] usf. All das geschieht innerhalb des Diltheyumkreises; das bedeutet aber: es geschieht betont im Namen des »geschichtlichen Bewußtseins«. Wer also macht, d. h. braucht die Typologien? Das tun offenbar gerade die phi-

losophischen Treuhänder des »geschichtlichen Bewußtseins«; oder simpel gesagt: Historiker machen die Typologien.
Ein bestätigendes Seitenphänomen gibt es innerhalb der südwestdeutschen Zuwendung zur Geschichte. Im Einflußbereich Rickerts kommt es ebenfalls gerade zur Typentheorie, wo die reine Methodenlehre des Geschichtserkennens zugunsten einer inhaltlichen Betrachtung der Geschichte zurücktritt: im Umkreis Max Webers. Dessen »Idealtypen« bleiben freilich – auch und gerade wo es zur berühmten Typologie der Herrschaftsformen oder zu der der Städte usf. kommt – heuristische Elemente des Verstehens[18]. Aber auf Grund seiner allgemeinen These vom Wissenschaftsberuf zur »wertfreien« Klärung von Möglichkeiten arbeiten dann ebenso Karl Mannheim – der 1922 zu einer »Typologie der Erkenntnistheorien« ansetzt und noch in »Ideologie und Utopie« Möglichkeiten der »Standortgebundenheit« des Denkens und ihrer Reflexion klassifiziert[19] – wie Karl Jaspers, der ja nicht nur in der »Psychologie der Weltanschauungen« typologisch verfährt, sondern im Grunde auch noch dort, wo er existenzphilosophisch »Weisen des Umgreifenden« und entsprechende »Weisen des Wahrheitssinns« sortiert und mit ihrer Verabsolutierung rechnet und vor ihr warnt[20]. Angesichts von Jaspers könnte man bemerken, daß der typologische Ansatz Tendenzen hat, die Typen schließlich ontologisch zu nobilitieren. Dessenungeachtet – scheint mir – bestätigt sich auch durch den Blick auf den Weberumkreis der angedeutete Befund: Historiker machen die Typologien.
Kein Zweifel natürlich, daß nicht nur Historiker das tun: das typologische Sortieren ist eine alte und notwendige Beschäftigung mindestens der Mediziner und von dort her der Anthropologen: seit alters haben sie Krankheiten, Temperamente, Rassen, Charaktere rubriziert. So arbeiten – innerhalb dieser Tradition – gleichzeitig etwa tiefenpsychologisch Jung, psychiatrisch Kretschmer, pädagogisch Pfahler[21] usf. Aber es ist jedenfalls auffällig und hier das Wichtige, daß gerade zu Ende des neunzehnten und zu Beginn unseres Jahr-

hunderts dieses Verfahren – wohl nicht zufällig über die anthropologisch imprägnierte Philosophie Diltheys[22] – in großem Stil ins Geschichtsdenken einwandert: gerade jetzt machen Historiker Typologie.

5.

Warum nun gerade sie? Diese Frage erhält ihre besondere Schärfe, wenn man die Geschichtsferne der typologischen Operation mitsieht, die etwa – wie das schon Trendelenburg präzis formuliert hat – »die philosophischen Systeme aus dem äußeren Zusammenhang des historischen Verlaufs heraushebt und, gleich Formationen der Natur, als abgeschlossene Bildungen des Geistes miteinander vergleicht« zum Zwecke eines »bedeutsamen Überblicks«[23]. Es handelt sich um eine Operation, die auf perennierende Möglichkeiten rekurriert und den »historischen Verlauf« zum nur »Äußeren« und Unwesentlichen herabsetzt. Darum gehört zum Blick auf diese Typologien unvermeidlich das Unbehagen desjenigen, der im »historischen Verlauf« Wesentliches glaubt erblicken zu müssen. Und dieses Verfahren, dieses historisch derart unbehagliche Zusammenordnen so disparater Ansätze wie – ich nenne nun wieder die Gruppierungen Diltheys –, wie es die Philosophien von Demokrit, Epikur, Hobbes, den Encyclopädisten, Hume, Comte, Avenarius sind, zum selben »naturalistischen« Typus; so disparater Philosophen wie Platon, Augustinus, Kant, Fichte, Maine de Biran zum selben Typus »Idealismus der Freiheit«; so disparater Denker wie »Xenophanes, Herakleitos und Parmenides und alles, was sie umgibt, das stoische System, Giordano Bruno, Spinoza, Shaftesbury, Herder, Goethe, Schelling, Hegel, Schopenhauer und Schleiermacher« zum einen und selben Typus »objektiver Idealismus«[24]: das ist die Operation nicht irgendeiner, sondern gerade jener Philosophie, die wie kaum eine sonst die Geschichte hat ernst nehmen wollen und sich mit Pathos als »Anwendung des geschichtlichen Bewußtseins auf die Philosophie und ihre Geschichte«[25] definiert hat. Diese philosophische Zuwendung zum Individuellen und Immer-Anderen der Geschichte: gerade sie ruft nach ewigen Möglichkeiten. Wie kommt das? Just diese Philosophie äußerster Geschichtlichkeit des Menschen: gerade sie sucht konstante Weltanschauungstypen und perennierende Konstellationen. Weshalb ist das so? Geschichtliches Bewußtsein schlägt um in Typenlehre. Warum?

6.

Eine Antwort auf diese Fragen ergibt sich – scheint mir – durch den Blick auf das anfangs erwähnte Grundereignis der Philosophie des neunzehnten Jahrhunderts: den Zerfall der Geschichtsphilosophie des sogenannten deutschen Idealismus. Die Antwort ergibt sich also im Zusammenhang einer Elegie auf die klassische Fortschrittstheorie: auf die Theorie eines Fortschritts, der noch nicht – wie das späterhin bei seinen Freunden und seinen Verächtern in bemerkenswerter Eintracht üblich geworden ist – in den Bereich der Technik abgedrängt, sondern als Fortschritt in den Rechtsverhältnissen begriffen wird[26]. Diese Fortschrittstheorie, diese damit auf »systematische Historie« bedachte klassische Geschichtsphilosophie, läßt sich, wenn auch nur abstrakt, durch mindestens drei Grundgedanken kennzeichnen. Da ist

erstens der Gedanke der Vermittlung: was immer diese Philosophie affirmativ begreift, begreift sie einzig als »Mittel für die Freiheit«[27]: als »nötig« also und in bestimmter Funktion »unentbehrlich« für den Prozeß, d. h. Progreß zur Freiheit aller. Da ist

zweitens der Gedanke der bestimmten Antinomie: jede Vermittlung antwortet – an bestimmter Stelle, d. h. in einer bestimmten Lage der Dinge – auf einen bestimmten Widerspruch und löst ihn durch Reflexion und Negation seiner Voraussetzungen und wird dabei zugleich zum Anlaß eines neuen.

Da ist drittens der Gedanke der Totalität: die Tendenz zur Auflösung aller Antinomien. Nichts in der Welt soll mehr gegen, alles in ihr soll für ihren Täter sein; sie soll sich vorbehaltlos unter die Augen treten können – ohne das Bedürfnis weiterer Änderung[28]: das ist – wie gesagt wurde – der »Endzweck« der Geschichte.

Freilich: gerade zu diesem Gedanken gehört die trübe Erfahrung, daß dieser »Endzweck« offenbar nicht erreicht ist und daß seine Parusie unendlich sich verzögern könnte: es ist die Erfahrung des »unendlichen Progresses« bei Kant, bei Fichte, bei Schelling[29]. So könnten ebenso Hegels Versuch, diesen Endzweck gleichwohl als vorhandene Gegenwart zu begreifen, wie die Tendenz von Marx, seine Realisierung revolutionär zu erzwingen, komplementäre Ansätze sein zu Schonstellungen in dieser Unbehagenslage.

Dies sei nun wie es sei; hier interessiert zwangsläufig ein anderer Ausweg aus dieser aporetischen Situation, eben der historische Sinn, das geschichtliche Bewußtsein. Es erklärt die offenbar allzu hohen Gedanken des Idealismus zu sauren; es ersetzt – grob gesagt – den Gedanken der Vermittlung etwa durch den der Bedeutsamkeit; den Gedanken der Antinomie etwa durch den einer Pluralität von Individualitäten; den Gedanken der Totalität etwa durch den von Reichtum und bunter Fülle im Geschehen. So etabliert sich der historische Sinn durch Absage an die Geschichtsphilosophie. Der Gewinn des »geschichtlichen Bewußtseins« impliziert also Verlust der »Geschichtsphilosophie«. Die »Weltanschauungstypologie« aber – das sei hier die These – kompensiert diesen Verlust; sie wird als eine – prekäre – Ersatzbildung für Geschichtsphilosophie nötig bei jenen Positionen des geschichtlichen Bewußtseins, die diesen Verlust weder zu beheben noch zu verschmerzen vermögen.

7.

Derlei Positionen gibt es: besonders dort, wo die primär politische Geschichte durch Kulturgeschichte, durch Geistesgeschichte oder durch »verstehende« Soziologie ersetzt werden soll.

Denn die Bewegung heraus aus jener klassischen Geschichtsphilosophie ist zwar die Bewegung heraus aus einer Aporie; aber sie ist offensichtlich auch die Bewegung hinein in eine Aporie. Sie löst aus der Geschichte und ihrer Philosophie teils – etwa im Namen der »einen Philosophie« – das systematisch-Allgemeine, teils – im Namen des »geschichtlichen Bewußtseins« – das historisch-Besondere. Philosophie »subordiniert«, Historie »koordiniert«; beides darf nicht »geschichtsphilosophisch« vermengt werden: dieses Argument braucht zugunsten der »einen Philosophie« 1819 und 1844 Schopenhauer und zugunsten des »geschichtlichen Bewußtseins« 1868 Burckhardt[30]. Aber diese Herauslösung des systematisch-Allgemeinen aus der scheinbar allzu-historischen Geschichtsphilosophie und die gleichzeitige Herauslösung des historisch-Besonderen aus der scheinbar allzu-systematischen Geschichtsphilosophie: sie ist in Wahrheit durchaus nicht das gelungene Auseinanderarbeiten von systematisch-Allgemeinem einerseits und historisch-Besonderem andererseits, sondern als Absage an deren kontrollierte Einheit die Etablierung einzig ihrer unkontrollierten. Denn jedes scheinbar von seinem Gegenteil Erlöste wird faktisch zur schlimmen Präsenz dieses Gegenteils.

Erstens nämlich: wer das systematisch-Allgemeine gegenüber dem historisch-Besonderen isoliert, verliert es in Wahrheit endgültig an dieses historisch-Besondere. So sind im Bereich der Philosophiegeschichte die nur noch systematischen Philosophien zweifellos der fast einzige wirkliche Anwendungsbereich der Kategorie der Individualität: weil sie der Geschichte sich zu entziehen suchen, verlieren sie jene Allgemeinheit, die sie durch diese Operation gerade erreichen wollen. Es ist hier nicht zu diskutieren, aber aufschlußreich, daß – und dies ist in ausgezeichneter Weise bei Nicolai Hartmann zu sehen – diese nur mehr systematische Philosophie angesichts dieser Schwierigkeit ein der Weltanschauungstypologie recht ähnliches Notmittel ausgebildet hat: die Theorie der »ewigen Probleme« und die »Apriorische Diskussion möglicher Standpunkte« ihrer Lösung[31].

Zweitens nun und vor allem: wer das historisch-Besondere gegenüber dem systematisch-Allgemeinen isoliert, gibt es weithin besonders sorglos und unreflektiert endgültig in die Hand dieses Allgemeinen. Zwar: »was der Mensch sei« – meint Dilthey –, »sagt ihm nur seine Geschichte«[32]; aber diese nicht mehr geschichtsphilosophisch gedachte Geschichte sagt ihm letzten Endes, daß die »Menschennatur ... immer und überall dieselbe (ist)«[33]. Ich möchte diesen eigenartigen Tatbestand bezeichnen als den latenten Ahistorismus des historischen Sinns. Im Namen der unüberblickbar-individuellen geschichtlichen Veränderungen kommt es zur These, daß im Grunde sich nichts verändert hat und verändern kann: das grenzenlose Anderswerden beweist nur die ewige Wiederkehr des Gleichen; und dieses Gleiche tritt überdies als die »Natur« des Menschen auf: folglich in einer regressiven und unterm Schein der Harmlosigkeit potentiell destruktiven Definition. So muß es schließlich dazu kommen, daß die Philosophie – auch und gerade im Aktionsradius des historischen Sinns – sich diesem merkwürdigen Tatbestand stellt, um irgendwie mit ihm fertig zu werden. Dafür reichen der Weg ins Detail und der Weg in die Methodologie[34] – respektable Wege an sich – philosophisch nicht aus. Wo das – wie beim späten Dilthey – deutlich wird, muß schließlich das Bedürfnis entstehen, jene Potenz zu reetablieren, deren Zerfall diese Lage erzeugt hat: es kommt zum Versuch, die Geschichtsphilosophie zu wiederholen; freilich: die Geschichtsphilosophie nun unter den Bedingungen ihrer Unmöglichkeit und in der Form ihrer Preisgabe. Dieser Versuch ist die Weltanschauungstypologie. Sie ist – wie mir scheint – eine Kompromißbildung zwischen Preisgabe und Bewahrung der Geschichtsphilosophie, und in diesem Sinn ist sie die resignierte Form der Geschichtsphilosophie.

8.

Diese – in bezug auf die Geschichtsphilosophie – zwiespältige Stellung der Weltanschauungstypologie zeigt sich unter anderem an folgenden zwei Phänomenen.

Erstens gehört zur Weltanschauungstypologie durchweg Ambivalenz des ausdrücklichen Geschichtsphilosophieverhältnisses: Beleg ist ihre fast ausnahmslose Zwiespältigkeit im Hegelverhältnis. Aus der Vielzahl möglicher Zeugnisse hier nur zwei. Da ist erstens Dilthey selber: er bemerkt an Hegel – wie er sagt – »divinatorischen Blick« und »Grenze« zugleich; der entschiedene Kritiker des Hegelschen Fortschrittsgedankens schreibt zugleich die »Jugendgeschichte Hegels«[35] und eröffnet damit die neuere Hegelforschung: und zwar nun wiederum in jener charakteristisch-zwiespältigen Form, die den Lebenshegel gegen den Systemhegel auszuspielen sucht. Da ist zweitens die Weberschule und als ihr Gewährsmann Jaspers: seine »Psychologie der Weltanschauungen« ist nach dem Vorbild der »Phänomenologie des Geistes« gebaut und im Blick auf diese voll »Bewunderung« und dennoch »unbefriedigt«: »Wir werden« – schreibt Jaspers – »die Hegelschen Gesichtspunkte ... dankbar benutzen, aber sie ... ihrer philosophischen Gestalt berauben«[36]: zur Weltanschauungstypologie gehört durchweg Ambivalenz des Hegel-, d. h. des ausdrücklichen Geschichtsphilosophie-Verhältnisses.

Zweitens gehört bereits zum Ambivalentwerden des Selbstverhältnisses der Geschichtsphilosophie die Neigung zur Typologie: schon innerhalb der klassischen Geschichtsphilosophie kommt es zu typologie-ähnlichen Ansätzen dort, wo ihr Selbstverhältnis unsicher wird: in Augenblicken ihrer Krise. Die eingangs zitierte Fichte-These von 1797[37] steht ja am

Beginn der Unzufriedenheit der »Wissenschaftslehre« mit ihrem frühen Ansatz: am Beginn ihrer Verwandlung zu ihrer theologischen Spätgestalt. Und Schelling schreibt die Philosophischen Briefe über Dogmatismus und Kritizismus – mit ihren ebenfalls eingangs zitierten typologienahen Thesen – 1795: also unmittelbar vor der ersten Proklamation einer Philosophie der Mythologie und jedenfalls direkt vor seiner Wende zur Naturphilosophie[38]. Im selben Jahr 1795 berichtet Schiller in seiner – von Gegenwartstypologien bei Ahnensuchen weithin geschätzten – Abhandlung »Über naive und sentimentalische Dichtung« von jenem »sehr merkwürdigen psychologischen Antagonism unter den Menschen«, der »ohne Zweifel so alt als der Anfang der Kultur (ist) und ... vor dem Ende derselben schwerlich beigelegt werden (dürfte)«: dem des »Idealisten« und des »Realisten«; und auch Schiller entwickelt diese typologische These gerade da, wo er es weitgehend aufgibt, nach der Bedeutung der Kunst für die Geschichte des Vernunftstaats, und wo er resigniert dazu übergeht, nach ihrer Bedeutung statt dessen für die Bewahrung der Natur zu fragen[39]. Typologieartiges – also gewiß noch keine ausgebildeten Weltanschauungstypologien, ebenso gewiß aber Ansätze dazu – gibt es bereits innerhalb der klassischen Geschichtsphilosophie, und zwar im Zusammenhang ihrer Krisen und vor ihren entscheidenden Wenden; das gestörte Selbstverhältnis zwingt bereits diese Geschichtsphilosophie zu einer Gestalt, in der sie ihr Scheitern glaubt überleben zu können: der Tendenz nach zur Weltanschauungstypologie.

9.

Diese Ambivalenzphänomene sind – scheint mir – symptomatisch für den insgesamt zwiespältigen Bau der Weltanschauungstypologie: ihre charakteristischen Thesen lassen sich weitgehend als Legierung der Tendenzen »Bewahrung« und »Preisgabe« der Geschichtsphilosophie interpretieren. Das soll hier abschließend im Blick auf die früher genannten drei Grundgedanken der Geschichtsphilosophie angedeutet werden. Da ist

erstens der Gedanke der »Vermittlung«: jetzt wird er zu dem des »Typs«. Der Typusbegriff aber trägt Züge des Vermittlungsbegriffs: wenn anders dieser wirklich »Mittel« meint. Fließende Grenze der Zugehörigkeit und ungleichmäßige Ausgeprägtheit – beides charakteristisch für den Typus[40] –: das ist eben ein Charakter von Mitteln. Auch z. B. mit Nichthämmern läßt sich hämmern (fließende Grenze der Zugehörigkeit) und nicht mit allen Hämmern gleich gut (ungleichmäßige Ausgeprägtheit). Der Typus gehört zum Genre der Mittel, der Vermittlungen. Nur: er ist jene Vermittlung, zu der sich kein Prozeß mehr nennen läßt, in den sie gehört, und kein Ziel mehr, an dem sie arbeiten könnte. Entsprechend ist dann ja auch die Weltanschauung – als sozusagen zweckfreie Ideologie – ein latent zweckbezogen gedachtes Bewußtsein, aber eben ohne Zweck: und darum in besonderer Weise anfällig für die Suche nach einem Zweck um jeden Preis; sie ist demnach – notabene – etwas, was zu haben man tunlichst vermeiden sollte. Fazit also und These: Weltanschauungstypen sind Vermittlungen im Wartestand oder Ruhestand. Da ist

zweitens der Gedanke der bestimmten Antinomie; er wird typologisch festgehalten: einerseits gegenüber der unbestimmten Gleichförmigkeit ewiger Lebensrätsel und andererseits gegenüber dem irrationalen Gewühl von Andersartigkeitsbeziehungen zwischen einer Unendlichkeit von Individualitäten. Die Weltanschauungstypologie faßt sogar bestimmte Widersprüche der eigenen Zeit. Aber sie entzieht sich jeglicher Verpflichtung zur Auflösung dieser Widersprüche. Denn sie erklärt die Antinomien zu »ewigen«. Die gegenwärtigen Kontrahenten werden stricte dictu zu ihren Vätern versammelt: sie geraten in gute Gesellschaft und gerade dadurch heraus aus der gegenwärtigen Auseinandersetzung. Fazit also und These: Weltanschauungstypologien sind emeritierte Antinomien. Da ist drittens der Gedanke der Totalität: aber vollständige Auflösung der Antinomien kann jetzt nicht mehr gemeint sein. Den ewigen Frieden und den in der Philosophie gibt es hier – Kant zum Trotz – nicht auf dem Friedhof und nicht mehr durch Völkerbund, sondern einzig im »Traum« des Philosophen[41] und durch Koexistenz im Zettelkasten. Das Bedürfnis nach Auflösung von Antinomien wird also nur noch als Anreiz zu Einteilungen festgehalten. Diese Einteilungen aber – und hier behauptet sich in entstellter Form der Gedanke der Totalität – sollen vollständig sein. So ist zwar Glück nicht mehr vorgesehen, jedoch totaler Überblick. Der Geist ist nicht mehr bei sich, wohl aber aufgeräumt. Und die Philosophie weiß sich fortan in einer Welt, die zwar nicht in Ordnung, aber ersatzweise jedenfalls ordentlich ist.

Zur Geschichte des philosophischen Begriffs »Anthropologie« seit dem Ende des achtzehnten Jahrhunderts

1.

»Anthropologie« scheint ein Disziplinentitel zu sein: der für einige empirische Disziplinen – für bestimmte Abteilungen von Biologie, Medizin, Ethnologie[1] – und der für jene philosophische Disziplin, die sich mit der Frage nach dem Wesen des Menschen befaßt.

Indes: ohne jeden Zweifel verhält es sich damit heute – in gewichtigen Tendenzen der Gegenwartsphilosophie – anders. Scheler schreibt bereits 1928: »Ich darf mit einiger Befriedigung feststellen, daß die Probleme einer philosophischen Anthropologie heute geradezu in den Mittelpunkt aller philosophischen Problematik getreten sind«[2]. Und Heidegger bestätigt das ein Jahr später: »Anthropologie« – sagt er – »ist heute ... längst nicht mehr nur der Titel für eine Disziplin«[3]. Das galt also bereits am Ende der zwanziger Jahre. Es gilt heute verstärkt. »Anthropologie« ist innerhalb der Gegenwartsphilosophie zunehmend nicht nur die Bezeichnung für ein Ressort, sondern eine emphatische philosophische Losung: »Anthropologie« bezeichnet das fällige philosophische Zentralthema, wird zum Synonym für echte Philosophie überhaupt[4]. Dieser Aufwertung des Titels entspricht seine heutige Verbreitung. Es gibt heute als philosophische Grundlagentheorien – um hier nur einige repräsentative Prägungen zu zitieren – »medizinische Anthropologie«, »pädagogische Anthropologie«, »religiöse« bzw. »theologische« und speziell »christliche Anthropologie«; es gibt »Kulturanthropologie«, »Geschichts- und Sozialanthropologie«; es gibt »geisteswissenschaftliche«, »psychologische«, »politische«, »phänomenologische«, »dialektische«, »basale«, »zusammenfassende« oder »synthetische Anthropologie« usf.[5]. Jegliches Wirklichkeitsgebiet, Verfahren, Phänomen, scheint es, das auf sich hält, muß sich heute durch den Besitz »anthropologischer Grundlagen« und deren Offenlegung ausweisen können. So spricht Arnold Gehlen mit Recht von »einer gewissen Kursgängigkeit des Wortes« Anthropologie: »Hinter der heute recht allgemeinen Verwendung« – sagt er – »und Ausbreitung des Wortes steht ... eine wichtige Zeittendenz, zu der wir uns zurückfragen müssen«[6].

In der Tat: die Frage nach dieser Konjunktur des Titels »Anthropologie« und die Frage nach jener Tendenz, für die er zur Losung wird, ist philosophisch fällig. Daß »Anthropologie für einen beträchtlichen Umfang des Gegenwartsdenkens kein bloßer Disziplinentitel ist, sondern zum Titel für die amtierende Grundphilosophie wird: was bedeutet das? Wie kommt es zu dieser Konjunktur der philosophischen Anthropologie und ihres Namens? Welches sind ihre Nötigkeitsbedingungen, welches ihre Motive?

2.

Die folgende Überlegung will diese Frage begriffsgeschichtlich diskutieren. Sie orientiert sich also am Wort »Anthropologie«. So kommt es ihr von vornherein präzis nur auf jene zentral am Menschen interessierten Philosophien an, die sich – im Titel oder Text ihrer Werke – wirklich »Anthropologien« nennen, und sie läßt jene beiseite, die das nicht tun. Damit tritt sie bewußt in Gegensatz zu den weithin maßgeblichen Gewohnheiten des geschichtlichen Selbstverständnisses heutiger Anthropologie, die – so bei Groethuysen, Scheler, Brüning, Landmann[7] und in den meisten Lexikonartikeln[8] und vielleicht einzig in Sombarts kleiner Studie[9] nicht – prinzipiell alle menschenbezüglichen Aussagen mindestens der Philosophiegeschichte in ihrer Gesamtheit und seit ihren Anfängen als Beiträge zur Anthropologie versteht[10] und sich dadurch das Bewußtsein nobelster Herkunft zu verschaffen vermag. Dementgegen will die folgende Überlegung die philosophische Anthropologie an gerade das erinnern, was sie derart über ihrem gegenwärtigen Aufstieg zu vergessen pflegt: an ihre Zugehörigkeit wesentlich zur Tradition jener philosophischen Theorien des Menschen, die sich selber »Anthropologien« genannt haben. Denn auch und gerade die gegenwärtig zur Grundphilosophie gewordene Anthropologie bleibt bestimmt durch die Motive jener Tradition der philosophischen Menschenkunde, die sich selber »Anthropologie« ›genannt‹ hat.

3.

Allein diese Tradition soll gemeint sein, wenn fortan hier von Tradition und Geschichte der Anthropologie gesprochen wird. Von ihr aber gilt nun – und das ist näherhin die These, die im folgenden in bescheidenem Umfang belegt werden soll – mindestens zweierlei:

1. Diese Tradition und Geschichte der philosophischen Anthropologie ist weder eine ›ewigmenschliche‹ noch eine ›ewigphilosophische‹, sondern eine ganz und gar nur ›neuzeitliche‹ Angelegenheit. Schon das Wort »anthropologia« gibt es ja offenbar überhaupt erst seit dem 16. Jahrhundert[11]. Und die philosophische Theorie, die dieses Wort als Losung braucht – sie etabliert sich allererst durch eine allein neuzeitlich mögliche Doppelabkehr: durch die Abkehr der Philosophie einerseits von der ›traditionellen Schulmetaphysik‹, andererseits von der ›mathematischen Naturwissenschaft‹. Diese Doppelabkehr[12] ist faktisch eine Wende zur Lebenswelt[13] und als diese eine erste Bedingung der Nötigkeit und des Wichtigwerdens der philosophischen Anthropologie.

2. Diese Tradition und Geschichte der philosophischen Anthropologie umfaßt darüber hinaus keineswegs alle Philosophien, für die der Mensch und seine Lebenswelt das zen-

trale Thema ist, sondern unter diesen allein jene, die keine Geschichtsphilosophien und ebendarum Philosophien der »Natur« des Menschen sind. Diese Wende zur Natur durch Abkehr von der Geschichtsphilosophie ist eine zweite Bedingung der Nötigkeit und des Wichtigwerdens der philosophischen Anthropologie.

Diese zwei Aussagen enthalten die These, die hier vertreten werden soll: »Anthropologie« ist und nennt sich nicht jede, sondern allein diejenige philosophische Theorie des Menschen, die durch ›Wende zur Lebenswelt‹ möglich und durch ›Wende zur Natur‹ fundamental wird[14].

Diese These wird hier belegt nur in dem Maße, wie dies möglich ist durch eine stichprobenhafte Analyse einzig der philosophischen Anthropologiegeschichte seit dem Ende des 18. Jahrhunderts. Die Analyse beginnt hier also nicht bei den Anfängen dieser Geschichte: sie beginnt nicht bei Magnus Hundts »Anthropologium de hominis dignitate, natura et proprietatibus« von 1501[15] und auch nicht bei Otto Casmanns »Psychologia anthropologica sive animae humanae doctrina« von 1594 und 1596[16]; sie beginnt also nicht dort, wo der Titel »anthropologia« aufkommt zur Bezeichnung der »psychologia« des Menschen im Unterschied zu der des nichtmenschlich Lebendigen[17]; sie versucht darum auch nicht wie Dilthey, »die Funktion der Anthropologie in der Kultur des 16. und 17. Jahrhunderts« zu bestimmen[18], und auch das 18. Jahrhundert läßt sie weitgehend außer Betracht[19]. Das ist nur einerseits technische Beschränkung. Andererseits hat es einen gewissen Sinn, mit der Analyse gerade dort anzufangen, wo es innerhalb der Philosophiegeschichte zuerst zu einer in ihrem Ausmaß mit jener der Gegenwart vergleichbaren Konjunktur der Anthropologie und ihres Namens gekommen ist: in der ersten Hälfte nämlich des 19. Jahrhunderts; vorbereitet aber wurde diese erste Blüte der philosophischen Anthropologie durch eine Anthropologie des ausgehenden 18. Jahrhunderts: durch die Anthropologie Kants.

4.

Kants »Anthropologie in pragmatischer Hinsicht« ist das klassische Zeugnis für die zentrale Bedeutung der Wende zur Lebenswelt für die Genese der philosophischen Anthropologie. Sie erscheint 1798 als Veröffentlichung einer Vorlesung[20]. Diese Vorlesung hat Kant seit dem Wintersemester 1772/73 gehalten[21] – mit der erklärten Absicht, die »Anthropologie ... ietzt zu einer ordentlichen academischen disciplin zu machen«: das schreibt er 1773 an Marcus Herz[22]. Just in diesem Brief aber, in dem Kant zuerst von seiner Anthropologie berichtet, fällt auch der Ausdruck »Critik der reinen Vernunft«[23] – zum zweiten Male bei Kant überhaupt. Erstmals hat Kant ihn 1772 gebraucht[24] – im Jahr des Beginns der Anthropologievorlesung. Diese Gleichzeitigkeit demonstriert: das Auftreten der Anthropologie bei Kant ist gebunden an jenen fortgeschrittenen Stand der Thesen des späteren kritischen Hauptwerks, auf dem bereits die Formulierung seines Titels sich einstellt. Tatsächlich sind ja gerade diese frühen siebziger Jahre jener Zeitraum, in dem zuerst Kant die Metaphysikkritik seiner Schriften von 1763[25] mit der Naturwissenschaftskritik seiner Dissertation von 1770[26] verbindet und damit erstmals den kompletten Standpunkt der Vernunftkritik einnimmt. Kants Wende zur Anthropologie hängt also zusammen mit dieser Ausbildung der vernunftkritischen Einsicht, daß die traditionelle Schulmetaphysik nur mit »Gedankendingen«, die mathematische Naturwissenschaft nur mit »Erscheinungen« sich befaßt[27]. Indes: die menschliche Lebenswelt, die nicht auf die wirklichkeitslose Totalität der »Verstandeswelt«[28] und nicht auf die totalitätslose Wirklichkeit der »Sinnenwelt«[29] sich reduzieren läßt: auch sie – also jene Welt, die (wie Kant in seiner Anthropologievorlesung sagt) »auf die Schule folgen muß«, zu der unter anderm »die sogenannte große Welt« gehört und die man »hat« und »kennt«, indem man »mitspielt« und dabei »weltklug« sich verhalten muß »und hiezu die Kenntnis des Menschen braucht«[30] – auch und gerade diese Lebenswelt verlangt nach philosophischer Theorie: ebendeswegen wird gerade in jenem Augenblick, in dem durch beginnende Vernunftkritik klar wird, daß traditionelle Schulmetaphysik und mathematische Naturwissenschaft diese Theorie dieser Lebenswelt nicht zu leisten vermögen, als deren neues philosophisches Organ die »Anthropologie« nötig. Darum auch definiert Kant die philosophische Anthropologie zentral als »Weltkenntnis«[31], zu der man nicht durchs metaphysisch reine Denken und nicht durchs naturwissenschaftlich exakte Experiment kommt, sondern allein durch – wie Kant sagt – »gewöhnliche Erfahrung«[32] und Auswertung gewisser »Quellen« und »Hilfsmittel der Anthropologie«: er nennt »Umgang mit ... Stadt- oder Landesgenossen«, »das Reisen«, »das Lesen der Reisebeschreibungen« und schließlich »Weltgeschichte, Biographien, ja Schauspiele und Romane«[33]. Das schreibt wohlgemerkt Kant: man denkt dabei an Dilthey und daran, daß so offenbar der philosophische Anthropologe etwas auch von jenem ἀνθρωπολόγος haben muß, den Aristoteles in der Nikomachischen Ethik[34] nur negativ verstand. Ross[35] übersetzt dort »gossip«, Klatschbase. In dieser Aufgeschlossenheit für das Neue und den Reichtum der Empirie und für die Mitmenschen gründet nicht nur die Nähe zur Moralistik[36] und Ästhetik[37], der Protest gegen die »Schule« und der Wille zum »Populären« der Anthropologien vor allem der Kantzeit und Romantik[38], sondern auch die attraktive Konkretheit selbst noch der apriorifreudigsten späteren Anthropologie[39]. All dieses und anderes mehr: es dokumentiert den Tatbestand, um den es hier zunächst geht: die philosophische Anthropologie etabliert sich – exemplarisch bei Kant – im Zuge einer ›Wende zur Lebenswelt‹; sie ist eine ›Lebensweltphilosophie‹.

5.

Sie ist aber nicht die einzige. Die andere große ›Lebensweltphilosophie‹ der modernen Welt ist die »Geschichtsphilosophie«: die Philosophie der »Bestimmung des Menschen«[40] durch Theorie der Freiheit als seines »Endzwecks« und durch Theorie der geschichtlichen Lebenswelt als der fortschreitenden »Vermittlung« dieses Endzwecks[41]. Die ›Wende zur Lebenswelt‹ definiert also die philosophische Anthropologie nur unspezifisch. Darum kommt diese Anthropologie zu spezifischer und fundamentaler Geltung allererst dort, wo sie unter den Lebensweltphilosophien die Rolle der ›großen Alternative zur Geschichtsphilosophie‹ übernimmt; und sie bleibt peripher, wo sie das nicht tut. Darum blieb bei Kant – der berühmten These seiner Logikvorlesung[42] zum Trotz – die Anthropologie nur ein Parergon: Kants Grundinteresse galt nach seiner kritischen Wende zur Lebenswelt alsbald so sehr der Geschichtsphilosophie – ihrer vorsichtig-abstrakten Gestalt, der Ethik[43], aber auch ihrer wagemutig-konkreten, der Philosophie einer »allgemeinen Geschichte in weltbürgerlicher Absicht«[44] –, daß er auch die Anthropologie nicht als »physiologische«, als Antwort auf die Frage, »was die Natur aus dem Menschen macht«[45], sondern einzig als »pragmatische«, als Antwort auf die im Grunde geschichtsphilosophische Frage »was er als freihandelndes Wesen aus sich selber macht oder machen kann und soll«[46], zuließ: als eine bloß zweite und bei allerlei Irritierung durch geographisch-physiologisch-psychologisch-ästhetische Interessen minder fähige Besetzung des »Fachs« Geschichtsphilosophie[47].

Dieser subalternen Stellung entgeht also die Anthropologie genau erst dort, wo die Geschichtsphilosophie problematisch wird und zu schwach, die Anthropologie in ihrem Interessenfeld festzuhalten. Dazu kommt es repräsentativ in der Philosophie des deutschen Idealismus kurz vor der Jahrhundertwende dort, wo der »unendliche Progress« der Geschichte als unendliches Ausbleiben ihres Zieles bedrückend wird[48]. Diese

Krise der Geschichtsphilosophie etabliert zunächst die romantische Naturphilosophie[49]: die Geschichte scheint ihr derart aussichtslos, daß einzig noch die radikale Nichtgeschichte als Täter der Menschlichkeit zu gelten vermag – die Natur[50]. Im Zeichen der Lebenswelt ist das nicht mehr die metaphysische natura = essentia und nicht die mathematisch-naturwissenschaftliche Experimentalnatur, sondern die Natur als Lebendigkeit[51]. Diese Natur interessiert jetzt als Retterin der menschlichen Dinge: zur entscheidenden Frage wird, »was die Natur aus dem Menschen macht«. Weil die Geschichtsphilosophie resigniert, wird in der Romantik die Anthropologie fundamental, indem sie zu dieser Frage sich bekennt – also indem sie emphatisch das wird, was sie bei Kant nicht sein sollte: physiologische Anthropologie[52]. Dabei meint dann physiologische Anthropologie eben nicht – wie das die Gegenwartsanthropologie zum Zwecke der Verleugnung dieses Ahnen gerne glaubt – ›bloß naturwissenschaftliche‹ und darum ›philosophisch unerhebliche‹ Anthropologie, sondern eine Gestalt der Naturphilosophie: die Naturphilosophie des Menschen. Das bezeugt etwa Steffens 1822 in seiner »Anthropologie«: »diejenige Ansicht« – schreibt er – »welche ... den Menschen mit dem All der Natur verschmelzt«[53] und »jenes Gefühl, welches uns in die Fülle der Natur versenkt ... ist das Fundament der Anthropologie«[54] – gerade so wie das der Naturphilosophie. Darum konnte Heinroth – gleichfalls 1822 in seinem »Lehrbuch der Anthropologie« – sagen, daß »unstreitig ... Schelling« (also der Primas der Naturphilosophie) »die Bahn zu einer Vollendung der Anthropologie gebrochen« habe[55]. Die Anthropologie wird also romantisch fundamental durch philosophische ›Wende zur Natur‹: als jene radikale Form der Naturphilosophie, die nicht ›neben‹ der Philosophie des Menschen, sondern ›als‹ Philosophie des Menschen agiert[56]. Gerade diese »naturphilosophische«, d. h. zur Geschichtsphilosophie ›alternative‹ Definition macht die Anthropologie in der Romantik – lange vor Feuerbach – zur Fundamentalphilosophie: »Die Naturlehre wie die Philosophie« – sagt Heinroth – »hat ihre Wurzeln wie ihren Gipfel in der Anthropologie«[57]. Dieser zentralen Stellung entspricht alsbald ihre Verbreitung: die erste Hälfte des 19. Jahrhunderts wird zu einer »Zeit, wo die Anthropologie ein Lieblingsgegenstand der Forscher« geworden ist[58]. Es erscheinen zuständige Zeitschriften – etwa die von Nasse[59] – und eine Unzahl einschlägiger Bücher. Nur einige Verfassernamen können hier genannt werden: Metzger, Pölitz, Abicht, Wenzel, Görres, Funk, Liebsch, Fries, Troxler, Geitner, Suabedissen, Neumann, Schulze, Hillebrand, Maine de Biran, Berger, Siegwart, Choulant, Heusinger, Bonstetten, Weber, Rittel, Leupoldt, Burdach, Michelet, I. H. Fichte, Lotze: das und viele andere sind Verfasser philosophisch erheblicher Anthropologien im Zeitraum von 1798 bis 1856[60]; hinzu kommen jene, die – wie z. B. Carus – über Anthropologie gelesen haben[61]. Darunter sind auffällig viele Ärzte: »Aus den Händen der Anatomen und Ärzte muß diese Lehre hervorkommen«, schreibt 1810 Franz von Paula Gruithuisen in seiner »Anthropologie ... für angehende Philosophen und Ärzte«[62]: wo die Natur zur entscheidenden Wirklichkeit avanciert, müssen gerade jene Leute auch philosophisch gehört werden, die dem Menschen in besonderer Weise helfen, mit seiner Natürlichkeit zurechtzukommen; so werden die Ärzte zuständig für die Naturphilosophie des Menschen[63]; und gerade die Ärzte-Anthropologie der Romantik gehört darum zu den philosophisch gewichtigen Ahnen der Gegenwartsanthropologie[64] – sie nimmt sogar deren Thesen vorweg: »Der Mensch ... Nach seinen physischen Kräften ... entdeckt man an ihm bald ... Mängel, vermöge welcher er mit den Thieren keinen Vergleich aushält ... Aber vermöge seines Geistes« – der »ein absolut von der Natur verschiedenes Wesen« ist und »nie erscheint«[65] – »ist er über die Natur erhaben«: das etwa ist kein Scheler-Zitat, sondern eine Formulierung des Bonner Medizinprofessors Joseph Ennemoser aus seinen »Anthropologischen Ansichten« von 1828[66].

Ennemoser ist mit seiner Geist-Sonderstellungs-These freilich schon unterwegs zu jener Spätposition der romantisch-naturphilosophischen Anthropologie, die sich – wie der Spätidealismus ja insgesamt – um Theologie kümmert, dabei überzeugt ist, daß der philosophische Ansatz das Theologische außer sich hat, und die Anthropologie gerade darum schätzt und vertritt, weil sie jene Philosophie ist, die das weiß[67]. Daraus folgen dann zwei Möglichkeiten: die Anthropologie wird entweder – wie schon bei Heinroth – zur ›Vorbereitung‹[68] oder – so bei Feuerbach – zur ›Negation‹ dieser ›ganz anderen‹ Theologie[69]. Wie nahe aber beide Ansätze einander im Grunde sind, zeigt unter anderm die große Wertschätzung Feuerbachs innerhalb des existenziellen Flügels protestantischer Theologie seit Kierkegaard[70]. Denn Feuerbach tut in der Tat zum Angriff auf die Theologie kaum anderes als das, was die anderen Anthropologen zu ihrer Verteidigung tun: er macht »den Menschen mit Einschluß der Natur, als der Basis des Menschen, zum ... universalen ... Gegenstand der Philosophie – die Anthropologie also, mit Einschluß der Physiologie, zur Universalwissenschaft«[71]. Mit diesem Ansatz – wie auch rein zeitlich[72] – steht Feuerbach durchaus in der Tradition der romantisch-naturphilosophischen Anthropologien. Seine einzigartige Wichtigkeit liegt – neben seiner Bedeutung für Marx und Buber[73] – vor allem darin, daß er diese anthropologische Tradition ausdrücklich gegen Hegel verteidigt hat.

6.

Hegel nämlich hat sie angegriffen, indem er die Anthropologie zwang, in den Zusammenhang der Geschichtsphilosophie wieder einzutreten. In seiner »Encyclopädie« beginnt die Philosophie des »subjektiven Geistes« mit der These: »der subjektive Geist« ist »a) der Unmittelbare, der Naturgeist, – der Gegenstand der gewöhnlich so genannten Anthropologie«[74]; und der Abschnitt über diesen »Naturgeist« trägt in den Encyclopädiefassungen von 1827 und 1830 – wohl mit demonstrativem Bezug auf die zeitgenössische Anthropologiekonjunktur – auch ausdrücklich den Titel »Anthropologie«[75]. Darin vollzieht Hegel – wie er das oft tut – in der Form der Aneignung eine Kritik; und diese Kritik gehört zu Hegels Auseinandersetzungen mit der Romantik: deren Anthropologie, zeigt er, ist als Theorie einzig des »Naturgeists« – also des Geistes in seiner bloßen »Naturbestimmtheit«[76] und »Unmittelbarkeit« – eine Philosophie nur des »An-sich«, d.h. der δύναμις des Menschen, die für die Probleme seiner geschichtlichen Verwirklichung nicht ausreicht[77]. Wo also – wie bei Hegel und seinen Schülern: etwa bei Michelet[79] – die Geschichtsphilosophie sich als Theorie der menschlichen ›Wirklichkeit‹ behauptet, kann sich die Anthropologie nur noch als Theorie der menschlichen ›Möglichkeit‹ halten: Hegels Versuch, die Anthropologie an die Geschichtsphilosophie anzupassen, impliziert die Degradierung der Anthropologie. Das alternative Verhältnis von Geschichtsphilosophie und Anthropologie beweist so seine Macht selbst noch dort, wo beide gerade miteinander zusammengebracht und versöhnt werden sollen[78].

Das zeigt ebenso der umgekehrte Versuch, die Geschichtsphilosophie der Anthropologie anzupassen: er impliziert die Destruktion der Geschichtsphilosophie. So bei Dilthey. »Was der Mensch sei, sagt ihm nur« jene »Geschichte«[80], die der Geschichtsphilosophie sich entzieht: sie aber sagt ihm, daß »die Natur des Menschen ... immer dieselbe« ist[81]. Die Möglichkeit dieser Aussage lebt von der Absage an die Geschichtsphilosophie[82]. Erst wo dieser »Kentaur« vertrieben ist, wird im Namen des Immer-anderen der Geschichte der Blick frei für den »duldenden, strebenden und handelnden Menschen, wie er ist und immer war und sein wird«: das schrieb Burckhardt[83]; ganz das Nämliche sagt Dilthey: »Wie die menschliche Natur immer dieselbe ist, so sind auch die Grundzüge der Lebenserfahrung allen gemeinsam«[84]. Es ist dies das denkwürdige Phänomen, daß gerade die Geschäftsträger des

»historischen Bewußtseins« die immergleiche Menschennatur proklamieren mit immergleichen »Lebensrätseln«[85] und immergleichen »Typen« der Antwort auf sie[86]. Nur weil auch Dilthey das tut – also nicht, weil er zur Geschichte, sondern weil er durch Absage an die Geschichtsphilosophie im Namen der »Individualität« zur »allgemeinen Menschennatur«[87] sich wendet, die er als »Leben« deutet und notfalls sogar durch Anfrage bei der Biologie zu diskutieren bereit ist[88] – nur deswegen ist seine Philosophie »Anthropologie« und kann sich so nennen[89]: auch und gerade bei Dilthey etabliert sich die philosophische Anthropologie durch Abkehr von der Geschichtsphilosophie und ›Wende zur Natur‹. Dabei geraten Natur und Geschichte des Menschen unter die entgegengesetzten Bestimmungen des Bleibenden und Wechselnden. Und weil die Wahrheit über den Menschen seine immergleiche Natur ist, kann das geschichtlich Wechselnde des Geistes dann nur mehr jenseits der Wahrheitsfrage als Ausdruck von Lebensgefühl, d. h. als »Weltanschauung« bestimmt werden[90]. Der Titel »Anthropologie« deckt fortan auch diese Preisgabe der Wahrheitsfrage. Folgerichtig kann »Anthropologie« allenthalben auch die Bedeutung ›Explikation der jeweiligen Weltanschauung‹ bekommen[91], und sie hat diese Bedeutung in der engeren und weiteren Diltheyschule – z. B. wenn Rothacker eine »Kulturanthropologie« als Theorie der »Kulturstile« sucht oder wenn Wach den »Typen religiöser Anthropologie« nachgeht[92] – und hat sie so – besonders dort, wo »Menschenbilder« expliziert oder proklamiert werden – auch und gerade in der Gegenwartsphilosophie.

7.

Diese Gegenwartsphilosophie arbeitet weithin am Lebensweltproblem: sie will weder nur erkenntnistheoretisches Instrument der mathematischen Naturwissenschaft, noch nur Gestalt der traditionellen Schulmetaphysik sein. Aber gerade weil diese zweifache Weigerung sich erneut als ›Wende zur Lebenswelt‹ realisiert, erneuert sie auch die Konkurrenz der Lebensweltphilosophien – die von Geschichtsphilosophie und Anthropologie – und repetiert die skizzierte Alternative: Wende zur Geschichtsphilosophie ist nur als Abkehr von der Anthropologie, Wende zur Anthropologie ist nur als Abkehr von der Geschichtsphilosophie möglich.

Darum ist die Gegenwartsphilosophie, wo sie im Namen der Lebenswelt zur Geschichtsphilosophie sich wendet, Anthropologiekritik. Zeugen sind Existenzphilosophie und Marxismus[93]. Sie sind Geschichtsphilosophien zentral des Menschen[94]. Gleichwohl formuliert Heidegger bereits 1929 im Kantbuch eine scharfe »Kritik der Idee der philosophischen Anthropologie«[95]: als »Anthropologie« – schreibt er später – »geht die Philosophie ... zugrunde«[96]. Und Lukács betont schon 1923 »die große Gefahr eines jeden ... anthropologischen Standpunktes«[97]: die »Verwandlung« – sagt er – »der Philosophie in eine ›Anthropologie‹ hat den Menschen zu fixer Gegenständlichkeit erstarren lassen und damit die Dialektik und die Geschichte beiseitegeschoben«[98]. So nimmt die gegenwärtige Geschichtsphilosophie die Tradition geschichtsphilosophischer Anthropologiekritik – die von Kants Platner- und Herderkritik über Hegels Frieskritik und Marx' Feuerbachkritik läuft[99] – auf und setzt sie fort: zur geschichtsphilosophischen Theorie der Bestimmung des Menschen gehört auch heute die Absage an die Anthropologie.

Darum kommt es gegenwärtig zur Anthropologie exemplarisch durch Absage an diese Absage, d. h. durch Abkehr von der Geschichtsphilosophie: »Anthropologie« wird die Losung der Sezessionen. Eine Sezession vom Marxismus ausdrücklich im Namen der Anthropologie gibt es repräsentativ in Frankreich: Kojève, Merleau-Ponty und der Sartre mindestens der »Critique de la raison dialectique« wollen jeweils dem »Marxismus eine breitere anthropologische Basis geben, die ihn niveaumäßig über den ›dialektischen Materialismus‹ hinaushebt«[100]. Eine Sezession von der Existenzphilosophie ausdrücklich im Namen der »Anthropologie« gibt es repräsentativ im Heideggerumkreis: bei Löwith, Bollnow, Staiger, Binswanger, Kunz und anderen[101]. Löwith – der ja bereits 1928 seine Habilitationsschrift im Blick auf Feuerbach als Beitrag zur »philosophischen Anthropologie« verstand[102] – formuliert ab 1939 die für sie alle entscheidende Frage so: »Bestimmt sich das Sein und der ›Sinn‹ der Geschichte überhaupt aus ihr selbst, und wenn nicht, woraus dann?«[103] und er antwortet: aus der »Natur« und fragt fortan »nach der Natur des Menschen in der natürlichen Welt«[104]. Diese ›Wende zur Natur‹ aber ist – wie vordem für die anthropologische Tradition – auch für die Gegenwartsanthropologie allgemein charakteristisch[105]; was sich an den Philosophien des Ausbruchs aus der Geschichtsphilosophie zeigt, definiert die heutige Wende zur Anthropologie insgesamt: die Geschichte scheint erneut derart aussichtslos, daß einzig noch die radikale Nichtgeschichte, die Natur, als solider oder wenigstens praktikabler Bezugspunkt übrig bleibt; so ist die gegenwärtige Konjunktur der philosophischen Anthropologie und ihres Namens vor allem der Ausdruck für eine Krise des Vertrauens in die Geschichte und ihre Philosophie[106]. Hier[107] nur ein Hinweis auf drei bestätigende Phänomene. – Symptomatisch für die philosophische Gegenwartsanthropologie ist

1. ihre Einhelligkeit in der Anerkenntnis von Schelers Schrift über »Die Stellung des Menschen im Kosmos«[108] als der eigentlichen Initialschrift der Gegenwartsanthropologie. Das ist aufschlußreich; denn Schelers Werk ist eben keineswegs die einzige große Philosophie des Menschen der zwanziger Jahre, sondern unter ihnen nur gerade die, die den Menschen nicht »geschichtlich« versteht, sondern betont von seiner Stellung in der Natur her[109]: erst auf der Grundlage einer allgemeinen Theorie der natürlichen Lebendigkeit[110] stellt ja Scheler die Frage nach dem Menschen als die nach Differenz und Bezug des »Geistes« zum natürlichen »Leben«[111]. Das Exemplarischwerden gerade dieses Ansatzes – »ohne Philosophie der Natur keine Philosophie des Menschen«: so formuliert

1928 Plessner sein Programm[112] – dokumentiert die Prävalenz des Bezugspunkts Natur auch für die Gegenwartsanthropologie. Damit hängt dann z. B. zusammen, daß in ihr gerade die Biologen philosophisch Sitz und Stimme erhalten: Uexküll, Bolk, Lorenz, Portmann[113]; und daß in ihr auch und vor allem – wie einst in der romantischen Anthropologie – just die Ärzte Bedeutung gewinnen: v. Weizsäcker, Binswanger, v. Gebsattel u. a.[114]. – Symptomatisch für die philosophische Gegenwartsanthropologie ist

2. der wachsende Einfluß der Anthropologie Arnold Gehlens[115]: gerade jene Theorie des »Menschen« wird zunehmend attraktiv, die – im Anschluß an Herder[116] – Schelers Ansatz durch Preisgabe seiner Geist-These am meisten in Richtung auf eine Naturphilosophie des Menschen radikalisiert: sie begreift all seine Leistungen – auch den Geist – als »Entlastungen« von seiner natürlichen Mängellage und die Kultur als das große Arrangement einzig zu dauerhafter Vermeidung des Umkommens: Instanz der Geschichte werden Naturprobleme des Menschen[117]. Die Gegenwartsanthropologie beginnt also nicht nur, sie vollendet sich auch im Zeichen der ›Wende zur Natur‹. Wo der »Geist« zu »ohnmächtig« scheint und die Geschichte zu unvernünftig, um von sich her einen Sinn zu haben, bleibt schließlich nur noch die Natur, um diesen Sinn ihr zu geben. Wo den Menschen nicht mehr geschichtsphilosophisch jener »Endzweck« bestimmt, zu dem er hinwill, und jene »Vermittlungen«, durch die er ihn erreicht: da muß ihn schließlich das bestimmen, wovon er unter allen Umständen weg will: die Naturgefahr seiner physischen Vernichtung und das, wodurch er entkommen kann: die »Entlastungen«. Freilich: diese Anthropologie spricht von Entlastung »des« Menschen, nicht von der ›aller‹ Menschen: sie bringt es zu keiner Theorie gegen ungerechte Verteilung der Entlastungsmittel, zu keiner gegen Unterdrückung. Darum weiß sie zwar zu begründen, warum der Mensch kein Tier ist, nicht aber, warum er kein Unmensch sein dürfe[118]. Diese Aporie zwingt zu neuer Aufmerksamkeit auf die alte

Sphäre der »Bestimmung des Menschen«, die Geschichte[119]; doch bleibt diese Aufmerksamkeit merkwürdig reduziert. Das freilich gehört bereits zum dritten Phänomen: symptomatisch für die philosophische Gegenwartsanthropologie ist

3. die eigenartige Beschränkung ihrer Aufmerksamkeiten und Symbiosen. Habermas hat betont, daß die Anthropologie zu den »›reaktiven‹ philosophischen Disziplinen« gehört, die zu den Einzelwissenschaften nicht »begründend«, sondern »verarbeitend« sich verhält[120]. Das trifft sicher zu. Aber eben darum ist es nun wichtig, zu sehen, welche unter diesen Wissenschaften sich anthropologisch verarbeiten lassen und welche nicht. Es ist eben sicher kein Zufall, daß heute gerade jene Wissenschaften nach Anthropologie rufen, deren Geltung in neuerer Zeit zur Geltung der Geschichtsphilosophie disjunktiv sich verhält und die in der Regel als Kompensate versagender Geschichtsphilosophie philosophisch aktiv werden: das sind vor allem Pädagogik, Theologie und Medizin[121]. Und es ist ebenso sicher kein Zufall, daß die philosophische Anthropologie bei ihrem Versuch einer neuen – einer gewissermaßen »nachgeisteswissenschaftlichen« – Aufmerksamkeit auf die Geschichte diese sich weiterhin nicht durch Philosophie der Geschichte, sondern gerade durch Nichtphilosophie der Geschichte interpretieren läßt: durch die Soziologie oder durch die biblische oder weltliche Theologie der dialogischen Situation. Beide Geschichtstheorien – so konträr sie sind – sind ›anthropologiefreundlich‹, weil beide durch Abkehr vom geschichtsphilosophischen Geschichtsbegriff sich etablieren[122]. Eben darum aber scheint in beiden eine Art ›Trend zum Natürlichen‹ wirksam. Im Zeichen der Anthropologie treibt es die Soziologie zur Ethnologie und dahin, daß sie auf die »naturwüchsigen« Kulturen als Modelle schaut, daß sie die »wissenschaftliche Zivilisation« als Abweichung von ihnen und die »Spätkultur« im Blick auf den »Urmenschen« versteht[123]. Aber auch im respektablen Geist des »dialogischen Prinzips« verewigt die Anthropologie Attribute, die einstmals die Natürlichkeit und heile Lebendigkeit des Menschen meinten:

etwa »Unmittelbarkeit« und »Ursprünglichkeit«[124]. Selbst noch im Anschluß an Soziologie und ans Dialogische ist die philosophische Gegenwartsanthropologie – auf eine zweifellos sehr komplizierte und indirekte Weise – als Abkehr von der Geschichtsphilosophie latent eine ›Wende zur Natur‹ und geht damit in den Spuren jener Tradition der philosophischen Menschenkunde, die sich selber »Anthropologie« genannt hat.

8.

So scheint der philosophische Begriff »Anthropologie« die Spur einer dreifachen Opposition zu sein, in deren Frontstellung und Grenzen sich (sogar wider Willen) derjenige erneut gedrängt sehen mag, der ihn heute als seine Losung akzeptiert. Denn – das war hier die These – »Anthropologie« ist und nennt sich nicht jede, sondern allein diejenige philosophische Theorie des Menschen, die durch Abkehr von traditioneller Schulmetaphysik und mathematischer Naturwissenschaft, d. h. durch ›Wende zur Lebenswelt‹, möglich und durch ›Wende zur Natur‹, d. h. durch Resignation der Geschichtsphilosophie, fundamental wird.

9.

Die philosophische Anthropologie ist also – unter der Bedingung einer fundamentalen Gemeinsamkeit: der Wende zur Lebenswelt – das Gegenteil der Geschichtsphilosophie: durch ihre Wende zur Natur. Zu diesem begriffsgeschichtlichen Ergebnis gehört der Befund, daß diese Opposition von Geschichtsphilosophie und Anthropologie nicht selten unbemerkt blieb: gerade deswegen hatte es ja Sinn, sie begriffsgeschichtlich geltend zu machen. So ist es plausibel, daß die philosophische Gegenwartsanthropologie, wo sie über den bisher skizzierten Stand hinausgegangen ist, die Chance hat und wahrzunehmen versucht, entweder die Unbemerktheit der Opposition von Geschichtsphilosophie und Anthropologie oder diese Opposition selber zu liquidieren.

1. Wo die traditionelle Opposition der philosophischen Anthropologie zur Geschichtsphilosophie erkannt und anerkannt wird, führt das zunächst zur Frage, was für die Anthropologie daraus folgt. Ist sie durch ihren Gegensatz zur Geschichtsphilosophie im Unrecht? Doch wohl kaum; denn dieser Gegensatz – exemplarisch hat Landmann das geltend gemacht – ist für die Anthropologie nicht Belastung, sondern gerade Chance. Der anthropologische Blick auf die Natur und den Menschen als ihre »creatura creatrix«[125] befreit vom monistischen Blickzwang der Geschichtsphilosophie und ihrem »Fehlglauben an eine absolute Kultur«[126] zum Sensorium für Pluralität. »Der Mensch« – schreibt Landmann – »ist eine von der Natur nur halbvollendete Schöpfung«, aber »sie lieh ihm selbst einen Teil ihrer Schöpferkraft, so daß er sich nun selbst vollenden kann«: durch Kultur[127]. Aber es ist »nicht ganz korrekt, zu sagen, der Mensch schaffe die Kultur. Er schafft nicht *die* Kultur, sondern ... jeweils *eine* Kultur, er schafft Kulturen«[128]: weil der Mensch von Natur her »nichts ... Festgelegtes«[129] ist, ist er polymorph kulturell; daher ist »geschichtliche Variabilität ... sein radikales Schicksal«[130]: das ist nicht Geschichtsphilosophie, aber es ist »auch eine Philosophie der Geschichte«[131], nämlich »Kultur- und Geschichtsanthropologie«[132] mit der Fundamentaleinsicht, »daß alles Kulturelle notwendig pluralistisch auftreten darf und daß alle die vielen geschichtlich gewachsenen Kulturen grundsätzlich gleichberechtigt sind«[133]. Just so, wie es – was nicht nur theologisch oder ästhetisch, sondern, im Anschluß an Simmel und Max Weber, soziologisch relevant ist – gegenüber dem Monotheismus ein »bleibendes Recht des Polytheismus«[134] gibt, so gegenüber der Geschichtsphilosophie ein Recht anthropologischer Typologien[135], und zwar letztlich wegen der »Pluralität der Absoluta«[136]. Darum plädiert Landmann – das »Ende des Individuums«[137] befürch-

tend – für eine »pluralistische Philosophie«[138] in der Hoffnung auf eine »pluralistische Endzeit«[139]. Die philosophische Anthropologie wird zum Hüter der Pluralität. Allemal werden dabei – und zwar in allen Anthropologien, die den Menschen im Blick auf seine Natur »zurück zur Kultur«[140] rufen: vor allem in Cassirers später Anthropologie des »homo symbolicus«[141] – die Begriffe »Kultur« und »Kulturwissenschaft« zentral: das ist nicht nur – mit Rücksicht auf die »Cultural Anthropology« – Anpassung an den angelsächsischen Sprachgebrauch[142], sondern auch die späte Rache dieses neukantianischen Begriffs am bisher – vielleicht nur vorübergehend – erfolgreicheren Begriff der »Geisteswissenschaften«. Aber auch deren Repräsentanten setzen, dabei in den Spuren Diltheys gehend, erneut auf die Anthropologie[143]: exemplarisch tut das – was sich als späte Rechtfertigung der anthropologischen Wendung der frühen Heideggerschule verstehen läßt – Gadamer: der Titel Anthropologie bekräftigt dort nicht nur die Freiheit der Menschen, auf je eigene und andere Weise das ihre zu sein, sondern auch die Freiheit der Einzelwissenschaften, auf je eigene und andere Weise das ihre zum Menschen zu sagen: das ist die ganz und gar altanthropologische Tendenz der »Neuen Anthropologie«[144].

2. Wo die traditionelle Opposition der philosophischen Anthropologie zur Geschichtsphilosophie erkannt wird, führt das zugleich zur Frage, ob diese Opposition liquidierbar sei. Das ermuntert sowohl zum Versuch, die Anthropologie erneut als Moment der Geschichtsphilosophie, wie auch zum Versuch, die Geschichtsphilosophie erneut als Moment der Anthropologie zu verstehen.

Als Moment der Geschichtsphilosophie hatte Hegel die Anthropologie begriffen; folgerichtig findet der gegenwärtig erneuerte Versuch, dies zu tun, bei Quasi-Hegelianern statt: indem sie frühere Aversionen[145] abbauen, »beziehen sich« Horkheimers und Adornos Arbeiten »auf eine dialektische Anthropologie«[146]. Wo – so interpretieren sie – seine Vorgeschichte den Menschen spätbürgerlich in die absolute Entfremdung verstößt, wird der Mensch zum Grenzbegriff: diese dialektische Anthropologie bemerkt, daß es gegenwärtig den Menschen in Wahrheit nicht gibt, und macht daher – in »negativer Dialektik« und »negativer Anthropologie«[147] – sein Fehlen geltend. Wenn aber – diese Konsequenz zieht H. Marcuse – der Mensch selber nur Utopie und einzig als »Große Weigerung«[148] präsent sein kann: dann muß diese Utopie zu gegengeschichtlichen, zu Naturbegriffen greifen, um ihre Proteste artikulieren zu können. Es liegt nahe, diesen »latenten Naturalismus«[149] in einen manifesten zu verwandeln, also – angesichts der scheinbar vollendeten Kalamität der Geschichte – noch einmal ausdrücklich auf die Nicht-Geschichte zu setzen: auf die Natur. Freilich: die »alte Natur« hat sich – in der »alten Kultur« – in dieser Rolle kompromittiert; so bedarf es – meint für die Berliner Schule der soziologischen Anthropologie Claessens – einer »neuen Natur«, um auf diese »nova natura« geschichtliche Hoffnungen setzen zu können[150]. Sie wird als Garant[151] oder – bei nüchterner Beurteilung im Anschluß an anthropologische Motive der klassischen Tradition der Geschichtsphilosophie: im Blick auf »Ethnologie und Anthropologie bei Marx«[152] – jedenfalls als Bedingung der Geschichte ernstgenommen: »Es handelt sich« – schreibt Lepenies[153] – »beim Entwurf einer soziologischen Anthropologie ... darum, die Rolle des Naturfaktors auch im Objektbereich der Soziologie nicht zu unterschlagen. Wir ... haben biologische und soziologische Bestimmtheit des Menschen nicht gegeneinander auszuspielen, sondern miteinander zu vermitteln. Einer Täuschung unterliegen wir, ... wenn wir meinen, den Menschen als ein Produkt der Natur im Rahmen von Gesellschaftstheorien nicht berücksichtigen zu müssen.« Dieser neue Rekurs auf die Natürlichkeit des Menschen soll Befreiungen nicht »blockieren«[154], sondern – im Sinne eines Remediums gegen ein »zu großes ›Utopiequantum‹ (Schelsky)«[155] – eine »Auffassung von Anthropologie ... entwickeln, die es zwar für richtig erachtet, nach Konstanten der menschlichen Natur zu suchen und die ›Wissenschaft vom Menschen‹ in die Nähe einer Naturwissenschaft zu rücken, gleichzeitig aber darauf beharrt, praktisch, im ›Experiment‹, zu testen, was am Menschen und am menschlichen Verhalten unveränderlich ist und was durch eine Änderung gesellschaftlicher Zustände modifiziert werden kann«[156]. Indem sie in der Berliner soziologischen Schule als Moment der Geschichtsphilosophie auftritt, ernüchtert diese »experimentelle Anthropologie«[157] – zunächst freilich nur ihrer Intention nach – den geschichtsphilosophischen Utopismus zur Kunst des Möglichen[158].

Als Moment der Anthropologie hat die Pariser strukturalistische Schule die Geschichtsphilosophie begriffen. In seiner »Anthropologie structurale« schreibt Lévi-Strauss: »Ich habe weder in Race et Histoire noch in Tristes Tropiques die Fortschrittsidee zu zerstören gesucht, sie vielmehr aus dem Rang einer universellen Kategorie der menschlichen Entwicklung in einen besonderen Existenzmodus verwandeln wollen, der unserer Gesellschaft (und vielleicht noch einigen anderen Gesellschaften) eigen ist, wenn sie versucht, sich selbst zu denken«[159]: die Fortschrittsidee, die mit dem »Mythos der Französischen Revolution«[160] verbunden die Leitidee der Geschichtsphilosophie ist, ist der diachronische Sondercode – eine »sozial ›erfolgreiche‹ Fehlleistung«[161] – jener Weltgegend, die das »wilde Denken« zum nur noch inoffiziellen Bestandteil seiner »domestizierten«[162] Kultur herabgesetzt hat, der sich – durch die strukturalistische Koalition von Logik, Linguistik und Ethnologie – erst jetzt gegen die Übermacht der geschichtsphilosophisch hypertrophierten Diachronie zum offiziellen wiederherzustellen versucht. Dieser auf Rousseau rekurrierenden[163] Anthropologie ist die Geschichtsphilosophie unter allen möglichen Mythen nur einer: ein kontingenter, provinzieller, transitorischer[164] Sondermythos; denn: »Eine Gesellschaft kann leben, handeln, sich wandeln, ohne sich von der Überzeugung trunken machen zu lassen, daß die, die ihr um gut zehntausend Jahre vorausgegangen sind, nichts anderes getan haben, als ihr den Boden zu bereiten, daß alle ihre Zeitgenossen – und seien es auch die Antipoden – fleißig arbeiten, um sie einzuholen, und daß die, die ihr bis ans Ende der Zeiten folgen, nur darauf bedacht sind, sich in ihrer Richtung weiterzuentwickeln.«[165] Darum hat die strukturale Anthropologie – bonjour tristesse des tropiques! – zwar »Achtung vor der Geschichtswissenschaft, aber ... räumt ihr keinen bevorzugten Platz ein«[166]: das zwingt sie, die »Äquivalenz zwischen dem Begriff der Geschichte und dem der Menschheit zu verwerfen, die man uns mit dem uneingestandenen Ziel einzureden versucht, die Historizität zum letzten Refugium eines transzendentalen Humanismus zu machen«[167]. Die strukturale Anthropologie depotenziert die Geschichtsphilosophie zum Kunstgriff einer speziellen Logik unter anderen beim Versuche der Menschen, die immer gleiche Aufgabe zu lösen[168] und dies dadurch zu tun, daß sie das mögliche Chaos durch wirkliche Ordnung besiegen. Der Mensch ist – von der Natur auf den Weg über die Logik zur Kultur gezwungen – das ordentliche Lebewesen. Zu dieser These der französischen Anthropologie gibt es inzwischen die deutsche Parallelaktion: denn der Mensch ist – wenn Gehlen, der dies bei seiner anthropologischen Verteidigung der »Moral« gegen die geschichtsphilosophische »Hypermoral«[169] bekräftigt hat, recht behält – zugleich jenes Lebewesen, das sich entlasten muß. So liegt – und es ist aufschlußreich, daß er von Luhmann im Kontext einer Neuaufnahme der spätphänomenologischen Lebensweltproblematik geltend gemacht wird – der Gedanke nahe, daß der Mensch sich durch Ordentlichkeit entlastet: durch »Reduktion von Komplexität«[170]. Wie in Frankreich hat auch in Deutschland dagegen der »transzendentale Humanismus« Einspruch erhoben[171]: die Emanzipation will ebensowenig der bloße Spezialfall eines ordentlichen Systems sein, wie das ordentliche System die bloße Häresie der Emanzipation. Der Disput zwischen Universalpragmatik und Systemtheorie[172], der dies geltend macht, gehört – obwohl er durch wechselseitige Assimilationen und gemeinsame Abstraktionsorgien in dieser Eigenschaft fast unkenntlich geworden ist – in die Tradition der Spannungen zwischen Geschichtsphilosophie und philosophischer Anthropologie.

Die Versuche, ihren Gegensatz zu liquidieren, gelingen also schwerlich restlos. Solange sie aber nicht glücken, bleibt grundsätzlich die Frage akut, wer von beiden – die Geschichtsphilosophie oder die Anthropologie – recht habe. Wo dabei der Eindruck entsteht und sich verstärkt, daß in der Geschichtsphilosophie die Menschen im Namen des Menschen zu deplacierten Wesen werden, müssen – wenn die Geschichtsphilosophie etwas statt der Menschen tut – die Menschen etwas statt der Geschichtsphilosophie tun: auch für den, der zunächst der Geschichtsphilosophie anhing, ist dann eine Zuwendung zur Anthropologie nicht mehr ausgeschlossen. Sie bleibt anfechtbar; aber womöglich ist die Unvermeidlichkeit dieses Anfechtbaren stärker als die Anfechtbarkeit dieses Anfechtbaren.

Anmerkungen

... und doch ist das Zitieren alter und neuer Bücher das Hauptvergnügen eines jungen Autors, und so ein paar grundgelehrte Zitate zieren den ganzen Menschen.
H. Heine, *Das Buch le Grand*, Kap. XIII

Zur Einleitung

1 Beispiel: H. Rickert, Kulturwissenschaft und Naturwissenschaft (1898).
2 Beispiel: N. Hartmann, Das Problem des geistigen Seins (1933 [2]1949).
3 Beispiel: M. Heidegger, Sein und Zeit (1927).
4 Beispiel: J. Burckhardt, Weltgeschichtliche Betrachtungen (1868 ff.).
5 R. Koselleck, Kritik und Krise. Ein Beitrag zur Pathogenese der bürgerlichen Welt (Freiburg/München 1959 [2]1969).
6 K. Löwith, Meaning in History (Chicago 1947), dt. Weltgeschichte und Heilsgeschehen (Stuttgart 1953); J. Taubes, Abendländische Eschatologie (Bern 1947).
7 H. Blumenberg, Die Legitimität der Neuzeit (Frankfurt 1966).
8 Diese These widerspricht der begriffsgeschichtlichen These Kosellecks – seiner radikalen Verneuzeitlichung der Geschichtsphilosophie: R. Koselleck, Historia Magistra Vitae, in: Natur und Geschichte. Karl Löwith zum 70. Geburtstag (Stuttgart/Köln/Berlin/Mainz 1967) 196–219 – so wenig, daß sie diese vielmehr voraussetzt und die durch sie gedeckte inhaltliche These Kosellecks gerade unterstreicht; zum Mißlingen der Neuzeit, zur Gegenneuzeit kann es erst in der Neuzeit kommen.
9 Blumenberg, a.a.O. 78.
10 R. Guardini, Das Ende der Neuzeit (Würzburg 1950), markiert sozusagen den Kenterpunkt des theologischen Angriffs auf die Neuzeit, indem er, sich berufend auf Pascal, nicht mehr – im Sinne des Antimodernismus – die Vergangenheit und noch nicht – im Sinne der Theologie der Welt – die Zukunft

zur Instanz macht. Antimodernismus und Theologie der Welt sind als Angriff auf die Gegenwart funktionsäquivalent; die Theologie der Welt ist die Fortsetzung des Antimodernismus unter Verwendung anderer Mittel, sie sind innerhalb der katholischen Theologie beide Positionen der Gegenneuzeit. Innerhalb der protestantischen Theologie ist die dialektische Theologie in diese Funktion hineingewachsen und – nachdem diese durch die Schule Heideggers gegangen ist – die Theologie nach dem Tode Gottes. Wo gegen diese Formationen – etwa im Kreis um W. Pannenberg – die liberale Theologie geltend gemacht wird, kann dies die Wiederholung des liberalen Potentials auch geschichtsphilosophischer Positionen – etwa derjenigen Hegels – bedeuten: dieser Repetitionsversuch gehört nicht zu den Gestalten der Gegenneuzeit. Eine derartige Situationsreflexion überkommener Theologien ist dort angebracht, wo in Form der Geschichtsphilosophie eine neue Theologie auf den Plan tritt.

11 Koselleck, a.a.O. (Anm. 5).

12 Vgl. C. Schmitt, Der Nomos der Erde im Völkerrecht des Jus Publicum Europaeum (Köln 1950) 96 ff.

13 K. Löwith, Hans Blumenberg, Die Legitimität der Neuzeit, in: Philosophische Rundschau 15 (1968) 195–201.

14 H.G. Gadamer, Hans Blumenberg, Die Legitimität der Neuzeit, a.a.O. 201–209, hat bes. 203/4 dieses Funktionsmodell als quasineukantianisches interpretiert: »Ein in austauschbaren Positionen aufeinander bezogenes Ganzes von formalen Entsprechungen läßt sich inhaltlich an verschiedenen Stellen des Gesamtverlaufs wiedererkennen und gibt damit die Möglichkeit eines mehr als äußerlichen Vergleichens. Diese methodische Voraussetzung ist von der neukantianischen Cassirers, die im Problembegriff liegt, nicht sehr weit entfernt, vielleicht nicht weit genug.« L. Oeing-Hanhoff, Psychotherapie des philosophischen Bewußtseins. Zu H. Blumenberg, die Legitimität der Neuzeit, in: Philosophisches Jahrbuch 76 (1968/9) 428–439, hat bes. 430/1 dieses Funktionsmodell als quasipsychoanalytisches interpretiert: »An Material für die Analyse fehlt es jedenfalls nicht, hat man doch die Träume des philosophischen Bewußtseins ziemlich vollständig vorliegen in der Geschichte von Metaphysik und Theologie. Es kommt nur darauf an, aus diesen als Spekulationen verschlüsselten Träumen die sie tragenden und

ihre Abfolge bestimmenden Motive und Antriebe zu analysieren. Nicht um die Substanz dessen geht es, was gesagt wurde – man kann den Inhalt der Träume ohnehin nur zur Kenntnis nehmen –, sondern um eine die Motive aufdeckende Analyse ihrer Funktion. Damit wird endlich auch in der Philosophiegeschichte der Substanzbegriff durch den Funktionsbegriff abgelöst« (430). Ich teile die Vorbehalte nicht, die beide Rezensenten gegen das Verfahren erkennen lassen. Die interessante Frage, die sich angesichts beider Argumentationen ergibt, ist doch die: was haben eigentlich – wenn sie doch offenbar bei Blumenberg zu kongruieren scheinen – Psychoanalyse und Neukantianismus miteinander zu tun? Diese Frage ist aktuell, weil eine weitere Gestalt der Konvergenz der Intentionen Cassirers und Freuds in Arbeiten des Strukturalismus inzwischen erfolgreich wurde.

15 Kommt bei Fahnenkorrektur. – Zusatz nach Umbruch: leider kamen keine Fahnen; so muß ich meine Antwort auf die wichtigen Einwände von H. Blumenberg, a.a.O. (Anm. 7) 38–40, vertagen: »Je reviendrai là-dessus quand j'aurai diné«: A. Gide, Les Faux-Monnayeurs I, 6.

16 Vgl. M. Horkheimer/Th W. Adorno, Dialektik der Aufklärung (Amsterdam 1947) 264–267.

17 M. Merleau-Ponty, Die Abenteuer der Dialektik (Paris 1955, dt. Frankfurt 1968).

13 Irrtümlich wird zuweilen unterstellt, die Schwierigkeiten der Geschichtsphilosophie seien auf die spekulative und bürgerliche Geschichtsphilosophie beschränkt, diese aber sei – ersetzt durch empirische Handlungswissenschaften, aufgehoben und verwirklicht durch historisch-dialektischen Materialismus – zu Ende: darum sei längst an die Stelle des Mythos der Emanzipation die wirkliche Emanzipation getreten. Das damit – freilich auch mit den ganz andersartigen Thesen von H. Kesting, Geschichtsphilosophie und Weltbürgerkrieg (Heidelberg 1959) XI ff., 318 ff. – berührte Thema des Endes der Geschichtsphilosophie müßte eine datierende Untersuchung dieser datierbaren philosophischen Formation zwar ebenso interessieren wie das ihres Anfangs. Indes: zu Ende ist die Geschichtsphilosophie weder durch den Schritt in die Ideologie der proletarischen Revolution – dieser repetiert und potenziert sie vielmehr und belegt dabei eindrucksvoll die These von B. Willms, Revolution und Protest (Stuttgart 1969),

von der Unüberholbarkeit der bürgerlichen Revolution und ihrer Geschichtsphilosophie – noch durch den Schritt in die Empirie einer integrierten Gesamtwissenschaft von der Emanzipation: diese verwandelt die geschichtsphilosophischen Theoreme in ihre latenten Aprioris, die – im Zeitalter der Geheimtransparenz – gerade durch ihre Dauerreflexion besonders naiv konserviert werden. Der also nur scheinbar nachgeschichtsphilosophische Versuch, Aporien zur Vergangenheit und zur Eigenheit des Gegners zu stilisieren, die doch noch Gegenwart und Zukunft, und zwar durchaus die eigene, sind, gehört zu den Techniken der Kunst, es nicht gewesen zu sein; in Wirklichkeit perpetuiert er die Geschichtsphilosophie und ihre Schwierigkeiten: gerade in ihren scheinbar neuen Gestalten ist die Philosophie der absoluten Veränderung auch in dieser Beziehung vor allem die Fortsetzung der ewigen Wiederkehr des Gleichen unter Verwendung anderer Mittel.

19 Ausgangspunkt: J. Ritter, Hegel und die französische Revolution (1957), in: ders., Metaphysik und Politik (Frankfurt 1967) 183–255. Mir ist bewußt, daß ich den Intentionen Ritters – trotz des Aufsatzes über Hegel und das Sollen auch in bezug auf Hegel – nicht gerecht werde, obwohl ich das Recht dieser Intentionen nicht bestreiten kann und nicht bestreite. In gewisser Hinsicht absolvieren die Überlegungen dieses Buchs beide von Ritter der Intention nach versöhnten Potenzen – Zukunft und Herkunft – sukzessiv. Das Versöhnte in die relative Unversöhnlichkeit der Sukzession getrieben zu haben, mag an den hier zusammengestellten Überlegungen das Unzulängliche sein, und es »darf, was an ihnen unzulänglich ist, nicht unsere Lehrer belasten. Wir haben gelernt, daß wir das, was in uns das Beste ist, der Tradition zu verdanken haben. Unsere Fehler aber sind unsere eigenen«: W. Szilasi, Macht und Ohnmacht des Geistes (Freiburg 1946) 9.

20 Eine Zeitlang erschien mir als klassische Analyse eines Prozesses der Selbstpreisgabe der Geschichtsphilosophie G. Lukács, Die Zerstörung der Vernunft (Berlin 1954).

21 Theorie des Verfalls der Fortschrittstheorie, vgl. u. S. 49.

22 Die in wachsendem Maße entscheidende Frage ist dann die, um welche alten Griechen es sich dabei handelt. Die ursprünglichen Insassen des Trojanischen Pferdes waren ja wohl Vor-Vorso-

kratiker, jedenfalls keine Klassiker. Ich favorisiere inzwischen Nachklassiker: vgl. unten Abschnitt 5.

23 Philosophie II.

24 Vgl. H. Weinrich, in: Geschichte – Ereignis und Erzählung, ed. R. Koselleck/W. D. Stempel (München 1973) 469 f.

25 Vgl. Verf., Skeptische Methode im Blick auf Kant (Freiburg/München 1958) 28 ff.

26 »Der Splitter in deinem Auge ist das beste Vergrößerungsglas«: Th. W. Adorno, Minima Moralia (Frankfurt 1951) 80.

27 Vgl. Verf., Zur Bedeutung der Theorie des Unbewußten für eine Theorie der nicht mehr schönen Kunst, in: Die nicht mehr schönen Künste, ed. H. R. Jauß (München 1968) 379. Diese These wurde vom Verf. in einer umfangreicheren Arbeit – die er wegen ihrer Korpulenz ungedruckt ließ – ausführlicher belegt: Über die Depotenzierung der Transzendentalphilosophie. Einige philosophische Motive eines neueren Psychologismus in der Philosophie (Habil.-Schr. Münster 1963); eine erste Version der These hatte er bereits 1952 aufgeschrieben: Versuch, einige psychologische Strukturbegriffe betreffend; vgl. auch Verf., a.a.O. (Anm. 25) 20 Anm. 31.

28 A. Comte, Discours sur l'esprit positif (Paris 1844), bes. 42 ff.

29 M. Heidegger, Sein und Zeit (Halle 1927) bes. 231 ff.

30 H. G. Gadamer, Wahrheit und Methode (Tübingen 1960 [3]1972); vgl. ders., Kleine Schriften I (Tübingen 1967) 113.

31 L. v. Ranke, Die Epochen der neueren Geschichte (1854); J. Burckhardt, Weltgeschichtliche Betrachtungen (1868 ff.).

32 C. Lévi-Strauss, Strukturale Anthropologie (Paris 1958, dt. Frankfurt 1967) bes. 30 ff., 347 ff.

33 Also einerseits: wo alles druckt, kann Marquard sich nicht drücken; andererseits: alles, was daher von ihm bekannt geworden, ist nur das Bruchstück einer großen Konfusion.

34 Wo sie nicht – wie im Therapeutikaufsatz – im Kontext unvermeidlich ist. Sonst aber vgl. Verf., Kant und die Wende zur Ästhetik, in: Zeitschrift für philosophische Forschung 16 (1962) 231–243 u. 363–374; ders., Zur Bedeutung der Theorie des Unbewußten für eine Theorie der nicht mehr schönen Kunst, a.a.O. (Anm. 27) 375–392.

35 Vgl. W. Goerdt, Die Sowjetphilosophie. Wendigkeit und Bestimmtheit (Darmstadt 1967) 9.

36 Was generell gilt bei kontingenten Formationen, gilt auch hier: aus der Legitimitätskrise der einen folgt nicht die Legitimität ihres Gegenteils; also: aus den Schwierigkeiten der Anthropologie folgt nicht das Recht der Geschichtsphilosophie; aus den Schwierigkeiten der Geschichtsphilosophie folgt nicht das Recht der Anthropologie.

37 Ebenso die Frage, inwieweit dieser Streit nur die Maskierung einer Identität sei; diesem Problem ist nachgegangen P. Probst, Untersuchungen zur Theorie und Genese der philosophischen Anthropologie der Gegenwart (phil. Diss. Gießen 1971).

38 ἰσοσθενὴς διαφωνία.

39 Etwa die Sozialisierung der politischen Lüge: ihre Überführung in Gemeineigentum und das Avancement jedes Protagonisten zum Miteigentümer.

40 M. Horkheimer, Montaigne und die Funktion der Skepsis (1938) in: ders., Kritische Theorie II (Frankfurt 1968) 201–259.

41 Die Losung der Kritik ist heute zuweilen Bestandteil eines Projektionsmechanismus: bei der Technik, das Parasitäre stets nur beim anderen zu vermuten, ist sie häufig der Kunstgriff, das, was jemand basal selber ist, vor ihm selber verleugnen und es anderen zum Vorwurf machen zu können.

42 Die antike Skepsis disponierte zum Christentum: Vgl. M. Hossenfelder, Einleitung zu: Sextus Empiricus, Grundzüge der pyrrhonischen Skepsis, Frankfurt 1968, 9 ff., 87/88. Der Skeptizismus des 16. und frühen 17. Jahrhunderts stützt – Beispiel: Veron – die Gegenreformation oder – Beispiel: Daillé – den protestantischen Fideismus; die »libertins érudits« im frühen 17. Jahrhundert disponieren zu Descartes' Suche nach einem fundamentum inconcussum in der certa methodus: vgl. R. H. Popkin, The History of Scepticism from Erasmus to Descartes (Assen 1960 [2]1964), dazu: G. Gawlick, Die Funktion des Skeptizismus in der frühen Neuzeit, in: Archiv für Geschichte der Philosophie 49 (1967) 85–97. Die Skepsis von G. E. Schulze, Aenesidemus oder über die Fundamente der von Professor Reinhold in Jena gelieferten Elementar-Philosophie. Nebst einer Verteidigung des Skeptizismus gegen die Anmaßung der Vernunftkritik (Hamburg 1792); ders., Kritik der theoretischen Philosophie (Hamburg 1801) disponierte zum absoluten Idealismus und indirekt zum absoluten Materialismus. Daß die Skepsis dazu

neigt, ihr Gegenteil zu lancieren: darin sehe ich ihre eigentliche Gefahr.

43 Ausnahme: die ästhetische Begeisterung. Für den Skeptiker ist das ästhetische Terrain das, wo er seine Zustimmungsbedürfnisse unterbringt; so wie das – von Montaigne durch seine Reflexionen über das Reisen angeschnittene – Thema des Exotismus der Skepsis ist auch das des Ästhetizismus der Skepsis fundamental.

44 Der Skeptiker, der ohnehin kein Totalpraktiker ist, ist auch kein Totaltheoretiker: er sitzt nicht theoretisch-spekulativ auf dem Turm – »sublimis specula«: Laktanz, Divinae Institutiones 2,2,18: vgl. L. Kerstiens, Die Lehre von der theoretischen Erkenntnis in der lateinischen Tradition, in: Philosophisches Jahrbuch 59 (1952) 385, vgl. auch ff.; modern: I. Kant, Opus postumum (1796 ff.) I 31: »Standpunct der spekulativen (noch nicht practischen) Philosophie, von Specula (Specula eine Warte: eine Species der Aussicht) – Aussicht von einer Höhe über den flachen Boden der Erfahrung nicht betastend oder durch Stecken prüfend sondern um sich in der Ferne beschauend zu seyn«; J. W. v. Goethe, Faust II 11289/90: »zum Schauen bestellt, dem Turme geschworen« – sondern skeptisch im Turm: vgl. M. de Montaigne, Essais (^{4}1588) ed. A. Thibaudet (Paris 1950) 926 (»au troisiesme etage d'une tour«), vgl. f.; vgl. 278 (»Il se faut reserver une arriere boutique toute nostre, toute franche, en laquelle nous etablissons nostre vraye liberté et principale retraicte et solitude«). Die aktuelle Form des skeptischen Turms – sozusagen seine Negativgestalt – ist das Arbeitszimmer im Souterrain. Praktisch mag zunächst gelten: »Die Skeptiker ... sind Sancho Pansas, die sich als Don Quixotes verkleiden« (Horkheimer, a.a.O. 241); wo sie – nach der »Generation der politischen Jugend« und dem Zweiten Weltkrieg – diese Verkleidung ablegen, kommt es zur »skeptischen Generation« im Sinne von H. Schelsky, Die Skeptische Generation (Düsseldorf/Köln 1957) 84 ff.; im Kontext dieser Deutung müßte man sagen: die Wiederkehr einer »politischen Jugend« (im Sinne von Schelsky, a.a.O. 66 ff.) in den Sechzigerjahren kann zugleich zur Wiederkehr des skeptischen Don-Quixotismus führen. Dabei plädiere ich gegen die »traurige Wissenschaft« (Th. W. Adorno, Minima Moralia a.a.O. 7) für die traurige Gestalt.

45 Vgl. S. Kierkegaard, Furcht und Zittern (1843), in: Gesammelte Werke ed. E. Hirsch Abt. 4/5/6 (Düsseldorf/Köln 1962) 57 ff.

46 Mir geht manches über mich; denn den »Wahn der Skepsis ..., trotz allem das Ich für einen sicheren Ort der Zuflucht zu halten« (Horkheimer, a.a.O. 233), muß die wirkliche Skepsis nicht teilen: »für sich genommen« – so Horkheimer zutreffend – »ist es eine Abstraktion, und wer es in seiner Isolierung zum Prinzip oder inneren Halt verdinglicht, macht aus ihm nur einen Fetisch« (234): in gewisser Hinsicht macht das der Skeptiker tatsächlich, aber er setzt – wo für ihn nicht, wie für K. Löwith, die Erfahrung der Nichtigkeit dieses Ich vor dem natürlichen Kosmos dominant wird – auf das Ich als auf denjenigen Fetisch, der gegen die Fetischismen (den der Ware und den der Revolution) steht, den Antifetisch; dessen Definition ist nicht, daß es das Sichere, sondern, daß es das begrenzte Vermeiden dessen ist, was noch schlimmer ist als Ich: »La corruption du siecle se faict par la contribution particuliere de chacun de nous: les uns y conferent la trahison, les autres l'injustice, l'irreligion, la tyrannie, l'avarice, la cruauté, selon qu'ils sont plus puissans; les plus foibles y apportent la sottise, la vanité, l'oisivité, desquels je suis. Il semble que ce soit la saison des choses vaines quand les dommageables nous pressent. En un temps où le meschamment faire est si commun, de ne faire qu'inutilement il est comme louable«: Montaigne, a.a.O. 1058. Das skeptische Ich ist vor allem Zögern: j'hésite, je suis.

47 Horkheimer, a.a.O. 238.

48 G. Benn.

49 Und gegen Hegels Versuch, sie geschichtsphilosophisch zu adoptieren: vgl. G. W. F. Hegel, Verhältnis des Skeptizismus zur Philosophie. Darstellung seiner verschiedenen Modifikationen und Vergleichung des neuesten mit dem alten (1802), in: G.W.F. Hegel, Theorie-Werkausgabe (Frankfurt 1970) II 213–272; vgl. ders., Phänomenologie des Geistes (1807), a.a.O. III 159 ff.; der Skeptizismus kann sich nicht – vgl. a.a.O. 72 – »vollbringen«.

50 Verf., Skeptische Methode im Blick auf Kant (Freiburg/München 1958) 52.

Zu: Hegel und das Sollen

1 Hegel wird zitiert nach der jeweils letzten Ausgabe der betr. Schrift in der Philosophischen Bibliothek – PhB (Erscheinungsjahr) – und, wo das nicht möglich ist, nach der Ausgabe von Glockner (Bandzahl in römischer Ziffer).

2 Phänomenologie des Geistes (1807) PhB (1949) 189/190.

3 Bern: Die Positivität der christlichen Religion (geschr. 1795/96) in: Hegels theologische Jugendschriften, ed. H. Nohl (1907) bes. 233–239. – Frankfurt: bes. die Auseinandersetzung mit Kant in: Der Geist des Christentums und sein Schicksal (geschr. 1798/99) a.a.O. bes. 266/267: indem der Mensch, wie Kant meint, das Gesetz als seinen »Herrn in sich trägt, zugleich aber sein eigener Knecht ist... bleibt eine unzerstörbare Positivität übrig... Wehe den menschlichen Beziehungen, die nicht gerade im Begriff der Pflicht sich finden... Da die Pflichtgebote eine Trennung voraussetzen, und die Herrschaft des Begriffs in einem Sollen sich ankündigt, so ist dagegen dasjenige, was über diese Trennung erhaben ist, ein Sein« und »in einem ganz anderen Sinne Gebot, als das Sollen des Pflichtgebots«, nämlich »nur die Folge davon, daß das Lebendige gedacht, ausgesprochen, in der... Form des Begriffs gegeben wird«; vgl. ff. – Jena: Differenz des Fichteschen und Schellingschen Systems der Philosophie (1801): sagt in bezug auf Fichte, »daß die höchste Synthese, die das System aufzeigt, ein Sollen ist« PhB (1928) 53; argumentiert dagegen 52 ff. und im Einleitungsabschnitt über »Postulate der Vernunft« 32/33; vgl. die These von der Vorhandenheit des Absoluten 16; ferner bes. Glauben und Wissen (1802) PhB (1928) 314 ff.; Jenenser Realphilosophie Bd. 2 (gelesen 1805/06) im Zusammenhang der Theorie des Vertrags bes. PhB (1931) 219: gegen die im bloßen »Sollen« liegende »Gleichgültigkeit gegen das Dasein und die Zeit« klagt Hegel deren »Wesentlichkeit« ein; vgl. 235. – Phänomenologie des Geistes (1807): PhB (1949) 189/190 und bes. die Abschnitte über die »gesetzgebende Vernunft« 301–306 und »die moralische Weltanschauung« 424–434; vgl. dazu auch: Philosophische Propädeutik (geschr. 1809/11) III 166. – Wissenschaft der Logik Bd. 1 (1812): der entscheidende Abschnitt über »die Schranke und das Sollen« PhB (1948) 119–124; vgl. ff. bes. 131–140; Bd. 2

(1816): bes. Abschnitt über »das Urteil des Begriffs« PhB (1948) 301–308. – Enzyklopädie der philosophischen Wissenschaften im Grundriß (1817, [3]1830) bes. PhB (1959) 38/39: die Philosophie »hat es nur mit der Idee zu tun, welche nicht so ohnmächtig ist, um nur zu sollen und nicht wirklich zu sein« 39; vgl. 65, 83, 193 und 397–402 den Abschnitt über »die Moralität« als »Standpunkt des bloßen ... Sollens« 402. – Grundlinien der Philosophie des Rechts (1821): aus der »Vorrede« PhB (1955) 14–17 und bes. 2. Teil über »die Moralität« 101–141, denn es »ist der moralische Standpunkt der Standpunkt des Sollens« 102, wobei aber in Wahrheit »das abstrakte, nur sein sollende Gute und die ebenso abstrakte, nur gut sein sollende Subjektivität ... an ihnen selbst ihr Gegenteil, das Gute seine Wirklichkeit, und die Subjektivität ... das Gute haben« 140 in der »Sittlichkeit«. – Vorlesungen über die Geschichte der Philosophie (gelesen ab 1805 bzw. 1816): vgl. bes. die Auseinandersetzung mit Kant und Fichte XIX 551–639: beide haben »denselben Standpunkt« 633, beide bleiben »beim Sollen stehen« 593; vgl. für Kant bes. 595, 608, für Fichte bes. 625, 633, 635; deutlichste Formulierung des Arguments 596: »Das absolute Gut bleibt Sollen ohne Objektivität; und dabei soll es bleiben«, denn »es kommt den Menschen schwer an, zu glauben, daß die Vernunft wirklich sei; es ist aber nichts wirklich als die Vernunft, sie ist die absolute Macht.« – Vorlesungen über die Ästhetik (gelesen ab 1818): bes. XII 88: »Indem ... der Verstand von der Festigkeit der Gegensätze sich nicht lossagen kann, bleibt die Lösung für das Bewußtsein ein bloßes Sollen ... so wird es Aufgabe der Philosophie, die Gegensätze aufzuheben, d. i. zu zeigen ... die Wahrheit liege erst in der ... Vermittlung beider, und diese Vermittlung sei keine bloße Forderung, sondern das an und für sich Vollbrachte«; vgl. 91/92, 141/142. – Vorlesungen über die Philosophie der Religion (gelesen ab 1821): Hegel tritt dort »dem bloß moralischen Standpunkt Kants und Fichtes entgegen; da soll das Gute immer erst hervorgebracht, realisiert werden, mit der Bestimmtheit, daß es auch bei dem Sollen bleibe, als ob es nicht schon an und für sich da wäre« XV 238; vgl. f. und 425. – Vorlesungen über die Philosophie der Weltgeschichte (gelesen ab 1822): »Die Einsicht nun, zu der, im Gegensatz jener Ideale, die Philosophie führen soll, ist, daß die wirkliche Welt ist, wie sie sein soll, daß das wahrhaft Gute, die allgemeine göttliche Vernunft auch die Macht ist, sich selbst zu vollbringen« XI 67; vgl. 65 ff. – Vgl. außerdem u. a. die wichtigen Formulierungen in: Über Friedrich Heinrich Jacobis Werke. Dritter Band (1817) VI 325, 329, 330, 332.

4 Denn die nachhegelsche Rückwende zu Kant hat – vgl. H. Cohen, Ethik des reinen Willens (1904) bes. 15, 43, 314 – Hegels Sollenskritik verworfen. Diese Rückwende zu Kant will der sog. Neuhegelianismus von W. Dilthey, Die Jugendgeschichte Hegels (1905 bzw. 1906) bis zu H. Glockner, Hegel (1929/39) revidieren; zu dieser Revision aber scheint endgültiges Vergessen der Sollenskritik zu gehören: es »richtet sich die Polemik ... des Neuhegelianismus hauptsächlich gegen jene Argumente der Periode der Diskreditierung Hegels, die Kant und Hegel einander ausschließend gegenübergestellt haben. Der ... Neuhegelianismus ignoriert vollständig jene tiefe und vernichtende Kritik, die Hegel am Kantschen Subjektivismus und Agnostizismus ausgeübt hat«: G. Lukács, Der junge Hegel (1948) 8/9.

5 Repräsentativ dafür sind die Arbeiten von J. Ritter: Hegel und die französische Revolution (1957); Subjektivität und industrielle Gesellschaft. Zu Hegels Theorie der Subjektivität, in: Anstöße, ed. H. Noack (1961) 135–146; Person und Eigentum. Zu Hegels ›Grundlinien der Philosophie des Rechts‹, § 34–81, in: Pädagogische Rundschau 16 (1961), 10–20, erweitert in: Marxismusstudien 4 (1962), 196–218; Abschn. Rechts- und Staatsphilosophie des Hegel-Artikels im Staatslexikon[6]. – Die folgende Interpretation ist diesem Ansatz durchgängig verpflichtet.

6 Wissenschaft der Logik Bd. 1 (1812) PhB (1948) 124; vgl. 153: »Anderer Idealismus, wie zum Beispiel der Kantische und Fichtesche, kommt nicht über das Sollen oder den unendlichen Progreß hinaus«; vgl. außer den Anm. 3 nachgewiesenen Stellen, die durchweg belegen, daß Hegels Sollenskritik – in der Form der Ausdrücklichkeit oder der Anspielung – die Transzendentalphilosophie Kants und Fichtes als Gegner meint, etwa noch aus den »Zusätzen« zur Enzyklopädie (abgedr. im sog. System der Philosophie) VIII 134 und bes. 224: »Es ist dies überhaupt derjenige Standpunkt der Philosophie, welcher in der neueren

Zeit in Deutschland geltend gemacht worden ist. Das Endliche soll hier nur aufgehoben werden ... In diesem Sollen liegt immer die Ohnmacht, daß etwas anerkannt wird als berechtigt, und daß sich dasselbe doch nicht geltend zu machen vermag. Die Kantsche und Fichtesche Philosophie sind ... auf diesem Standpunkt des Sollens stehengeblieben«; vgl. außerdem X 260.

7 Kant: nach den (in dieser Tendenz sich nicht erschöpfenden) initialen Analysen von H. Heimsoeth – vor allem: Metaphysische Motive in der Ausbildung des kritischen Idealismus (1924) in: Studien zur Philosophie Immanuel Kants (1956) 189–225 – bes. M. Heidegger, Kant und das Problem der Metaphysik (1929, [2]1951) – dessen »Interpretation ... sich gleichsam in entgegengesetzter Richtung wie die des deutschen Idealismus (bewegt)« 127, Anm. 196 – und G. Krüger, Philosophie und Moral in der Kantischen Kritik (1931). – Fichte: vgl. H. Heimsoeth, Fichte (1923) und neuerdings etwa W. Schulz, Johann Gottlieb Fichte. Vernunft und Freiheit (1962); dazu die programmatischen Thesen von R. Lauth, Der gegenwärtige Stand der Arbeiten an den Werken Johann Gottlieb Fichtes, in: Zeitschrift für philosophische Forschung 11 (1957) bes. 133/134: »Die Philosophie Fichtes stellt einen Höhepunkt dar, demgegenüber diejenige Hegels ... abfällt«; zwischen beiden »besteht ein grundlegender Unterschied, der durch den Titel ›Deutscher Idealismus‹ verdeckt worden ist«. – Schelling: die einschlägig einleitende und anregende Interpretation von H. Heimsoeth, Metaphysik der Neuzeit (1929) bes. 176–182 und die diesen Ansatz durchführende von H. Fuhrmans – Schellings letzte Philosophie (1940); Schellings Philosophie der Weltalter (1954) – hat W. Schulz, Die Vollendung des deutschen Idealismus in der Spätphilosophie Schellings (1955) weniger korrigiert als vielmehr radikalisiert, indem er den »Aufweis der Endlichkeit der Subjektivität« (288), d. h. die »Vermittlungsbewegung der Subjektivität durch ihr Anderes« (290) nicht nur in der späten, sondern in der gesamten Transzendentalphilosophie zu erkennen sucht: »Es ist an der Zeit« – meint auch Schulz – »daß wir das Bild des deutschen Idealismus ... revidieren – nicht nur umwillen Schellings, sondern auch Fichtes« (143). – Die Auflösung des Begriffs »deutscher Idealismus« ist gemeinsames Resultat der neueren Hegel- und Transzendentalphilosophie-Diskussion.

8 Vgl. R. Kroner, Von Kant bis Hegel, Bd. 2 (1924) IX: »Der beste Weg zum Verständnis des Hegelschen Systems ist der, den der deutsche Idealismus selbst in seiner Entwicklung von Kant bis Hegel zurückgelegt hat«; dementgegen muß also jetzt »Hegels Stellung zu Kant und zu den anderen Systemen des deutschen Idealismus neu untersucht werden«: J. Ritter, Hegel und die französische Revolution (1957) 80.

9 Dazu gehört zwangsläufig auch die Aufmerksamkeit auf Traditionsbedingungen Hegels, die von der Transzendentalphilosophie verschieden sind: auf die französische Revolution: Ritter a.a.O.; auf die metaphysische Tradition: a.a.O. 10 ff.; auf die englische politische Ökonomie: a.a.O. 35 ff. und 62; auf die schwäbisch-theologische Tradition: G. Rohrmoser, Zur Vorgeschichte der Jugendschriften Hegels, in: Zeitschrift für philosophische Forschung 14 (1960), 182–208; auf die biblisch-theologische Tradition überhaupt: G. Rohrmoser, Subjektivität und Verdinglichung. Theologie und Gesellschaft im Denken des jungen Hegel (1961); usf.

10 Grundlinien der Philosophie des Rechts (1821) PhB (1955) 16.

11 Ritter a.a.O.; vgl. Rohrmoser a.a.O. 85: »Im Gegensatz zu der Position der abstrakten Postulate und des sich unablässig erneuernden Entwerfens ist die Hegelsche Philosophie als eine Hermeneutik der vorhandenen geschichtlichen Realität, der Welt, wie sie ist, und nicht, wie sie sein soll, zu kennzeichnen, so wie es vor allem von Joachim Ritter mit Nachdruck herausgearbeitet wurde.«

12 Vgl. W. Dilthey, Die Entstehung der Hermeneutik (1900) Gesammelte Schriften V, bes. 326 ff.; dazu J. Wach, Das Verstehen Bd. 2 (1929), 38/39: »Die Transzendentalphilosophie schaltet für unseren Zusammenhang fast ganz aus ... Das gilt ... auch für Hegel ... Die dialektische Methode ... war nicht dazu angetan, das Verstehen ... aufzuhellen.«

13 Vgl. M. Heidegger, Sein und Zeit (1927) 72, Anm. 1; Heideggers »Phänomenologie des Daseins ist Hermeneutik in der ursprünglichen Bedeutung des Wortes, wonach es das Geschäft der Auslegung bezeichnet« 37; vgl. f.

14 Das ist selbstverständlich keine Generaldefinition dessen, was heute als Problem der Hermeneutik (Vorverständnis etc.) diskutiert wird, sondern kennzeichnet einzig den gegenwärtigen Trend

dieser Diskussion zur Apotheose der Faktizität, von dem sich aber – dafür scheint gerade Hegel der Gewährsmann – die Frage der Hermeneutik sehr wohl ablösen läßt. Die Nötigkeit einer solchen Ablösung zeigt sich u. a. am Problem, innerhalb des – vgl. H. G. Gadamer, Wahrheit und Methode (1960) – »wirkungsgeschichtlichen Bewußtseins« so etwas wie »Notwendigkeit« seiner Bewegung und die »Fälligkeit« (d. i. offenbar nicht Zufälligkeit) seiner Gestalt zu begreifen.

15 Vgl. Ritter a.a.O. 15: »es gibt keine zweite Philosophie, die so sehr und bis in ihre innersten Antriebe hinein Philosophie der Revolution ist wie die Hegels.«

16 Vgl. zur gegenwärtigen Diskussion von Hegels ambivalentem Fortschritts- bzw. Revolutionsverhältnis H. Lübbe, Politische Philosophie in Deutschland (1963), bes. 48/49: »Das Freiheitsprinzip der Revolution sollte gelten; Revolution sollte nicht sein. In der Tendenz, beide Forderungen zu erfüllen, bestellte Hegel den Staat anstelle des Volks zum vollziehenden Subjekt jenes Prinzips und war gegen nichts empfindlicher als gegen das Volk, sofern es selbst als das postulierende und vollziehende Subjekt seiner politischen Freiheiten auftrat«; und J. Habermas, Hegels Kritik der französischen Revolution, in: Theorie und Praxis (1963) 89–107: »Hegel macht die Revolution zum Herzstück seiner Philosophie, um Philosophie davor zu bewahren, zum Zuhälter der Revolution zu werden« (106), d. h. er will »die Revolutionierung der Wirklichkeit unter Abzug der Revolution selbst« (91) und braucht darum die »Konstruktion des Weltgeistes ... als ... Revolutionär, der es doch nicht sein darf« (105).

17 E. Bloch, Subjekt-Objekt. Erläuterungen zu Hegel ([2]1962), 443.

18 a.a.O. 444.

19 a.a.O. 446; vgl. insgesamt die – in ihrer Differenziertheit hier nicht zur Geltung kommende – Diskussion a.a.O. 441–453; dazu bereits E. Bloch, Geist der Utopie (1918), 275 ff.

20 R. Haym, Hegel und seine Zeit (1857), wirft Hegel »Fügsamkeit gegenüber den existierenden praktischen Realitäten« vor: es »handelt ... sich für« ihn, »statt aller Aufstellung sittlicher Ideale und Postulate, um resignierende ... Auslegung der bestehenden Staatsordnung ... mit der furchtbaren Doctrin, welche das Bestehende als Bestehendes heiligspricht« (367/368). – Vgl. zum Zusammenhang: K. Löwith, Von Hegel zu Nietzsche ([3]1953),

bes. 98 ff. und I. Fetscher, Das Verhältnis des Marxismus zu Hegel, in: Marxismusstudien 3 (1960), 66–169.

21 Vgl. die marxistische Diskreditierung des gegenwärtigen Hegelinteresses innerhalb der bürgerlichen Welt, z. B.: Kommission für Kritik des Arbeitskreises französischer kommunistischer Philosophen, Über das Verhältnis des Marxismus zur Philosophie Hegels, in: Deutsche Zeitschrift für Philosophie 3 (1955), 357: »Die Themen, die die bürgerliche Philosophie bei Hegel ›findet‹, sind – welch ein Zufall! – die Mythen, die die Bourgeoisie benötigt, um in ihrem Verzweiflungskampf die Gewissen zu be- und entwaffnen ... Die große Rückkehr zu Hegel ist nur ein verzweifelter Angriff gegen Marx.«

22 Angesichts der oben, Abschn. 2 und Anm. 7–9, skizzierten These und ihres wachsenden Erfolgs ist inzwischen Warnung vor bedingungsloser Absage an jede Form einer Kontinuität zwischen Hegel und der Transzendentalphilosophie nicht unangebracht: gerade die aufklärungshaltigen, d. h. entscheidenden Elemente des Hegelschen Vernunftsbegriffs sind durch diese Kontinuität definiert; die Definition der Vernunft durch »Vernehmen« hingegen gehört wesentlich zur romantischen Schule: vgl. etwa C. G. Carus, Psyche (1846 ed. Klages 1926), 108; eine vorsichtige Rehabilitierung des Begriffs »deutscher Idealismus« bzw. »klassische deutsche Philosophie« ist durchaus am Platz.

23 D. h. sie ist Funktionsdiskussion. Freilich: gerade das bedeutet nicht – wie es heute gern gemeint wird – den Schritt zur »Ideologisierung«, sondern den entscheidenden Schritt von ihr weg. Denn »Ideologisierung« besteht nicht in der Bestimmung, sondern in der Verfälschung der Funktion einer Wirklichkeit (darin, daß ihr zuviel, zuwenig oder zu ihr beziehungslose Funktion zugemutet wird), d. h. nicht in ihrer Zweckbeziehung, sondern in ihrer Zweckentfremdung. Darum macht das Postulat der Zweckfreiheit einer Wirklichkeit (das Verbot der Diskussion ihrer Funktion) sie in der Regel gerade anfällig für derartige Zweckentfremdungen: es begünstigt ihre »Ideologisierung«. Einzig eine Funktionsdiskussion kann dem entgegentreten.

24 Im Anschluß an I. Kant, Kritik der reinen Vernunft B 116 ff.; vgl. Grundlinien der Philosophie des Rechts (1821) PhB (1955), 141: »Diejenigen, welche des ... Deduzierens in der Philosophie entübrigt sein zu können glauben, zeigen, daß sie von dem er-

sten Gedanken dessen, was Philosophie ist, noch entfernt sind«: das steht nicht an beliebiger Stelle, sondern in jenem Satz, mit welchem Hegel den Übergang vom Teil »Moralität« zum Teil »Sittlichkeit« macht.

25 Gerade im Blick auf Hegel ist die Aufmerksamkeit auf die Arbeitsmetaphorik – vgl. Th. W. Adorno, Aspekte der Hegelschen Philosophie (1957), 25 ff. – durch Aufmerksamkeit auf die entscheidende Rolle der Rechtsmetaphorik zu ergänzen.

26 »Rechten ... mit dem Weltgeschehen« als »die Auseinandersetzung, die seit alters her Theodizee heißt ... Das reine Ich rechtet mit dem Ganzen für die ›künftige Erfahrung‹«: W. Szilasi, Philosophie und Naturwissenschaft (1961), 88; vgl. f. und die Theorie der »transzendentalen Erfahrung«, bes. 9 ff. und 28 ff., der der in diesem Abschnitt 4 versuchte Hinweis auf Elemente, die Hegels Denken mit der Transzendentalphilosophie verbinden, in besonderem Maße verpflichtet ist.

27 Vgl. insgesamt die transzendentalphilosophische und Hegelsche Theorie des »Endzwecks«: es ist »die realisierte Freiheit ... der absolute Endzweck der Welt«: Grundlinien der Philosophie des Rechts (1821) PhB (1955), 116. Diese These ist aufgenommen u. a. auch im latenten Hegelianismus gegenwärtig an Thomas von Aquin anknüpfender Metaphysik, die Thomas in diesem Punkt zu rezipieren bereit ist nur, soweit er bereits Hegelianer war und »diese einzige Aufgabe seiner (sc. des Menschen) Freiheit« als »die schlechthinnige und einzige ›Norm‹ seines Handelns« anzusprechen erlaubt: M. Müller, Art. Naturrecht, in: Staatslexikon[6]; vgl. L. Oeing-Hanhoff, Metaphysik und Geschichtsphilosophie, in: Gott in Welt (1964), 240–268.

28 Hegel, a.a.O. 14.

29 Die Vernunft in der Geschichte, PhB (1963), 55 (ab 1830).

30 Über Friedrich Heinrich Jacobis Werke (1817) VI, 329.

31 Enzyklopädie ([1]1817) VI, 241.

32 Logik Bd. 1 (1812) PhB (1948), 124.

33 a.a.O. 123/124; vgl. auch Enzyklopädie ([3]1830), § 507: PhB (1959) 399; Ästhetik (ab 1818) XII, 141: »Solch ein Gegensatz des Subjektiven und der gegenüberliegenden Objektivität, so wie das Sollen ihn aufzuheben, ist eine schlechthin allgemeine Bestimmung, welche sich durch Alles hindurchzieht«; vgl. f.

34 »Denn die Sache ist nicht in ihrem Zwecke erschöpft, sondern

in ihrer Ausführung ... der Zweck für sich ist das unlebendige Allgemeine«: Phänomenologie des Geistes (1807) PhB (1949), 11.

35 a.a.O. 189/190.

36 VI 329.

37 Vgl. die dafür präzise Formulierung von M. Müller a.a.O.: ihre Verfassung sei »nicht ... formale Gleichheit und nicht ... formale Unveränderlichkeit, sondern ... Unbeliebigkeit«.

38 »Hegels vielgeschmähtes Schema der Weltgeschichte, daß in ihrem Gange zuerst einer, dann einige und am Ende alle frei würden, hat einzig den Sinn, den weltgeschichtlichen Zusammenhang zwischen der modernen bürgerlichen Gesellschaft und der Polis aufzuweisen. Die politische Idee, die aus der griechischen Philosophie in die Überlieferung Europas eingegangen ist, wird für Hegel im Aufkommen der modernen Gesellschaft geschichtlich virulent. Mit ihr werde das zuerst in der Polis gesetzte Rechtsprinzip der Freiheit des Menschseins zum universalen, auf den Menschen als Menschen bezogenen Menschenrecht«: J. Ritter, Die große Stadt, in: Erkenntnis und Verantwortung (1961), 187/188.

39 Vgl. Grundlinien der Philosophie des Rechts (1821) PhB (1955), 112: »Das Recht der Besonderheit des Subjekts, sich befriedigt zu finden, oder, was dasselbe ist, das Recht der subjektiven Freiheit macht den Wende- und Mittelpunkt in dem Unterschiede des Altertums und der modernen Zeit. Dies Recht in seiner Unendlichkeit ist im Christentum ausgesprochen und zum allgemeinen wirklichen Prinzip einer neuen Form der Welt gemacht worden.« Vgl. J. Ritter, Subjektivität und industrielle Gesellschaft a.a.O., bes. 139 ff.

40 Vgl. J. Ritter, Hegel und die französische Revolution (1957); die zugehörige Interpretation der Staatstheorie Hegels steht leider noch aus. Lübbe hat – vgl. oben Anm. 16 – gezeigt, daß in Hegels Theorie der Staat die Revolution ersetzt; er betrachtet das mißtrauisch (»politisches Biedermeier«: a.a.O. 51). Indes: dieser Ersetzungszusammenhang könnte als Anspruch an den Staat sich aktualisieren lassen: nur jener Staat ist loyalitätswürdig, der Revolution wirklich zu ersetzen, d. h. den Inhalt der Revolution – Beseitigung der Unterdrückung von Menschen durch Menschen – wirklich zu realisieren und eben dadurch die Freiheit jedes Einzelnen von der Gesellschaft zu sichern ver-

mag. Die Frage, wieweit eine solche Aktualisierung über Hegel hinausgeht, sei hier offengelassen.

41 Den Widerspruch, daß so Freiheitszwecke für alle Menschen nicht für Menschen aller Zeiten, d. h. nicht für alle Menschen sichtbar und verbindlich sind, löst Hegel durch einschlägige Verwendung des dynamis-energeia-Gedankens: alle Menschen sind »an sich« (in Möglichkeit), aber nicht alle auch schon »für sich« (in Wirklichkeit) frei; und das bedeutet keineswegs nur: nicht alle »wissen« ihre Freiheit; vielmehr: nicht alle leben in einem Verwirklichungsstande der Freiheit, der sich ein Wissen von sich selber leisten kann.

42 Diese drei Aggregatzustände der Sollensphilosophie bilden – unterm Druck des bei ihr ungelösten Verwirklichungsproblems (Hiatus zwischen Zweck und Vermittlung) – eine konsequente Reihenfolge von Positionen zunehmend erstrebter Realisierungsunempfindlichkeit jener allgemeinen Zwecke. 1. Position des unendlichen Progresses: das ungelöste Verwirklichungsproblem wird »dadurch verdeckt ... daß die Realisierung der Idee ... in eine Zukunft, wo die Idee auch sei, verlegt wird«: Enzyklopädie ([3]1830) PhB (1959), 83; gemeint ist eine unendlich ferne Zukunft; dieser »Progreß ins Unendliche, wie das Sollen, sind der Ausdruck eines Widerspruchs, der sich selbst für die Auflösung ... gibt«: Logik Bd. 1 (1812) PhB (1948), 140; er ist jedoch »das Gegenteil vielmehr von einer Auflösung ... und ... unmittelbar nichts als der perennierend gesetzte Widerspruch selbst«: Enzyklopädie ibid. 2. Verlust dieses pseudo-geschichtsphilosophischen Realisierungsscheins durch den unendlichen Progreß führt – bes. nach Hegel durch Rückwende zu Kant – zur unstabilen Position eines reinen Normativismus: das Verwirklichungsproblem wird aus der Sphäre des philosophisch nun allein bedeutsamen Themas zeitloser Gültigkeit von Normen in die vorgeblich unphilosophische »bloßer Tatsachenfragen« ausgewiesen. Diese Position wird illiquid. Darum nimmt sie schließlich pseudo-metaphysischen Kredit auf und wird 3. Wertphilosophie: sie radikalisiert einerseits die Realisierungsunempfindlichkeit allgemeiner Zwecke durch Preisgabe selbst noch ihres Zweckcharakters (Werte sind Normen, die nicht nur gleichgültig dagegen sind, ob sie realisiert werden oder nicht, sondern die sogar gleichgültig dagegen sind, ob sie Zweck werden oder nicht: sie we-

sen gewissermaßen etsi homo non daretur); und sie versucht andererseits, den nun endgültigen Verlust an Realisierungsbezug durch Reichtum an Inhalt zu kompensieren (materiale Wertethik); zusätzlich schürt sie das »Wertproblem« – »Hat (oder ist) etwas Wert, weil wir es werten, oder werten wir es, weil es Wert hat (oder ist)?«: A. Chr. Wilsmann, Untersuchungen zum Wertproblem (1926) 1 – zum Zwecke des Vergessens der eigentlich zentralen, der Realisierungsfrage; zugleich hat es als realen Kern das Unbehagen an der grundsätzlichen Beliebigkeit der vom Realisierungsproblem abgetrennten Normbestimmungen: diese existieren in »einem weichen Elemente, dem sich alles Beliebige einbilden läßt«: Grundlinien der Philosophie des Rechts (1821) PhB (1955), 16.

43 Denn sie fürchtet ruinöse Folgen eines Empirismus in der praktischen Philosophie: vgl. Kants exemplarische Abwehr des Versuchs, das Sittengesetz auf Erfahrung zu gründen. Dagegen Hegel: »Es liegt im Empirismus dies große Prinzip, daß, was wahr ist, in der Wirklichkeit sein ... muß. Dies Prinzip ist dem Sollen entgegengesetzt, womit die Reflexion sich aufbläht und gegen die Wirklichkeit und Gegenwart mit einem Jenseits verächtlich tut ... Wie der Empirismus, erkennt ... auch die Philosophie nur das, was ist; sie weiß nicht solches, was nur sein soll und somit nicht da ist«: Enzyklopädie ([3]1830) PhB (1959) 65.

44 Bereits Kant charakterisiert diese Verfassung, wenn er – Der Streit der Fakultäten (1798), Werke ed. Cassirer VII, 401 – im Blick auf die französische Revolution schreibt: »Ein solches Phänomen in der Menschengeschichte vergißt sich nicht mehr.«

45 Vgl. Hegels einschlägige Aufnahme des Chorismos-Begriffs, z.B. Enzyklopädie a.a.O. 39: »Die Abtrennung der Wirklichkeit von der Idee ist besonders bei dem Verstande beliebt, der die Träume seiner Abstraktion für etwas Wahrhaftes hält und auf das Sollen, das er vornehmlich auch im politischen Felde gern vorschreibt, eitel ist.«

46 Logik Bd. 1 (1812) PhB (1948), 124.

47 Das verbindet den Normativismus und speziell die Wertphilosophie mit jener, die von der Tyrannei der Werte spricht. Offenbar sind nicht nur Werte der Tyrannei fähig. Wo sie es aber sind, sind sie es gerade wegen dieser latenten Orientierung am Ausnahmezustand. Vernünftig ist, was den Ausnahmezustand vermeidet.

48 Darum gehört zur Sollensphilosophie Kants und Fichtes: Rigorismus; Pathos des Schwerhabens; Orientierung der Moralprobleme weithin am Extremfall der Pflichtenkollision; Lob des Heroismus; Zusammenhang von Moralität und Tragödie; usf. Dagegen Hegel: »Die sittliche Idee aber ohne jedes Unglück der Kollision ... ist in der sittlichen Welt wirklich und gegenwärtig ... dies ist es, was die reale sittliche Existenz, der Staat, bezweckt und bewirkt«: Grundlinien der Philosophie des Rechts (1821) PhB (1955), 138.

49 Der von J. Habermas, Analytische Wissenschaftstheorie und Dialektik, in: Zeugnisse (1963), bes. 489 ff. analysierte faktisch normative Charakter vermeintlich wertfreier Tatsachenforschung scheint davon nur ein Spezialfall zu sein.

50 Anders formuliert: Sollensphilosophie ist ›indirekte Regression‹. – Diese Kategorie könnte zu G. Lukács' verwandter Kategorie der »indirekten Apologetik« (Die Zerstörung der Vernunft 1954) zugleich als Korrektiv sich verhalten, weil sie reflektiert, was bei Lukács offenbar unreflektiert bleibt: seine Analyse von Positionen »indirekter Apologetik« nimmt deren Wirklichkeitsbegriffe arglos für schlichte Deskription; der Unterbietungstrend dieser Wirklichkeitsbegriffe bleibt bei ihm durchweg undiskutiert. – Hegel entlarvt indirekte Regressionen nicht nur im unmittelbaren Zusammenhang der Sollenskritik: vgl. u. a. seine Analyse des »Atheismus der sittlichen Welt«, Grundlinien der Philosophie des Rechts a.a.O. 7.

51 Die berechtigte Frage nach der Triftigkeit von Hegels Transzendentalphilosophie-Interpretation muß hier undiskutiert bleiben.

52 So daß »die Vernunft dadurch ein Verständiges, und ihre Unendlichkeit eine subjektive wird«: Differenzschrift (1801) I, 53.

53 Darum ist für Hegel die Transzendentalphilosophie nur ›parallel‹ zur französischen Revolution: sie vollzieht im Kopf das, was die französische Wirklichkeit vollzieht: vgl. Vorlesungen über die Geschichte der Philosophie (ab 1805 bzw. 1816) XIX, 535 und 552/553; sie bleibt auch post revolutionem auf dem Standpunkt ihrer gedanklichen Antezipation stehen; erst Hegels Philosophie macht – vgl. J. Ritter, Hegel und die französische Revolution (1957) – die Veränderung der Wirklichkeit durch diese Revolution zu ihrer realen Voraussetzung: die Transzen-

dentalphilosophie denkt ›statt‹, Hegels Philosophie denkt ›auf Grund‹ der französischen Revolution.

54 Also das, was Hegel in der Rechtsphilosophie a.a.O. 142 ff. unterm Titel »Sittlichkeit« diskutiert. All das muß die Transzendentalphilosophie durch – formalismusgeplagte: vgl. a.a.O. 119 ff. – Postulate ersetzen. Die in der deutschen Philosophie verbreitete Perennierung dieser Position hat schließlich vollends zur Austreibung der politischen und Rechtsprobleme aus der Sphäre der »eigentlichen« Philosophie geführt: ein Vorgang, der den »Versuch der transzendentalen Selbstbegründung der autonomen Vernunft« – vgl. U. Hommes, Das Problem des Rechts und die Philosophie der Subjektivität, in: Philosophisches Jahrbuch 70 (1962/63), 311–343; Zit. 342 – und zugleich nicht wenige Positionen seiner Gegner prägt. Die Gesamtbetrachtung dieses Vorgangs mit all dem, was zu ihm gehört – etwa: wachsende Unfähigkeit zu einer Theorie des »Endzwecks« der Geschichte und seiner »Vermittlung«; Diskreditierung des »teleologischen Denkens« überhaupt und Ausschau nach End-Bestimmungen, die keine Ziel-Bestimmungen sind; Tendenz zur Überführung der »weltbürgerlichen« Definition der Geschichte in eine von dieser verschiedene; Dialektikkritik; Hegel- und Fortschrittsfeindschaft; Elephantiasis der Verfallstheorie; usf. – wäre gleichbedeutend mit einer Philosophie der Geschichte des Verfalls der Philosophie der Geschichte.

55 Darum gehört zu Hegels Sollenskritik seine Kritik der Unmittelbarkeitsphilosophien; programmatisch: Phänomenologie des Geistes (1807) PhB (1949), 54 ff.; denn – wie angedeutet – die Sollensphilosophie bemerkt in der Wirklichkeit zuwenig vernünftige Vermittlung: zuviel in der Wirklichkeit bleibt für sie Nicht-Vermittlung, d. h. Unmittelbarkeit; so treibt es sie, schließlich diese Unmittelbarkeit zur Position zu machen. – Darum ist – vgl. oben Anm. 24 – Hegels Argument auch nicht, daß die transzendentalphilosophische Sollensphilosophie zuviel, sondern ganz im Gegenteil, daß sie zuwenig »deduziert«, d. h. daß sie zu weniges als vernünftige Vermittlung begreift. – Von hier aus wird zugleich Hegels ambivalentes Verhältnis zu Kunst und Natur bzw. zur transzendentalphilosophischen Ästhetik und Naturphilosophie plausibel. Einerseits macht er sie gegen die Sollensposition als ein Mehr an Vermittlung geltend: die sollensphi-

losophische »Faulheit des Gedankens ... hat ... an dem Sollen einen zu leichten Ausweg, gegen die wirkliche Realisierung des Endzwecks an dem Geschiedensein des Begriffs und der Realität festzuhalten. Die Gegenwart hingegen der lebendigen Organisationen und des Kunstschönen zeigt ... schon die Wirklichkeit des Ideals«: Enzyklopädie ([3]1830) PhB (1959), 81. Andererseits handelt es sich hier um Vermittlungen, die Unmittelbarkeit etablieren; darum ist bei Hegel – nach der schönen Formulierung Blochs – »die Natur aufs Altenteil« gesetzt und – Vorlesungen über die Ästhetik (ab 1818) XII, 32 – »die Kunst nach der Seite ihrer höchsten Bestimmung für uns ein Vergangenes.«

56 Logik Bd. 1 (1812) PhB (1948), 124.

57 Vgl. oben Anm. 42.

58 Die These dieses Kurzhinweises basiert auf Analysen einer demnächst vom Verf. erscheinenden Arbeit über die Depotenzierung der Transzendentalphilosophie; vgl. partiell einschlägig vom Verf.: Über einige Beziehungen zwischen Ästhetik und Therapeutik in der Philosophie des 19. Jahrhunderts, unten S. 90 ff.

59 Vgl. oben Anm. 5.

60 Das ist freilich hegelbezüglich nur eine Minimalinterpretation; es läßt sich also fragen, ob diese Interpretation insbes. Hegels These von der Wirklichkeit des Vernünftigen und Vorhandenheit des Absoluten vollständig deckt. Diese These Hegels – konkret: »die Gegenwart hat ihre Barbarei und unrechtliche Willkür, und die Wahrheit hat ihr Jenseits ... abgestreift, so daß die wahrhafte Versöhnung objektiv geworden, welche den Staat ... zur Wirklichkeit der Vernunft entfaltet, worin das Selbstbewußtsein die Wirklichkeit seines substantiellen Wissens und Wollens ... findet«: Grundlinien der Philosophie des Rechts (1821) PhB (1955), 297 – bleibt zweifellos die crux der Hegelinterpretation. G. Rohrmoser, Subjektivität und Verdinglichung (1961), versucht sie sich – bei gleichem Ausgangspunkt wie die hier vorgetragene Überlegung; philologisch mit guten Gründen; philosophisch mit plausiblen Motiven – erträglich zu machen, indem er ihren theologischen Sinn entdeckt: er entkommt der Schwierigkeit zu begreifen, warum Hegel, in die Schwierigkeit zu begreifen, warum Gott mit der »vorhandenen Wirklichkeit« seinen »Frieden« hat machen können. Indes: auch der hier mit Maßen alternativ vorgebrachte Versuch, Hegels Begriffe der voll-

endeten Welt in Begriffe des einstweilen erreichten Standes zu übersetzen, muß sich einen Vorwurf gefallen lassen: am Ende wurde auch bei ihm aus Interpretation unversehens die Formulierung nur von Bedingungen, unter denen sein Verf. bereit wäre, Hegelianer zu sein.

Zu: Idealismus und Theodizee

1 Später auch Feuerbach: vgl. K. Löwith, Das Individuum in der Rolle des Mitmenschen (1928) und als Rückblick M. Buber, Die Schriften über das dialogische Prinzip (1954), bes. 287–289; dazu gehört die Verwandlung der idealismuskritischen Position aus Existenzphilosophie in Anthropologie.

2 Vgl. u. a.: K. Barth, Der Römerbrief ([2]1922); E. Brunner, Die Mystik und das Wort (1924); F. Gogarten, Illusionen. Eine Auseinandersetzung mit dem Kulturidealismus (1926); E. Rosenstock-Huessy, Angewandte Seelenkunde (1924); F. Ebner, Das Wort und die geistigen Realitäten. Pneumatologische Fragmente (1921); L. Schestow, Potestas Clavium (dt. 1926); F. Rosenzweig, Der Stern der Erlösung (1921); M. Buber, Ich und Du (1923); dazu insgesamt die Zeitschrift Zwischen den Zeiten (1923–1933); zur These u. a.: für Ebner ist »der Idealismus ... wahrhaftig die auszehrende Krankheit des Geistes« (a.a.O. 114); und Brunner betont a.a.O. ([2]1928) »das Entweder-Oder, das zwischen dem spekulativen Idealismus, bzw. der Mystik und dem christlichen Glauben, zwischen dem monologischen Verhältnis der Seele zu ihrer eigenen Göttlichkeit und dem Glauben an die göttliche Offenbarungstat und das Versöhnungswort in Jesus Christus besteht« (III/IV). Die anregende Rolle von Cohen – der freilich (Die Religion der Vernunft aus den Quellen des Judentums 1919) die spät-marburger »idealistische« Konzeption in seinen Ansatz mit hineinzunehmen versucht – und die einschlägigen Thesen von Grisebach, Marcel, Guardini, Jaspers, Heidegger u. a. seien hier nur erwähnt. Vgl. das Material bei H. Groos, Der deutsche Idealismus und das Christentum (1927) und zur Interpretation M. Theunissen, u. a. Bubers negative Ontologie des Zwischen, in: Philosophisches Jahrbuch 71 (1963/64) 319–330; wesentliche Hinweise auf diesen Zusammenhang verdanke ich K. Gründer.

3 Was natürlich wechselseitige Kritik nicht ausschließt; vgl. etwa den Titel-Essay von L. Schestow, Potestas Clavium (dt. 1926) 65–77.

4 Vgl. außer Engels und Lenin nicht zuletzt F. J. v. Rintelen, Einführung zu: C. Ottaviano, Kritik des Idealismus (dt. 1941) 1–40.

5 F. W. J. Schelling (Werke ed. K. F. A. Schelling) III, 389 (System des transzendentalen Idealismus 1800); I, 179 (Vom Ich als Prinzip der Philosophie 1794); III, 388 und 379 (System des transzendentalen Idealismus 1800); I, 306 (Philosophische Briefe über Dogmatismus und Kritizismus 1795).

8 Selbstherrlichkeit: H. Herrigel, Das neue Denken (1928), Abschn. Zur Kritik des Idealismus 17 ff., bes. Zur Kritik des deutschen Idealismus 82–97; Vermessenheit: G. Krüger, Die Philosophie im Zeitalter der Romantik, in: Romantik (1948) 61; all das sind Reprisen des Augustinischen superbia-Vorwurfs; vgl. außerdem einschlägig: E. Hirsch, Die idealistische Philosophie und das Christentum (1926) VII/VIII: »Sequitur nunc, liberum arbitrium esse plane divinum nomen nec ulli posse competere quam soli divinae maiestati (W. A. XVIII, 636), an diesem Worte (sc. Luthers) stirbt die Philosophie der Freiheit ... So bleibts wohl richtig, daß wir den Idealismus überwinden müssen«; dazu 66 ff.; die Wirksamkeit dieser Kritik zeigt sich nicht zuletzt daran, wie sehr sie die Versuche, ihr entgegenzutreten, historisch gemacht hat: z. B. E. Spranger, Der Kampf gegen den Idealismus (1931).

7 Ebner a.a.O., 114, 115 u. ö.

8 K. Leese, Philosophie und Theologie im Spätidealismus (1928).

9 Die ihm folgten, waren dann in der Regel radikaler und haben sich darum gegen ihn gewandt: vgl. z. B. M. Heidegger, Kant und das Problem der Metaphysik (1929, [2]1951) 16, Anm. 4; demgegenüber macht es – trotz der unten geübten Kritik an diesem Interpretationstrend – die Behutsamkeit der Analysen Heimsoeths gerade möglich, an sie anzuknüpfen, wie das hier – jedenfalls der Absicht des Verf. nach – auch geschieht.

10 Ab 1924; vgl. jetzt zusf. H. Heimsoeth, Studien zur Philosophie Immanuel Kants (1956), und nach wie vor: Metaphysik der Neuzeit (1929) 85–104. Vgl. M. Heidegger, Kant und das Problem der Metaphysik (1929); G. Krüger, Philosophie und Moral

in der Kantischen Kritik (1931); Der Maßstab der Kantischen Kritik, in: Kant-Studien 39 (1934), 156 ff.

11 H. Heimsoeth, Fichte (1923). Vgl. E. Coreth, Vom Ich zum absoluten Sein, Zur Entwicklung der Gotteslehre Fichtes, in: Zeitschrift für katholische Theologie 79 (1957) 257–303; W. Weischedel, Der Zwiespalt im Denken Fichtes (1962); W. Schulz, J. G. Fichte, Vernunft und Freiheit (1962); R. Lauth, u. a.: Le problème de l'interpersonnalité chez J. G. Fichte, in: Archives de Philosophie 25 (1962), 325–334; Die Bedeutung der Fichteschen Philosophie für die Gegenwart, in: Philosophisches Jahrbuch 70 (1962/63), 252–270; Fichtes Gesamtidee der Philosophie, a.a.O., 71 (1963/64), 253–285; vgl. insgesamt H. M. Baumgartner, Nachlese zum Fichte-Jahr 1962, in: Philosophisches Jahrbuch 71 (1963/64), 435–442.

12 H. Heimsoeth, Metaphysik der Neuzeit (1929), bes. 172–186. Vgl. H. Fuhrmans, Schellings letzte Philosophie. Die negative und positive Philosophie im Einsatz des Spätidealismus (1940); in der Position modifiziert: Schellings Philosophie der Weltalter (1954); W. Schulz, Die Vollendung des deutschen Idealismus in der Spätphilosophie Schellings (1955): kritisiert die Spätidealismus-These (167–186) faktisch, um nicht nur den Spätidealismus, sondern um die gesamte Transzendentalphilosophie als »Vermittlungsbewegung der Subjektivität durch ihr Anderes« begreifen zu können.

13 Dazu gehört der umgekehrte Versuch, in der Idealismuskritik Idealismus zu entdecken; vgl. u. a.: H. Volk, Die Kreaturauffassung bei K. Barth (1938) (»Die idealistische Gedankenwelt B.s«: 134), und C. H. Ratschow, Der angefochtene Glaube (1957), bes. die Argumentation gegen Kierkegaard 121 ff. (»eine überaus brauchbare Dialektik, die das Sterben ... des Gottessohnes in eine harmlose Ewigkeit überführt«: 131).

14 Vgl. – abgesehen vom frühen Gegenzug gegen die Idealismuskritik bei F. Brunstäd, Die Idee der Religion (1922) (»Die Erneuerung des philosophischen Idealismus ... stellt sich nun erst recht als die drängende Aufgabe unserer Gesamtlage dar«: IV) bzw. Reformation und Idealismus (1925), oder bei H. Stephan, Art. Idealismus III in: RGG², Bd. 3 (1929) (»Man ... betrügt sich so um die notwendige innere Auseinandersetzung«: Sp. 53; »Es wäre Ungehorsam gegen Gott und Verleugnung seiner Gna-

dengaben, wenn wir ungenützt beiseite lassen wollten, was uns in den Leistungen jener Großen geschenkt ist«: Sp. 57) – bes. den Transzendentalthomismus seit J. Maréchal: einschlägig »zur Geschichte der Problemlage« etwa E. Coreth in: Aufgaben der Philosophie ed. Coreth (1958), bes. 16–21; am radikalsten wohl ist dieser Ansatz inzwischen durchgeführt bei J. B. Metz, Christliche Anthropozentrik (1962): die Thomisten haben Thomas nur verschieden interpretiert; es kömmt darauf an, ihn zu verändern; vgl. innerhalb der reformatorischen Theologie die – u. a. durch Arbeiten G. Rohrmosers gefördert – Hegelneigung etwa im Kreis um W. Pannenberg; von ihm selber u. a.: Was ist Wahrheit? in: Vom Herrengeheimnis der Wahrheit ed. K. Scharf (1962: Vogel-Festschrift), bes. 233 ff., und auch: Dogmatische Thesen zur Lehre von der Offenbarung, in: Geschichte und Offenbarung ed. Pannenberg ([2]1963): jedenfalls mehr, als dies 97 deutlich wird, usf.

15 Vgl. die Hinweise beim Verf., Hegel und das Sollen, oben bes. S. 38.

16 Vgl. die charakteristische Reduktion politisch-rechtszieliger Intentionen im Zeichen der Idealismuskritik: z. B. das Problem, mit der Bombe zu leben, wird zum bloß ethischen; statt um eine bessere Welt geht es weithin nur mehr um eine bessere Kirche; usf.

17 Weil Autonomie Prinzip der modernen Welt ist, gehört dann dazu in der Regel Verdammung der modernen Welt als Verfall; repräsentativ ist u. a. G. Krüger, Geschichte und Tradition (1948), in: Freiheit und Weltverwaltung (1958): weil der moderne Mensch »souverän« glaubt existieren zu können, leben »wir in einer Zeit gesteigerter, eminenter Geschichtlichkeit« (75); es »droht ... der totale Bruch mit der Tradition ... Wir leben nur noch von unserer Inkonsequenz, davon, daß wir nicht wirklich alle Traditionen zum Schweigen gebracht haben. Aber unser Leben wird zusehends geschichtlicher, hinfälliger, katastrophaler. Wir gehen der radikalen Unmöglichkeit der sinnvollen und gemeinsamen Existenz entgegen« (94); usf.

18 Darum ist die Vorstellung fragwürdig, Philosophie solle den Menschen gerade mit der Endlichkeit und Schwere seines Daseins konfrontieren; vgl. M. Heidegger, Einführung in die Metaphysik (1953) 8: »Erschwerung des geschichtlichen Daseins ... ist ... der

echte Leistungssinn der Philosophie«: diese Vorstellung setzt eine Verfassung voraus, die sich das Schwerhaben als Luxus leisten kann; sie vergißt zugleich, daß das geschichtliche Dasein »zunächst und zumeist« gerade nicht in dieser Verfassung sich befindet: »Das Leben, wie es uns auferlegt ist, ist zu schwer für uns«: S. Freud XIV, 433 (Das Unbehagen in der Kultur 1930); »der echte Leistungssinn der Philosophie« sollte im Beitrag zu seiner Erleichterung bestehen und ihr schlechtes Gewissen angesichts der Geringfügigkeit ihres Beitrags erwachsen.

19 Vgl. oben, S. 53.

20 Zur Tradition dieses Motivs vgl. das Material bei F. Billicsich, Das Problem des Übels in der Philosophie des Abendlandes, Bd. 1 ([2]1955), Bd. 2 (1952). Zur repräsentativen Schwierigkeit wird das Theodizeeproblem erst in der Neuzeit: der Protest der Aufklärung gegen den Willensgott und seine potentia absoluta muß mit der Vernünftigkeit Gottes auch die Vernünftigkeit der Güte Gottes nachweisen; darin besteht im engeren Sinn die Theodizee; grob gesagt: nicht mehr der »gnädige Gott«, sondern der »gerechte Gott« interessiert. Spätestens von diesem Zeitpunkt ab besteht dann für die Theologie die Möglichkeit, das Theodizeeproblem – das trotz aller Ontologie der potentia oboedientialis einzige, das in der modernen Welt eine wirkliche Verbindung stiftet zwischen philosophischen und theologischen Fragen – als nicht honorig abzutun: vgl. die Zusammenstellung der Motive seiner theologischen Verachtung bei L. Schlaich, Das Problem der Theodizee und die Aufgabe der Seelsorge, in: Zwischen den Zeiten 8 (1930), 493–511. Diese Zurückweisungsmöglichkeit wäre in der Tat ruinös – für die Theologie.

21 Bezeichnung nach H. Stephan, in: Art. Idealismus, III RGG[2], Bd. 3 (1929), Sp. 56.

22 Vgl. Kants Notizen (Akademieausgabe) XVII, 229–239; dazu A. Harnack, Geschichte der Königlich Preußischen Akademie der Wissenschaften zu Berlin I, 1 (1900), 404: »So geschah es, daß ... im Jahre 1753 (für 1755) ... unter der durchsichtigen Hülle einer Kritik des ›Systems‹ von Pope in Wahrheit eine Kritik der Leibnizschen Lehre von der besten Welt ... verlangt wurde. Das Thema lautete: ›On demande l'examen du système de Pope, contenu dans la proposition: Tout est bien. Il s'agit: (1) de déterminer le vrai sens de cette proposition, confor-

mément à l'hypothèse de son auteur. (2) De la comparer avec le système de l'optimisme, ou du choix meilleur, pour en marquer exactement les rapports et les différences. (3) Enfin d'alléguer les raisons qu'on croira les plus propres à établir ou à détruire ce système.‹« Vgl. D. Henrich, Über Kants früheste Ethik, in: Kant-Studien 54 (1963), 404–431, bes. den 1. Abschnitt über »Kants Kritik der Theodizee von Leibniz und das Problem einer Begründung der Ethik«, 408 ff.: Henrich betont dort im Blick auf XVII, 237/238 die Pointe des Kantischen Arguments: daß Leibniz die Möglichkeiten als von Gott unabhängig ansetzt. Demgegenüber führen dann Kants eigene Überlegungen dazu, auch die Möglichkeiten als von Gott abhängig zu denken: kardinaler Punkt des einzig möglichen Beweisgrundes (1763), bereits expliziert in: Principiorum primorum cognitionis metaphysicae Nova Dilucidatio (1755), I, 395 f. Hinsichtlich der im folgenden vertretenen These hat diese Leibnizkritik eine bestimmte Rolle: Kants Abwehr von Leibniz' temperierter Unabhängigkeitsthese macht Kant den Rückzug auf diese temperierte Unabhängigkeitsthese unmöglich und zwingt ihn gerade dadurch auf die Dauer, die radikale Unabhängigkeitsthese zu vertreten: die idealistische Autonomiethese.

23 J. G. Fichte, Einige Aphorismen über Religion und Deismus (1790), Gesamtausgabe II 1, bes. 289–291, und die Interpretation bei H. Heimsoeth, Fichte (1923), 16 ff.

24 I. Kant, Nova Dilucidatio (1755) I, bes. 398 ff. im Zusammenhang der Diskussion der »bonitas Dei infinita« (404) mit der These: »Praescientiae divinae respectu actionum liberarum locus non est, nisi determinata eorum rationibus suis futuritio admittatur« (405), und der Versicherung: »Verum inde non sequitur, actiones moraliter pravas Deum auctorem incusare posse« (404); vgl. die entsprechende Formulierung des Freiheitsproblems bei G. W. Leibniz, Essais de Théodicée (1710), in: Phil. Schr. ed. C. J. Gerhardt VI, etwa 102 ff.

25 F. W. J. Schelling VI, 28 und ff.; VII, bes. 339 ff. und vor allem VII, 353 ff.; schließlich – unter dem Titel: »Begriff des Menschen und der menschlichen Freiheit. Ursprung des Bösen« – VII, 457 ff.: dort die knappe Zusammenfassung der Frage: »Die Vertheidiger der Freiheit denken gewöhnlich nur daran, die Unabhängigkeit des Menschen von der Natur zu zeigen, die freilich

leicht ist. Aber seine innere Unabhängigkeit von Gott, seine Freiheit auch in Bezug auf Gott lassen sie ruhen, weil dieß eben das Schwerste ist« (VII, 458; zur Frage nach dem Ursprung des Bösen vgl. ff.): damit ist die in Anm. 24 skizzierte Frage des frühen Kant wieder aufgenommen.

26 G. W. F. Hegel (Werke ed. Glockner) u. a. XI, 569; vgl. noch J. G. Droysen, Grundriß der Historik (1858) ed. R. Hübner (^{3}1958), 341 und im Vorwort zur Geschichte des Hellenismus II (1843), a.a.O., 371: »Die höchste Aufgabe unserer Wissenschaft ist ja die Theodicee«.

27 I. Kant, Über den Grund des Mißlingens aller philosophischen Versuche in der Theodizee (1791): diese Schrift – die im Text aus Gründen der Darstellungsvereinfachung nicht genannt ist – widerspricht der Pausentheorie nicht, sondern bestätigt sie: bei Kant bahnt sich die Preisgabe der strengen Autonomiethese zugunsten einer Wende zu Natur und Religion – vgl. unten, S. 45 – bereits früher an: vgl. Kritik der Urteilskraft (1790); Die Religion innerhalb der Grenzen der bloßen Vernunft (1793); genau erst dort, wo Natur und vor allem die Religion wieder zum wichtigen Thema wird, kann und muß die Diskussion des Theodizeeproblems wiederkehren. Im Text unerwähnt bleiben auch vereinzelte Theodizeebemerkungen, wie z. B. die an Leibniz und Hegel erinnernde VIII, 30 (Idee zu einer allgemeinen Geschichte in weltbürgerlicher Absicht 1784; vgl. dazu die entsprechende Newton-Rousseau-Bemerkung in: Werke ed. Hartenstein VIII, 630).

28 D. h. mindestens zwischen der Publikation von Kants Kritik der reinen Vernunft und der Publikation von Fichtes Bestimmung des Menschen bzw. Schellings System des transzendentalen Idealismus.

29 I. Kant VIII, 255 (Über den Grund des Mißlingens aller philosophischen Versuche in der Theodizee 1791).

30 Vgl. I. Kant XVIII, 69: »Ich versuchte es gantz ernstlich, Satze zu beweisen und ihr Gegentheil ... weil ich eine illusion des Verstandes vermuthete, zu entdecken, worin sie stäke. Das Jahr 69 gab mir großes Licht.« Vgl. Kants Brief an Garve vom 21. 9. 1798: »der Punkt ... von dem ich ausgegangen bin ... (ist) die Antinomie der r. V.«: vgl. außer A. Riehl, der philosophische Kritizismus I (1876, ^{3}1924), bes. 339–341 und

350–351, vor allem die Betonung der systematischen und entwicklungsgeschichtlichen Bedeutung der Antinomien in: Reflexionen Kants zur Kritik der reinen Vernunft, ed. B. Erdmann, Bd. 2 (1884), XXIV–XLIX. Gegw. hat die Bedeutung der Antinomien für Kants kopernikanische Wende vor allem betont G. Martin, Immanuel Kant, Ontologie und Wissenschaftstheorie (1951), bes. 52–77 (»die Antinomien sind ein selbständiger Beweis der kantischen These von der Idealität der Erscheinungen«: 67); vgl. letzthin H. Heimsoeth, Atom, Seele, Monade, Historische Ursprünge und Hintergründe von Kants Antinomie der Teilung (1960): »Daß ... die Thematik der Antinomien ... für die Genesis von Kants Philosophie ... entscheidende Bedeutung gehabt hat, darf heute als gesicherte historische Einsicht angesehen werden«: 263 (7); vgl. 261–289 (5–33). Dieses Antinomienthema ließe sich in seiner Bedeutung auch für Fichte und Schelling nachweisen. Diesem nach wäre also die »kopernikanische Wendung« Folge des Antinomienproblems (zuerst 1769). Nun hat aber D. Henrich – vgl. Hutcheson und Kant, in: Kant-Studien 49 (1957/58), 49–69; Der Begriff der sittlichen Einsicht und Kants Lehre vom Faktum der Vernunft, in: Die Gegenwart der Griechen im neueren Denken (1960: Gadamer-Festschrift), 77–115; Über Kants früheste Ethik, in: Kant-Studien 54 (1963), 404–431; Das Problem der Grundlegung der Ethik bei Kant und im spekulativen Idealismus, in: Sein und Ethos. Walberberger Studien 1 (1963), 350–386 – »die erste kopernikanische Wendung Kants« (daß er »die Form der Güte des Willens auch als Regel seiner möglichen Inhalte annimmt«) bereits für 1765 nachgewiesen: ohne Einspruch durch J. Schmucker, Die Ursprünge der Ethik Kants (1961), der sonst kopernikanische Wendungen bei Kant gar nicht schätzt; an dieser Wendung scheint also das Antinomienproblem noch nicht beteiligt zu sein. Vielleicht gerade deshalb hat Henrich sie – vgl. etwa im letztzitierten Aufsatz, 358 – auch sehr vorsichtig behandelt: »Kants erste kopernikanische Wendung hat ... zunächst nur zur Lösung des Problems geführt, wie ein Prinzip für die Beurteilung des Guten gefunden werden kann. Zur Klarheit über den Grad der Schwierigkeit, den das Problem des principii executionis (sc. Verbindlichkeitsproblem) enthält, ist er erst später gekommen. Und während die erste Lösung ihm sofort gelang, hat er jene Schwierigkeit erst um 1785 und auch dann nur in einer Weise behoben, die für ihn selbst nicht ebenso befriedigend sein konnte«: nämlich indem er das Sittengesetz zum »Faktum« erklären mußte; diesen Ausweg betrachtet Henrich – im Gegenzug zu Heidegger bzw. Krüger – erfreulich mißtrauisch; leider nicht ebenso mißtrauisch begegnet er der – gerade schon XX, 148 sich abzeichnenden – Tendenz Kants, die Ethik vom Verwirklichungsproblem abzutrennen.

31 Diese Rede vom Schlimmen und Mißlichen der Welt impliziert keine Verfallstheorie, sondern – vgl. vom Verf., Hegel und das Sollen, a.a.O. – im Gegenteil Fortschrittstheorie: der Blick für die eigenen Miseren setzt Reife des geschichtlichen Standes voraus. Nur an Einem wird hier festgehalten: daraus, daß etwas besser geworden ist, folgt nicht, daß es nicht immer noch schlimm sei; der ›erreichte Stand‹ ist nicht allemal der ›gute Stand‹; »das Reich der verwirklichten Freiheit« (G. W. F. Hegel, Rechtsphilosophie § 4) ist nicht ohne weiteres das Reich der hinlänglich verwirklichten Freiheit; usf.

32 Vgl. I. Kant, Kritik der reinen Vernunft, u. a.: B 116 697, A XI/XII, B 116 697; vgl. auch B 779: »Die Kritik ... verschafft uns die Ruhe eines gesetzlichen Zustandes, in welchem wir unsere Streitigkeiten nicht anders führen sollen, als durch Prozeß.«

33 »Für mich« ist also nicht das ›nur mental Existente‹ bzw. »Objizierte« oder »Objizierbare« usf., sondern *das, was nicht gegen mich ist.* Soweit diese Interpretation zutrifft, ist also die Transzendentalphilosophie wesentlich nicht als »Erkenntnistheorie«, sondern eben als ›eine Philosophie unterwegs von der Theodizee zur Geschichtsphilosophie‹ zu begreifen: ihr entscheidendes Pensum ist nicht die Gewährleistung des »Erkenntnis« genannten Rendezvous von Subjekt und Objekt, sondern die Zerstörung des Scheins oder Tatbestandes von Feindlichkeit der Welt; und »für mich«, d. h. unfeindlich ist die Welt genau dort, wo ihre Grundlagen »Bedingungen der Möglichkeit« des Vollzugs meiner selbst sind.

34 Vgl. Kants Kennzeichnung XXIII, 85: »Unter einer Theodicee wird die methodische Rechtfertigung in einem Proceß, in welchem die göttliche Welteinrichtung u. Regierung gerechtfertigt ... wird (verstanden).«

35 Umstritten ist er. Vgl. ebenso die ev. Auseinandersetzung um Gesetz und Evangelium wie die kath. um Natur und Gnade. Vgl. philosophisch etwa die Angriffe Heideggers gegen die »Gerichtshofvorstellung vom Gewissen« (Sein und Zeit 1927: 271, 293) und gegen die »Gerechtigkeit« und das »Recht« als Gesichtspunkte der Eigentlichkeit (z. B. Holzwege 1950: 226 ff.); vorbereitet sind sie nicht zuletzt durch die romantischen Theorien einer Überbietung des Gesetzesstandpunkts durch Liebe: vom frühen Hegel, Der Geist des Christentums und sein Schicksal (1798/99) in: Hegels theologische Jugendschriften ed. Nohl (1907), bes. 276 ff., bis zu F. Schlegel, Lucinde (1799); dazu F. D. Schleiermacher, Vertraute Briefe über F. Schlegels Lucinde (1800), und F. W. J. Schelling (mit fichte-kritischer Wendung) VII, 20 (Darlegung des wahren Verhältnisses der Naturphilosophie zu der verbesserten Fichteschen Lehre 1806); usf.

36 D. h. die – vgl. die Akademieformulierung oben, Anm. 20 – These: Tout est bien; vgl. Kants Stellungnahme in: Versuch einiger Betrachtungen über den Optimismus (1759) II, 27–35; Differenzierungen im Begriff Optimismus – wie etwa bei Kant XVII, 230 f. – sind hier nicht möglich.

37 F. W. J. Schelling III, 588 und 593 (System des transzendentalen Idealismus 1800); vgl. dazu I. Kant, Idee zu einer allgemeinen Geschichte in weltbürgerlicher Absicht (1784) und seine Definition des Fortschritts als »Vermehrung der Produkte ihrer Legalität« (VII, 91: Der Streit der Fakultäten 1798); vgl. auch J. G. Fichte, etwa II, 271 (Die Bestimmung des Menschen 1800) und VII, 148 (Die Grundzüge des gegenwärtigen Zeitalters 1806).

38 Die heutige Geschichtsphilosophie hat in der Regel gerade diesen Inhalt verloren: z. Z. prävaliert ein Geschichtsbegriff, für den Geschichte das ist, was dem Menschen – wesentlich ohne sein Zutun – geschieht: Heilsgeschehen; Seinsgeschick; personale Begegnung; am Ende gar nur Sprache; usf. Es ist fällig, zu prüfen, warum gerade dieser Geschichtsbegriff den der klassischen Geschichtsphilosophie ersetzt hat, und warum es für ihn nötig wurde, die Definition der Geschichte als Rechtsprogreß zu vergessen (und dabei etwa den Fortschrittsbegriff aus dem Felde des Rechts – mit positivem oder negativem Vorzeichen – auf das von Naturwissenschaft und Technik abzuschieben). Derlei Amnesiezwänge beweisen – neben glücklicher Begabung zu sekundären Rationa-

lisierungen bzw. zur Ersetzung von Unbehagen durch Symptome – in der Regel auch, daß eine Position illiquid ist. Die heute übliche Herleitung der neuzeitlichen Geschichtsphilosophie aus dem eschatologischen Zukunftsdenken der Bibel – repräsentativ: K. Löwith, Weltgeschichte und Heilsgeschehen (dt. 1953); vgl. auch Art. Geschichtsphilosophie von K. Gründer/R. Spaemann in: Lexikon für Theologie und Kirche ([2]1960) – bagatellisiert gerade die entscheidende Zäsur: daß die (politische) Bewegung der Rechtsverhältnisse zum wesentlichen Inhalt der Geschichte wird; sie unterstützt damit jene Vergeßlichkeit, von der die Rede war.

39 Als Einleitungsüberschrift der Ausg. 1765 von Voltaires Essai sur les moeurs et l'esprit des nations.

40 Voltaire, Candide ou l'optimisme (1758); vgl. Le desastre de Lisbonne (1756).

41 Hier kann weder auf Motiv – Verlauf der französischen Revolution und mangelnde Fähigkeit zur wirklichen Konkretion des Geschichtssubjekts – noch auf Form – Problematik des »unendlichen Progresses« – dieser Befürchtung eingegangen werden.

42 I. Kant, Kritik der Urteilskraft (1790); F. W. J. Schelling, Ideen zu einer Philosophie der Natur (1797); Von der Weltseele (1798); Erster Entwurf eines Systems der Naturphilosophie (1799).

43 I. Kant, Kritik der praktischen Vernunft (1788) V, bes. 124 ff.; Die Religion innerhalb der Grenzen der bloßen Vernunft (1793); J. G. Fichte, bes.: Spätfassungen der Wissenschaftslehre (1801–1810); Die Anweisungen zum seligen Leben (1806); Die Staatslehre (1813); F. W. J. Schelling, Die Weltalter (1811–1814); Philosophie der Offenbarung (gel. ab 1821 bzw. 1841); dazu die im folgenden zitierten Schriften.

44 III, 595.

45 VI, 38.

46 VII, 432; VIII, 81; vgl. dazu schon III, 604 (System des transzendentalen Idealismus 1800) und Schellings Begründung, warum er 1801 (Darstellung meines Systems der Philosophie) sich »enthalten (habe), die absolute Identität ... Gott zu nennen«: VIII, 81, Anm. 2. Der ›Gott der ewigen Ideen‹ und der ›werdende Gott‹: das sind – nach der hier angedeuteten Interpretation – nur verschiedene Aggregatzustände des ›unwirklichen‹, d. h.

der Wirklichkeit gegenüber ›ohnmächtigen‹ Gottes; daraus kann u. a. plausibel werden, warum es später z. B. M. Scheler so leicht wurde, aus der Position einer Theologie im Zeichen der tatsachenabstinenten Wesensschau (bes.: Vom Ewigen im Menschen 1921) zu seiner Spättheologie des werdenden Gottes – bekanntlich nicht ohne Konsultation Schellings – überzugehen (etwa: Die Stellung des Menschen im Kosmos 1927, [4]1947: 80–98): in dieser Bewegung steckt – wenn man die idealistische Lösung des Theodizeeproblems ernst nimmt – Konsequenz; und so ist es Verf. auch unplausibel, warum H. Fuhrmans, Schellings Philosophie der Weltalter (1954), bes. 224 ff., sich dagegen sträubt, Schelling diese Konsequenz zu gestatten. Natürlich wäre auch – etwa im Blick auf E. Bloch, Geist der Utopie (1918), 319–332 – durchzureflektieren die sachliche Nähe einer Philosophie des noch nicht gewordenen Gottes zu einer Theologie des noch nicht gekommenen Messias.

47 XI, 566.

48 Auch diese Theologie des ganz anderen Gottes wird hier als indirekte Etablierung der Autonomie-Position interpretiert. Zur Interpretationsfigur vgl. Hegels Analyse des »Atheismus der sittlichen Welt«: Rechtsphilosophie ed. Hoffmeister 7. M. Theunissen, Die Dialektik der Offenbarung. Zur Auseinandersetzung Schellings und Kierkegaards mit der Religionsphilosophie Hegels, in: Philosophisches Jahrbuch 72 (1964), 134–160, gegenüber möchte Verf. Hegel die angemessenere Theologie zugestehen; angesichts des Theodizeeproblems indes würde er zugleich einräumen, daß es angemessener ist, die unangemessenere Theologie zu haben.

49 Vgl. oben, S. 52.

Zu: Wie irrational kann Geschichtsphilosophie sein?

1 Platon, Kratylos, 384 B 3 ff.

2 R. Koselleck, Kritik und Krise. Ein Beitrag zur Pathogenese der bürgerlichen Welt (1959, [2]1969); ders., Historia magistra vitae. Über die Auflösung des Topos im Horizont neuzeitlich bewegter Geschichte, in: Natur und Geschichte. Karl Löwith zum 70. Geburtstag (1967), 196–219; ders., Wozu noch Historie?, in:

Historische Zeitschrift 212 (1971) 1–18. Vgl. H. Kesting, Geschichtsphilosophie und Weltbürgerkrieg (1959). Kritisch zu beiden: J. Habermas, Verrufener Fortschritt – Verkanntes Jahrhundert, in: Merkur 14 (1960) 468–477.

3 Kant, Beantwortung der Frage: Was ist Aufklärung? (1784), in: Werke ed. Cassirer, IV 169.

4 Ich verwende hier jene These, die am erfolgreichsten K. Löwith, Weltgeschichte und Heilsgeschehen. Die theologischen Voraussetzungen der Geschichtsphilosophie (1953), vertreten hat, und zwar in jener Form, die sie erhalten muß, wenn man den Argumenten von H. Blumenberg, Die Legitimität der Neuzeit (1966), Rechnung trägt.

5 G. Krüger, Die Herkunft des neuzeitlichen Selbstbewußtseins (1933), in: ders., Freiheit und Weltverwaltung. Aufsätze zur Philosophie der Geschichte (1958) 11–69; W. Kamlah, Die Wurzeln der neuzeitlichen Wissenschaft und Profanität (1948); H. Blumenberg, op. cit.

6 G. G. Grau, Christlicher Glaube und intellektuelle Redlichkeit. Eine religionsphilosophische Studie über Nietzsche (1958).

7 Leibniz, Essais de Théodicée sur la bonté de Dieu, la liberté de l'homme et l'origine du mal (1710).

8 Kant, Über den Grund des Mißlingens aller philosophischen Versuche in der Theodizee (1791), ed. cit., VIII, 255.

9 A. v. Harnack, Geschichte der Königlich Preußischen Akademie der Wissenschaften zu Berlin I, 1 (1900) 404.

10 Kant, Versuch einiger Betrachtungen über den Optimismus (1759), ed. cit. II bes. 37; vgl. auch noch die Berufung auf Pope in: Gedanken bei dem frühzeitigen Ableben des Hochwohlgeborenen Herrn Johann Friedrich von Funk (1760), ed. cit. II 44. Die Verteidigung meiner Meinung, daß Kants kritische Wende mit einer Umkehr der Theodizeeposition zwischen diesem frühen Ansatz und dem der Mißlingensschrift von 1791 zeitlich und sachlich zusammenfällt, gegen die Kontinuitätsthese, wie sie inzwischen W. Oelmüller, Die unbefriedigte Aufklärung (1969) bes. 189 ff., vertreten hat, muß ich hier beiseitelassen.

11 Kant, Versuch, die negativen Größen in die Weltweisheit einzuführen (1763), ed. cit. II bes. 218 ff., 235 ff.

12 Vgl. jetzt die Untersuchungen von N. Hinske, Kants Weg zur Transzendentalphilosophie I (1970) 78 ff.

13 Vgl. R. Koselleck, Historia magistra vitae, op. cit., bes. 201–207.

14 Vgl. insgesamt oben S. 52–65.

15 Hegel, Suhrkamp Theorie-Werkausgabe XII, 540; vgl. 28.

16 Vgl. A. Gehlen, Die Geburt der Freiheit aus der Entfremdung (1953), in: ders., Studien zur Anthropologie und Soziologie (1963) 232–246.

17 M. Frisch, Stiller (1954).

18 Fichte, Das System der Sittenlehre nach den Prinzipien der Wissenschaftslehre (1798), in: Sämtliche Werke IV, 353.

19 J. Ritter, Hegel und die französische Revolution (1957), in: ders., Metaphysik und Politik (1969) 192.

20 J. Habermas, Hegels Kritik der französischen Revolution, in: ders., Theorie und Praxis (1963) 89–107.

21 H. Lübbe, Geschichtsphilosophie und politische Praxis (1970), in: ders., Theorie und Entscheidung. Studien zum Primat der praktischen Vernunft (1971) 111–133.

22 Habermas, a.a.O. bes. 103–107; vgl. Lübbe, a.a.O. bes. 123, 129: »zu den eminenten politischen Leistungen der geschichtsphilosophischen Kategorie des Weltgeists gehört es offenkundig, jeden der Lächerlichkeit preiszugeben, der zu behaupten wagte, er sei es. Indem die Mittel und Wege, den Endzweck der Geschichte zu erreichen, im Plan der göttlichen Vorsehung verwaltet sind, ist philosophisch die politisch-ideologische Möglichkeit dementiert, daß irgend jemand mit dem Anspruch auftreten könnte, selbst der Geschichtsplanverwalter zu sein ... Die Geschichtsphilosophie Hegels impliziert ... ein Dementi der Möglichkeit, ein Subjekt der Geschichte sozial und politisch zu identifizieren.« Lübbe hatte diese These der Substanz nach schon früher – in seiner Münsteraner Antrittsvorlesung von 1958 – vertreten, vgl. H. Lübbe, Die politische Theorie der Hegelschen Rechten, in: Archiv für Philosophie 10 (1961) 194/195: weil Hegel die Geschichte als Revolution begriffen, die Revolution aber gefürchtet hat, verpflichtete er vorsichtshalber statt des Volks den Staat und den Weltgeist, ihr Subjekt zu sein: »Das Freiheitsprinzip sollte gelten; Revolution sollte nicht sein. In der Tendenz, beide Forderungen zu erfüllen, bestellte Hegel den Staat anstelle des Volks zum vollziehenden Subjekt jenes Prinzips«. Vgl. ders., Politische Philosophie in Deutschland (1963) 47/48.

Genau in diesem Sinn hat auch für Habermas Hegel ihr revolutionäres Subjekt aus der Geschichte »weggefeiert« und seine Rolle »dem Weltgeist« übertragen »als dem Revolutionär, der es doch nicht sein darf ... Hegel will die Revolutionierung der Wirklichkeit ohne Revolutionäre« und muß darum den »Weltgeist« »fingieren«: Habermas, a.a.O. 89, 105. Beide Interpretationen koinzidieren, teils, weil beide auf Ritters Hegelbuch kritisch Bezug nehmen, teils, weil sie zutreffen.

23 Es wäre hier zu prüfen, inwieweit das bekannte post-festum-Argument gegen den absoluten Geist und die Philosophie bei Hegel – früh schon bei Schelling, Zur Geschichte der neueren Philosophie (1827), Sämtliche Werke X 155, und bes. Philosophie der Offenbarung (1841 ff.), XIII 91; vgl. dann Marx, Die Heilige Familie (1844/45) in: Die Frühschriften ed. Landshut (1953) 322/3 und die Rezeption des Arguments etwa bei G. Lukács, Klassenbewußtsein (1920) in: ders., Geschichte und Klassenbewußtsein (1923) 90 und bei J. Habermas, op. cit., bes. 104 ff. – auf das Proletariat und sein Klassenbewußtsein in den marxistischen Theorien ebenfalls anwendbar ist.

24 Basis ist derjenige Teil des Überbaus, den derjenige Teil des Überbaus, der sich für Überbau hält, für Basis hält.

25 In der Bedeutung des Wortes bei Nietzsche, Vom Nutzen und Nachteil der Historie für das Leben (1874); in: Werke, ed. Schlechta, I, bes. 219 ff.

26 Zu diesen theologischen Antworten rechne ich auch die, welche – wie die von M. Müller, Erfahrung und Geschichte (1971) – im Anschluß an Positionen Heideggers eine Philosophie der Geschichte »transzendentaler Erfahrung« des »Einbruchs« von Heil in die Geschichte entwickeln. Die Intention meiner Überlegung zur Lage der vom Prinzip Autonomie und Emanzipation herkommenden Geschichtsphilosophie besteht u. a. darin, dem Anschein entgegenzutreten, es habe der derzeitige Erfolg der Kritischen Theorie und verwandter philosophischer Ansätze die Versuche, Geschichte mit Unverfügbarkeit zusammenzudenken, »überwunden«: mir scheint – zu allermindest darin stimme ich M. Müller (etwa a.a.O., 573 Abs. 2) zu – das Gegenteil der Fall.

27 Marx-Engels, Werke, ed. Institut für Marxismus-Leninismus beim ZK der SED. VIII 115.

28 Es genügt – im Zeichen der Kunst, es nicht gewesen zu sein – ihren Zwecken freilich nicht, den Gegner nur zu haben; es muß vielmehr der – noch – übermächtige, der herrschende Gegner sein: nur er garantiert dem, der geschichtsphilosophisch die Absicht erklärt, es gewesen zu sein, die Sicherheit, es nicht gewesen zu sein. Das ist ein sehr subtiles Interesse, daß Herrschaft sei: die Geschichtsphilosophie, auf der Suche nach Entlastung, braucht die noch ungebrochene Herrschaft des Gegners als ihr Apriori. Diejenige Geschichtsphilosophie, die – soweit ich sehe – diese Ohnmachtsgarantie bisher am zutraulichsten vorausgesetzt hat, war die Kritische Theorie. Der Sache der Emanzipation so zu dienen, daß man es – wenn es schlimm kommt – nicht gewesen war: diese Folgenlosigkeit beim Negativen vor allem ließ sie Erfolg haben, Schule machen, unwiderstehlich werden insbesondere bei der conspicuous consumption of repression innerhalb der leisure class unter den Verdammten dieser Erde. Dort ist – über den Mechanismus des nachträglichen Ungehorsams und durch Verwandlung der Emanzipationslosung in eine Leerformel, deren Leere der des Begriffs der Leerformel fast ebenbürtig ist – die allgemeine Emanzipationspflicht längst eingeführt. Die Emanzipationspflichtigen werden gemustert, die Tauglichen, die Emanzipationsverwendungsfähigen werden zur Fahne gerufen. Es gibt – natürlich – die Emanzipationspflichtverweigerer: Widersätzliche bei der großen Weigerung, sozusagen Weigerungsverweigerer. Sie werden ausgestoßen: auch in diesem Falle ist der Ersatzdienst diskriminiert. All diese Auf- und Zurüstungen zu den vorletzten Gefechten um die große Freiheit sind ebenso, wie sie militant sind, rührend idyllisch: Widerstandsnester werden in Fertigbauweise erstellt, im Reihenhausstil, mit kritischen Schrebergärten. Ihre Bewohner, Rentnerdenker, wandeln – manch Rose am Kreuz der Gegenwart als Unkraut rupfend – auf gepflegten Wegen des geringsten Widerstands zwischen den überall gleichen empirischen Beeten mit reicher – stets gleicher – dialektischer Ernte und, versteht sich, dem zugehörigen Einmachwesen (Suhrkamp, Luchterhand). Es ist verständlich, daß die Angriffslust und die Freude am Risiko – bei all diesem – ihre Grenzen hat: der Gegner muß mächtig sein, aber so mächtig nun auch wieder nicht; er muß zwar der herrschende sein, aber das Ausmaß seiner Gefährlichkeit überläßt

man – zuständig sind Projektionsmechanismen – doch lieber der eigenen Vorstellung von ihm und nicht ihm selbst: dadurch bleibt man Herr über die Entscheidung, wer wann wo die Spielregeln verletzt. Der Gegner hat also nicht nur den status der Herrschaft, sondern vorsichtshalber auch noch den der Ohnmacht: er ist unidentifizierbar, ersatzweise selten oder gar unauffindbar. Herrschaft ist anonym: die herrschenden Theorien werden grundsätzlich von anderen und woanders gemacht. In Gießen wird berichtet, daß man in Frankfurt vermutet, die herrschende Soziologie werde in Köln betrieben: das Ritual solcher Gegnerortung weckt – obwohl Mediävisten und Bundesbahnauskunftsbeamte widersprechen – Zweifel, ob Köln überhaupt existiert. Es kann der Eindruck entstehen, daß die herrschende Theorie nur als Zitat in der nichtherrschenden vorkommt und allein dadurch präsent und erfolgreich ist. Gegner werden so – wie Bakterien im Impfstoff – nur mit verminderter Virilität zugelassen, nur als flüchtende. Unter diesen Bedingungen greift man sie an, setzt ihnen nach und beweist dadurch zugleich – nach den Modalitäten einer Initial- oder Pflichtbewährungsprobe – die Zugehörigkeit zum richtigen Lager: die Kritik verwirft nicht sosehr den Irrtum, sondern stiftet diese Zugehörigkeit, bestätigt sie und garantiert ihre Unwiderruflichkeit durch eine mild exponierende Handlung: die Gegnerverfolgung. Flüchtende zu verfolgen hat schließlich den Vorteil, dort zu sein, wo auch die Flüchtenden sind. Und es hat außerdem den Vorteil, dabei kein Flüchtender zu sein: das jedenfalls meinen die Verfolgenden. In Wirklichkeit sind diese nur dort, wo zu sein ihnen wichtig ist: auf der Fluchtroute (sie führt im Zweifelsfall nach oben) d. h. nicht bei sich. Der eigentliche Ertrag der Kritik ist nicht die Kritik, sondern das Alibi.

29 »Ihr Gegenstand ist ihr *Feind,* den sie nicht widerlegen, sondern *vernichten* will«: Marx, Zur Kritik der Hegelschen Rechtsphilosophie. Einleitung (1843/44), in: ed. cit. I, 380. Vgl. die These von H. Kesting, Geschichtsphilosophie und Weltbürgerkrieg (1959) 77/78: »In dieser Hinsicht ist der Marxismus die Quintessenz ... der bisherigen europäischen Geschichtsphilosophie ... Alle Arten von Feindschaft sind hier zusammengefaßt und gegen die bürgerlich-kapitalistische Gesellschaft ... gewendet. Der ›Kapitalist‹ ist ... Feind im Sinne des Unmenschen ... Ausbeuter

... Platzhalter des geschichtlich Überholten ... der Privilegierte ... der Angehörige einer Minderheit ... Alle diese Arten von Feindschaft erfahren dadurch eine Steigerung, daß die bürgerliche Gesellschaft ... der letzte Feind des Menschengeschlechts ist.«

30 Eine Philosophiegeschichte des Alibis – zweifellos ein Desiderat – hätte mindestens folgende Stationen ins Auge zu fassen: in der philosophischen Theologie der Gnosis – etwa bei Marcion – fungiert der zum Erlösergott andere, der Schöpfergott als Alibi. Die Preisgabe dieser Lösung zugunsten einer philosophischen Theologie der Einzigkeit Gottes spielt – so bei Augustinus – dem Menschen die Rolle dessen zu, der es sündig gewesen ist. Wo hierbei die Entlastungsleistung des Gedankens der Erbsünde und des Gedankens der Prädestination nicht ausreicht, liegt in der Konsequenz dieses Ansatzes das philosophische Avancement eines Alibis, das es theologisch schon lange war: des Teufels. Auch seine Rolle wird neuzeitlich erschüttert: bei Descartes wechselt er unter dem Namen des genius malignus aus der Seinsweise geglaubter Realität in die Seinsweise der bloßen Argumentationsfigur im Kontext des methodischen Zweifels. Diese Depotenzierung des Teufels zur Hilfskonstruktion innerhalb einer gezielten Argumentation zerstört seine Tauglichkeit zum Alibi; in der Konsequenz davon wandern die diabolischen Attribute wenigstens dem Verdachte nach in den Begriff Gottes ein: daß dieser dort, wo das traditionelle Alibi des Teufels zur Argumentationsfigur sich verflüchtigt, in den zugleich möglichen und unmöglichen Verdacht der Grausamkeit geraten kann, könnte ein existenzielles Hintergrundmotiv dafür sein, daß das Bedürfnis seiner Verteidigung durch eine Theodizee gerade im 17. und beginnenden 18. Jahrhundert sich philosophisch formiert. Die radikale Entlastung Gottes durch die idealistische Freiheitsphilosophie spielt dann erneut dem Menschen die Rolle zu, der es gewesen ist. Nicht zufällig wird im Zusammenhang dieser Philosophie – freilich nun mit positiver Wertung – das Sündenfalltheorem wiederholt. Zugleich ergibt sich fortan die Unmöglichkeit, auf dem Boden dieser Philosophie den Alibibedarf durch theologische Bezugnahmen zu decken. Die geschichtsphilosophische Autonomieposition tritt ein in traditionelle Zwänge zu seiner Deckung: sie liquidiert nicht den Alibibedarf, wohl aber

– und das sollte diese ebenso vage wie waghalsige Skizze unterstreichen – begrenzt sie im Unterschied zu den theologisch gebundenen Philosophien das Feld seiner Deckung auf die Gattung homo sapiens: wo der Mensch zum positiven Täter ausgerufen wird, steht auch als negativer Täter fortan nur mehr der Mensch zur Verfügung; daraus resultiert jener Verfeindungszwang, dem die emanzipatorische Geschichtsphilosophie ihre Freunde unterwirft.

31 Die Überlegung bleibt hier auf das Terrain der Unzufriedenheit und des Alibis beschränkt. Auf dem Terrain der Verheißung und Erlösung wäre die einschlägige Rolle des Begriffs ›Zukunft‹ zu analysieren. Man könnte möglicherweise sagen: Gott zerfällt geschichtsphilosophisch in Zukunft und Feinde.

32 Es ist daher konsequent, daß gegenwärtig die Geschichtsphilosophie dort, wo sie die Empirie durch Zuwendung zur Sozialpsychologie oder Psychosoziologie zu erreichen trachtet, die Aggression – wie verschieden sie im einzelnen begriffen wird – zum zentralen Thema macht: es ist dies zum nicht geringen Teil ihr Versuch, mit dem Erschrecken über sich selber fertigzuwerden.

33 Der Historiker ist der rückwärts gewandte Prophet (Schlegel); der Futurologe ist der vorwärts gewandte Antiquar.

Zu: Über einige Beziehungen zwischen Ästhetik und Therapeutik in der Philosophie des neunzehnten Jahrhunderts

1 Diese Überlegung folgt in der Datierung des Jahrhundertanfangs dem Irrtum Goethes und Schillers; vgl. Schiller an Goethe v. 1. 1. 1800, Goethe an Schiller v. 1. 1. 1800.

2 F. W. J. Schelling (hier zit. nach: Sämtliche Werke, Cotta: Stuttgart und Augsburg 1856/61) III 612–629.

3 III 628.

4 III 625/626.

5 III 351.

6 Innerhalb des Transzendentalsystems – vgl. III 349 – und als dritte Philosophie »über« Naturphilosophie und Transzendentalphilosophie: vgl. bes. IV 86 und 89 (Über den wahren Begriff der Naturphilosophie 1801).

7 E. Jones, Sigmund Freud. Life and Work I (1954) 395.

8 Vgl. Husserls Selbstanzeige seines Werks in: Vierteljahrsschrift für wissenschaftliche Philosophie 24 (1900) 512.

9 Nach gemeinsam mit J. Breuer entwickelten Thesen, zuerst: Über den psychischen Mechanismus hysterischer Phänomene. Vorläufige Mitteilung 1893.

10 S. Freud (hier zit. nach: Gesammelte Werke, Imago Publishing Co. Ltd.: London 1940 ff.) XIV 73 (Selbstdarstellung 1925).

11 XIII 228 (»Psychoanalyse« und »Libidotheorie« 1923).

12 XIV 73 (Selbstdarstellung 1925).

13 XVII 125 (Abriß der Psychoanalyse).

14 Schelling starb am 20. 8. 1854; Freud wurde am 6. 5. 1856 geboren.

15 Vgl. M. Dorer, Historische Grundlagen der Psychoanalyse (1932) bes. 71–106, 128–143, 148–154, 160–170. Theodor Meynert (1833–1892): Prof. der Psychiatrie Wien. Wilhelm Griesinger (1817–1868): Prof. der Psychiatrie Berlin (Charité).

16 In Jena 1794–97.

17 Johannes Müller (1801–1858): Prof. für vergl. Anatomie und Physiologie zunächst Bonn (Von dem Bedürfnis der Physiologie nach einer philosophischen Naturbetrachtung 1825), ab 1833 Berlin.

18 Vgl. Freud XIV 35 ff.; Ernst Brücke (1819–1892; Freund von Helmholtz, Du Bois-Reymond, Ludwig): Prof. für Physiologie Wien.

19 Etwa die über Gustav Theodor Fechner (1801–1887) laufende: vgl. Dorer a.a.O. 106–112; Dorer reflektiert wiederum nicht, daß Fechner sich als »von Schellings Stamme gefallen« verstand. Ferner: Freuds Goethe-Verhältnis: vgl. XIV 34 und Jones a.a.O. I 48; sein verteidigendes Verhältnis zur »Naturphilosophie« XIV 102 (Die Widerstände gegen die Psychoanalyse 1925); die über den Studienfreund Josef Paneth (1857–1890) laufende Beziehung zu Nietzsche: Paneth berichtete über seine Gespräche mit Nietzsche Nizza 1883/84 (nicht, wie Jones vermutete, 1885; Themen: Gemeinplätze romantischer Naturphilosophie wie z. B. Unbewußtes, Phantasie, Genie-Wahnsinn etc.) brieflich an Freud (vgl. Freuds Brief an Arnold Zweig v. 11. 5. 1934 abgedr. Jones a.a.O. III 488–490) wohl in ähnlicher Weise wie – vgl. die bei E. Förster-Nietzsche, Das Leben Fried-

rich Nietzsches II, 2 (1904) 481–493 auszugsweise abgedruckten Briefe Paneths – an seine Braut.

20 J. Meinertz, Philosophie, Tiefenpsychologie, Existenz. Tiefenpsychologische Keime und Probleme in der Philosophie des deutschen Idealismus und in der Existenzphilosophie (1958) 64–100.

21 A. Gehlen, Über die Geburt der Freiheit aus der Entfremdung, in: Archiv für Rechts- und Sozialphilosophie 40 (1952/53) 338–353: entdeckt insbes. einen »unsichtbaren ›roten Faden‹« von Fichte zu Freud.

22 Th. Mann, Die Stellung Freuds in der modernen Geistesgeschichte (Vortrag 1929), Gesammelte Werke X 256–280: betont insbes. Freuds »unbewußte Herkunft« aus der Romantik (speziell von Novalis) und deutet die Psychoanalyse – hier durchweg vollinhaltlich akzeptiert – als »diejenige Erscheinungsform des modernen Irrationalismus, die jedem reaktionären Mißbrauch unzweideutig widersteht«: a.a.O. 280.

23 Zum Ausdruck »Tendenzen« vgl. etwa Schelling III 17 (Erster Entwurf eines Systems der Naturphilosophie 1799) und Freud XIII 218 (»Psychoanalyse« und »Libidotheorie« 1923); hier kann nicht gezeigt werden, in welch starkem Maße diese Zwei-Tendenzen-Theorie im Zusammenhang der Tradition »hylemorphistischer« Zwei-Prinzipien-Lehren stehen.

24 Freud II/III 614 ff. (Die Traumdeutung); vgl. die schöne Zusammenfassung XIII 218.

25 Grundbegriffe des Transzendentalsystems: III 348/349 und dann immer wieder; auch »das Unbewußte« III 351; »unbewußt« III 450; »eine jenseits des gemeinen Bewußtseins liegende Region« III 527 vgl. ff.

26 Vgl. Schellings Theorie des ἄμορφον III 31 ff.: »Dem dynamischen Philosophen ist das Gestaltlose das Ursprüngliche ... In der reinen Produktivität der Natur ist noch keine Bestimmung, also auch keine Gestalt«: III 31 Anm. 2 (Erster Entwurf 1799); darum die Rede vom »Proteus der Natur«: II 382 (Von der Weltseele 1798). Vgl. Freuds Theorie freier Beweglichkeit der Libido etwa XI 358 (Vorlesungen zur Einführung in die Psychoanalyse 1917), XVII 73 (Abriß der Psychoanalyse 1938), als Theorie der »Indifferenz« XIII 273 (Das Ich und das Es 1923) u. ö.

27 Auch bei Schelling: vgl. etwa III 19 (Erster Entwurf 1799) III

290, 291 (Einleitung zu dem Entwurf eines Systems der Naturphilosophie 1799) u. ö., im Anschluß an die Redeweise von Fichte und Schiller.

28 Grundbegriff von Schelling, Erster Entwurf 1799: III 15 und dann immer wieder; vgl. die entsprechende Begrenzungstheorie des Transzendentalsystems; bei Freud wird »Hemmung« teils Name für ein Symptom (Hemmung, Symptom und Angst 1926), in der allgemeinen Bedeutung aber durch den Begriff der »Zielhemmung« festgehalten: vgl. etwa XIII 154 ff. (Massenpsychologie und Ich-Analyse 1921) XIII 232 (»Psychoanalyse« und »Libidotheorie« 1923) usf.

29 Für Freud ist die »Verdrängungslehre ... der Grundpfeiler ... der Psychoanalyse«: X 54 (Zur Geschichte der psychoanalytischen Bewegung 1914); für Schelling vgl. II 374 (Von der Weltseele 1798) und – in der Form »zurückgedrängt (reflektiert)« – etwa III 304 (Einleitung ... 1799) u. ö.

30 Sublimierungstheorie: vgl. zusf. etwa XIII 230/231 (»Psychoanalyse« und »Libidotheorie« 1923).

31 Potenzierungstheorie: vgl. etwa IV 77 (Allgemeine Deduktion des dynamischen Prozesses 1800) und auch Transzendentalsystem III 450; Schelling nennt das auch »die Natur intelligent ... machen« a.a.O. 341 oder »aus dem Objektiven das Subjektive entstehen ... lassen« IV 86/87 (Über den wahren Begriff der Naturphilosophie 1801); die Grundsätze dieser Theorie III 16 (Erster Entwurf 1799).

32 Schelling III 16 ff. (Erster Entwurf 1799).

33 Freud etwa X 256 (Die Verdrängung 1915); vgl. XVII 131 (Abriß der Psychoanalyse 1938): »Die von direkter Befriedigung abgedrängten Triebansprüche werden genötigt, neue Bahnen einzuschlagen, die zur Ersatzbefriedigung führen.«

34 »Produkt (Synthesis)«: III 291, »endlich und unendlich zugleich«: III 290 (Einleitung ... 1799), »Werk entgegengesetzter Tendenzen«: III 17 vgl. 19 u. ö. (Erster Entwurf 1799); vgl. Transzendentalsystem III 389 ff.

35 Vgl. Freud u. a. II/III 690 (Über den Traum 1901), XIII 222 (»Psychoanalyse« und »Libidotheorie« 1923), XIV 71 (Selbstdarstellung 1925) u. ö.

36 Vgl. Schelling III 264 ff. (Erster Entwurf 1799) III 299 (Einleitung ... 1799) und bes. II 177 ff. (Ideen zu einer Philosophie

der Natur 1797) mit Bezug auf I. Kant, Metaphysische Anfangsgründe der Naturwissenschaft (1786) Werke ed. Cassirer IV bes. 400–446 (Dynamik); vgl. Freud XVII 71: »Über den Bereich des Lebenden hinaus führt die Analogie unserer beiden Grundtriebe zu dem im Anorganischen herrschenden Gegensatzpaar von Anziehung und Abstoßung.« (Wandel und Kontinuität der Zweitendenzenlehre Freuds im Übergang zu seiner Spättheorie kann hier nicht in extenso reflektiert werden).

37 Vgl. etwa Schelling II 39 (Ideen zu einer Philosophie der Natur 1797): »Die Philosophie wird genetisch«; vgl. Transzendentalsystem III 378, 397, 427; Freuds Psychoanalyse will »die Arbeit einer genetischen Psychologie ... leisten«: VIII 411 (Das Interesse an der Psychoanalyse 1913).

38 Vgl. etwa Schelling im Transzendentalsystem III 371, 376 u. ö.; Freud XVI 43 ff. (Konstruktionen in der Analyse 1937).

39 Schellings Philosophie will sich in einer »freien Wiederholung wieder der ursprünglichen Notwendigkeit jener Handlungen« der Geschichte des Selbstbewußtseins »bewußt ... werden«: III 398 (Transzendentalsystem 1800); zu Freuds Theorie gehört die Betonung der »durchgehenden Sinnhaftigkeit und Determinierung auch der anscheinend dunkelsten und willkürlichsten seelischen Phänomene«: XIII 413 (Kurzer Abriß der Psychoanalyse 1928).

40 Übliches Argument nicht nur gegen Freud, sondern auch gegen die dialektische Transzendentalphilosophie (»mechanisch klappernder Dreitakt ...«): als Fatalismusargument gegen Schelling aus dem Jacobi-Lager des Pantheismusstreits: vgl. die Zurückweisung bei Schelling VII 338 ff. (Freiheitsaufsatz 1809).

41 X 94/95 (Zur Geschichte der neueren Philosophie 1827); vgl. auch Transzendentalsystem III 345, 351 u. ö.

42 Ab 1797 in wachsendem Maße, so daß »Die Naturphilosophie« sogar insgesamt zum Namen »des Systems, wie es in der völligen Unabhängigkeit von Fichte hervorgetreten ist«, werden kann: X 99.

43 »Wir zeigen alle noch zu wenig Respekt vor der Natur«: VIII 210 (Eine Kindheitserinnerung des Leonardo da Vinci 1910); »Wir sollten uns nicht so weit überheben, daß wir das ursprüngliche Animalische unserer Natur völlig vernachlässigen«: VIII 59 (Über Psychoanalyse 1910); vgl. Freuds Theorie der beiden großen nachkopernikanischen »Kränkungen« des Menschen (der

»biologischen« und der »psychologischen«) zuerst XII bes. 6–12 (Eine Schwierigkeit der Psychoanalyse 1917) mit dem Resultat der »Behauptung ... daß das Ich nicht Herr sei in seinem eigenen Haus«: XII 11. Vgl. das Gewicht der naturphilosophischen »Spekulation« XIII 23 ff. bes. 46 ff. (Jenseits des Lustprinzips 1920).

44 Vgl. einerseits Schellings Prinzip der »Autonomie der Natur«, demgemäß »keine fremde Macht in sie eingreifen (kann)« (III 17: Erster Entwurf 1799) und die dazugehörige Kritik des Experiments bes. III 276/277 (Einleitung ... 1799) und des Fichteschen Prinzips der »Benutzung« der Natur bes. VII 17/18 (Darlegung des wahren Verhältnisses der Naturphilosophie zu der verbesserten Fichteschen Lehre 1806). Vgl. andererseits Freuds These von der Macht der Natur d. i. des Es und der Ohnmacht des Ich: »Es gleicht ... im Verhältnis zum Es dem Reiter, der die überlegene Kraft des Pferdes zügeln soll, mit dem Unterschied, daß der Reiter dies mit eigenen Kräften versucht, das Ich mit geborgten«: XIII 253 (Das Ich und Das Es 1923).

45 Im Sinne von I. Kant, Idee zu einer allgemeinen Geschichte in weltbürgerlicher Absicht (1784); mit der Aufnahme dieser Kantischen Formulierung soll angedeutet werden, daß die konkrete Geschichtlichkeit der Vernunft nicht – wie heute weithin üblich – durch Abkehr von der »Rechtsphilosophie«, sondern allein durch Zuwendung zu ihr bestimmt zu werden vermag: Hegels Geschichtsphilosophie ist mit Bedacht ein Teil der Rechtsphilosophie; und auch Schelling zieht »den Schluß ..., daß das einzig wahre Objekt der Historie nur das allmähliche Entstehen der weltbürgerlichen Verfassung sein kann, denn eben diese ist der einzige Grund einer« (nämlich »universellen«: ibid.) »Geschichte«: Transzendentalsystem III 592/593. »Ohnmacht der Vernunft« d. h. ihr Verlust dieser konkreten Geschichtlichkeit meint im folgenden – im Gegensatz zu Schelers Begriff – keine ewige Verfassung, sondern einen prinzipiell abänderlichen Schwächezustand der Vernunft.

46 Damit sei zugleich zum Ausdruck gebracht, daß innerhalb der »Vermittlungsbewegung der Subjektivität durch ihr Anderes« (W. Schulz, Die Vollendung des deutschen Idealismus in der Spätphilosophie Schellings, 1955, 290) die theologische – bzw. äquivalente: etwa seinsgeschichtliche – Bestimmung dieses »Anderen« als unselbstverständlich und fragil, seine Bestimmung als

»Natur« hingegen als die allemal mächtige zu gelten hat. Darum ist dieses »Andere« primär das Bedrohliche. Die theologische Bestimmung dieses »Anderen« ohne Reflexion auf seine Bestimmung als »Natur« muß vollends chancenlos bleiben. So mag G. Lukács mehr im Recht sein, wenn er diese Vermittlungsbewegung der Vernunft durch ihr Anderes als »Die Zerstörung der Vernunft« (1954) begreift. Ihm gegenüber will nun die folgende Überlegung in bescheidenem Umfang geltend machen, daß gerade innerhalb dieser Bewegung Potenzen mit einer gewissen *Ersparungsrelevanz* sich entwickeln (von Lukács her müßte man von Progressivitätselementen innerhalb der indirekten Apologetik sprechen), die zu übersehen man sich kaum wird leisten können.

47 Vgl. etwa Herder, Kants Urteilskraftkritik und nicht zuletzt jene Denkbewegung Schillers von einer politisch-geschichtlichen Orientierung in den Briefen »Über die ästhetische Erziehung des Menschen« (1794) zur Natur-Orientierung in der Abhandlung »Über naive und sentimentalische Dichtung« (1795), die B. v. Wiese, Friedrich Schiller (1959) für den Problemzusammenhang »Politik und Ästhetik« (446–506) – vermutlich, um hier nicht an Resignation denken zu müssen – in überraschend geringem Maße betont hat.

48 Es will die »fortgehende Geschichte des Selbstbewußtseins ... genau und vollständig ... entwerfen« (III 331) und zu diesem Zweck »diejenigen Handlungen, die in der Geschichte des Selbstbewußtseins gleichsam Epoche machen, aufzählen, und in ihrem Zusammenhang miteinander aufstellen« (III 398). Ziel dieser Geschichte ist, daß ihr Täter – in Schellings Sprechweise das »Ich«: der, wie man sagen kann, einzige creator vere accusabilis – sich vorbehaltlos und darum total unter die Augen zu treten vermag: gerechtfertigt vor sich und zufrieden mit sich, weil durch seine Geschichte eine in Wahrheit vernünftige und menschliche Welt entstanden ist.

49 Insbes. III 388–531 (Dritter Hauptabschnitt).

50 Insbes. III 532–581 (Vierter Hauptabschnitt excl. Formulierung seiner Aporie).

51 Genauer: Vernunft nicht *durch* die Gesellschaft d. h. als Rationalisierung partikulärer Interessen (deren Inbegriff die Gesellschaft ist), sondern Vernunft *für* die Gesellschaft d. h. als Macht ihrer Verwandlung zu einer menschenwürdigen Sphäre: als Po-

tenz der Identität des Menschen mit sich durch die innerhalb der Gesellschaft durchgesetzte Nichtidentität des Menschen mit der Gesellschaft; diese Vernunft ist also real als jene Macht, die die Freiheit des Menschen von der Gesellschaft d. h. von seiner Unterdrückung durch Gruppen – also sein Andersseinkönnen und menschlich d. h. als Einzelner leben Dürfen – nicht nur als Wunsch der Innerlichkeit, sondern als realisierbares Recht garantiert: als Staat also oder als jenes nomen nescitur, das diese Freiheit gegen den Staat vertritt, wo dieser zur Identität mit einer Gruppe heruntergekommen und dadurch der Legitimität als Staat verlustig gegangen ist.

52 Vgl. Schelling III 583 ff.: die »universelle rechtliche Verfassung« (III 591) d. h. »die allgemeine Rechtsverfassung ist Bedingung der Freiheit« (III 593) und damit »der Materie nach ... die beste Theodizee, welche der Mensch führen kann« (III 584); sie ist als »Staatsverfassung« (III 586) möglich letztenendes nur durch einen »Staat der Staaten« (III 587); »das allmähliche Realisieren der Rechtsverfassung ist ... historischer Maßstab der Fortschritte des Menschengeschlechts« (III 593): aber dieser Progress bleibt unendlicher Progress, das Problem der Realisierung dieser Rechtsverfassung bleibt für Schelling ungelöst und aporetisch (III 593); die ganze Theorie des Rechts und der Geschichte als seines Progresses dient bei ihm einzig der Formulierung der Aporie der praktischen Vernunft.

53 III 592.

54 »Wir können uns also keine Zeit denken, in welcher sich die absolute Synthesis (sc. vgl. III 598) ... vollständig entwickelt hat«: III 602. Vgl. dazu Hegels Diskussion des »unendlichen Progresses«: »Die praktische Vernunft, die zu ihm ihre Zuflucht nimmt ... bekennt eben durch diese Unendlichkeit des Progresses ihre Endlichkeit und Untüchtigkeit, sich für absolut geltend zu machen«: Werke (Glockner) I 313: unendlicher Progress ist der Euphemismus für Aussichtslosigkeit.

55 Χωρισμός.

56 Sie – und nicht primär die zunehmende Rationalisierung der Lebensbezüge – definiert das »Gesellschaftsproblem« zentral: es ist vor allem das Problem einer trotz aller Versachlichung latent zu natürlich gebliebenen Welt.

57 Die zur Transzendentalphilosophie bei Schelling zunächst als de-

ren Anwendung – vgl. II 4 (Ideen zu einer Philosophie der Natur 1797) –, dann komplementär – vgl. etwa Transzendentalsystem III 339–342 –, schließlich fundamental – vgl. etwa IV 92: »Priorität... der Naturphilosophie« (Über den wahren Begriff der Naturphilosophie 1801); vgl. auch Anm. 44 – sich verhält.

58 III 607–611.

59 Denn die »Aufgabe« (III 605/606), die er löst, folgt aus der Aporie der Geschichte (III 593 ff.): der »Erklärungsgrund der Geschichte« »kann... nicht... aus der Geschichte bewiesen werden« (III 606): ihn »gibt mir... allein die organische Natur« (III 608).

60 III 610.

61 Zu dieser ganzen – zunächst euphorischen, später deprimierten – Bewegung einer Depotenzierung der geschichtlichen Vernunft gehören als weitere – teils bei Schelling selber, teils erst später virulente – Phänomene u. a.: wachsende Unfähigkeit zu einer Theorie des »Endzwecks« der Geschichte und der Mittel seiner Verwirklichung; zunehmende Neigung, seine weltbürgerliche Definition und das Politische zu diskreditieren; Ausklammerung der Rechtssphäre aus der Fortschrittsdiskussion und Beschränkung dieser Diskussion – sei es fortschrittsfreundlich (Positivismus), sei es fortschrittsfeindlich (Lebensphilosophie und Existenzphilosophie) – auf die Sphäre allein der verwissenschaftlichten Technik; Disqualifizierung des Rechts als Gesichtspunkts der Eigentlichkeit (zugunsten von Gnade, Liebe, Seinsgeschick usf.); Tabuierung des teleologischen Denkens überhaupt und Neigung zur Ausschau nach End-Bestimmungen, die keine Ziel-Bestimmungen sind (Tod, Du, Gott als der »ganz Andere« usf.); Absage an die Dialektik; Hegelkritik und Idealismuskritik; Tendenz zur Überführung der Geschichte aus ihrer »weltbürgerlichen« Definition in eine von dieser »verschiedene« (naturhaft-evolutionäre, ästhetische, mythologische, seinsgeschichtliche und in bestimmten Formen theologische, linguistische, ferner auch soziologische und dialogische) Definition; Neigung zum Geschichtspessimismus; Tendenzen zur Anthropologie, Typologie, zu Psychologismen; andererseits wachsendes Interesse fürs geschichtslos-Überzeitliche; usf. Dabei soll in gar keiner Weise bestritten sein, daß diese Resignationsformen der Geschichtsphilosophie selber zu-

gleich durchaus auch wirklichkeitserschließend zu sein vermögen (vgl. dazu einschlägig etwa die von K. Gründer, M. Heideggers Wissenschaftskritik in ihren geschichtlichen Zusammenhängen, in: Archiv für Philosophie 11 (1962) 312 ff. beschriebene Figur der wissenschaftserzeugenden Rolle der Wissenschaftskritik).

62 Im Sinne Hegels: ihr »vermittelte« Präsenz zu verschaffen.

63 Vgl. seine Verwandlung der Gesamtphilosophie in Naturphilosophie (dazu Anm. 125) und die Bestimmung dieser als »Theosophie«: L. Oken, Lehrbuch der Naturphilosophie I (1809) 16; dazu die schöne Interpretation bei J. E. Erdmann, Versuch einer wissenschaftlichen Darstellung der Geschichte der neueren Philosophie III, 3 (1853, *1931) 249–286; vgl. auch die einschlägige zustimmende Zitierung von Oken durch C. G. Carus, Vorlesungen über Psychologie (1831, Ed. Darmstadt 1958) 41.

64 VII 19 (Darlegung des wahren Verhältnisses der Naturphilosophie zu der verbesserten Fichteschen Lehre 1806).

65 IV 76 (Allgemeine Deduktion des dynamischen Prozesses 1800).

66 Was das Fortdauern der Versuche, sie aufrechtzuerhalten (in so verschiedenartigen Ansätzen wie z. B. denen von Bachofen, Dilthey, Klages, Jung u. a.) und dadurch ihre Wahrheit (vgl. Anm. 75) geltend zu machen, natürlich nicht ausschließt.

67 Dessen Philosophie hier durchweg als Gestalt der »Naturphilosophie« – vgl. außer der in Anm. 158 nachgewiesenen Stelle: Sämtliche Werke ed. Deussen IV 131: »daß die natura naturans, oder das Ding an sich, der Wille ...; die natura naturata aber, oder die Erscheinung, die Vorstellung ... ist« (Parerga und Paralipomena Bd. 1 1851); vgl. von den zahlreichen Zeugnissen für die (auch durch Schopenhauers Zügelung seiner Schimpfbereitschaft angesichts der Naturphilosophie Schellings und seiner Schule dokumentierte) Verwandtschaft mit der Philosophie Schellings etwa die Lehre von den »Stufen der Objektivation« I 154 ff. (Die Welt als Wille und Vorstellung 1819), bes. 170/171: Verwendung Schellingscher Begriffe wie »Polarität« (171), »Potenzen« (172), »Hemmen« (195) usf. –, und zwar als deren konsequente und entzauberte Gestalt begriffen wird.

68 Dessen »neue Philosophie« – nicht zuletzt, weil sie Anthropologie sein will: vgl. Abschnitt 9 – ebenfalls als (entzauberte) Gestalt der »Naturphilosophie« gelten kann, insofern sie »den Menschen mit Einschluß der Natur, als der Basis des Men-

schen, zum alleinigen, universalen und höchsten Gegenstand der Philosophie – die Anthropologie also, mit Einschluß der Physiologie, zur Universalwissenschaft (macht)«: L. Feuerbach, Sämtliche Werke II (1846) 343 (Grundsätze der Philosophie der Zukunft 1843).

69 Vgl. als Leitsatz der hier zugrunde gelegten Interpretation F. Nietzsche, Gesammelte Werke (Musarionausgabe) XVIII 88: »›Rückkehr zur Natur‹ immer entschiedener im umgekehrten Sinne verstanden als es Rousseau verstand. Weg vom Idyll und der Oper!« (Der Wille zur Macht 1884/88 Aph. 117).

70 Vgl. Th. Mann a.a.O. (vgl. Anm. 23) 276/277: Freuds »Einsicht in die machtmäßige Überlegenheit des Triebes über den Geist ... bedeutet nicht das bewunderungsvolle Auf-dem-Bauch-Liegen vor dieser Überlegenheit und die Verhöhnung des Geistes«.

71 Vgl. die Ersetzung der Organismus-Attribute der Natur durch Kampf-Attribute bereits bei Schopenhauer und Nietzsche (vgl. dazu auch Darwin) bis zur Theorie der Aggressivität bei Freud: vgl. die wichtigen Stellen XIV 470/471 (Das Unbehagen in der Kultur 1930) und XV 110/111 (Neue Folge der Vorlesungen zur Einführung in die Psychoanalyse 1933); vgl. Anm. 159.

72 Freuds Ausgangsphänomen für die Entwicklung seiner Theorie des Todestriebs XIII 9 ff. (Jenseits des Lustprinzips 1920), von ihm selber XIII 21 mit Nietzsches Formel »ewige Wiederkehr des Gleichen« charakterisiert. Auch für Schopenhauer war »das echte Symbol der Natur der Kreis, weil er das Schema der Wiederkehr ist: dieses ist in der Tat die allgemeinste Form in der Natur«: II 543 (Die Welt als Wille und Vorstellung Bd. 2 1844).

73 Die freilich erst »nachromantisch« herauskommt: aber die Konsequenzen und Resultate einer Position gehören zur Bestimmung dieser Position; von ihnen absehen heißt diese Position nur abstrakt betrachten. Wie die Bewegung der Verdüsterung der Natur zugleich die Krise des Ästhetischen vorantreibt und von ihr vorangetrieben wird, kann hier nicht diskutiert werden.

74 »Natur« im Gegensatz zum bloß Faktischen, bloß Bestehenden: das ist etwa erstens die Bedeutung des »Naturrechts« insbes. im Sinne der Aufklärung als Fürsprecher nötiger Neuordnung der menschlichen Belange, ehe es seine Funktion wechselt und in die Dienste der Restauration tritt; und das ist etwa zweitens

die Bedeutung des Natürlichen im Sinne des »Materiellen« jener elementaren Bedürfnisse, denen gegenüber sich jedes sogenannte »Höhere« ins Unrecht setzt, das sich *gegen* das Recht aller Menschen auf Befriedigung dieser Bedürfnisse durchzusetzen sucht.

75 So meint etwa C. G. Carus, Psyche (1846, ed. Klages 1926) 239 ja durchaus zutreffend, »daß jenes erst in unserer Zeit hervorgetretene Bestreben, sich zeitweise wie zu einer Art von Naturadoration hinauszustürzen in Wälder und Berge, Täler und Felsen, wirklich gleichsam eine Art von Instinkt ist, um sich ein Heilmittel zu suchen gegen die Krankheit des künstlichen Lebens«; vgl. zur Deutung des Zusammenhanges J. Ritter, »Landschaft«. Zur Rolle des Ästhetischen in der modernen Welt (1963).

76 Dieser »définition noire« muß auf lange Sicht hoffnungslos verfallen jede Wende zur Natur, die nicht die Geschichte und den in ihr erreichten Stand als ihre Bedingung erkennt und anerkennt und weiterführt: also jede Wende zur Natur, die gegen diesen Stand *nur* Natur geltend machen will und nicht eine neue geschichtliche Vermittlung und Präsenz dieser Natur; sie macht gegen ihn dann nur das geltend, was an dieser Wende und Natur Vernichtung des Erreichten und Rückfall in Barbarei ist – wie z. B. an der Natur als dem Hunger der Unterdrückten (wo er nicht geschichtlich sich organisiert) die bloße Zerstörung von Maschinen und Friedensordnung; oder an der Natur als Zuflucht vor der Versachlichung (wo sie nicht innerhalb einer geschichtlichen Welt als deren Chance sich formiert, ihre Natürlichkeit endgültig aus sich heraus und ins privat-Ferienhafte zu verlegen) die bloße Rückkehr in den Naturzustand à la Hobbes und den Kampf als inneres Erlebnis und allgemeines Schrecknis; usf. Es nützt dann nichts, an dieser Wende nur das Zarte und Ätherische herauszukehren: es kann sich nicht halten und zergeht im massiv-Zerstörerischen. Das erzwingt dann als Gegenbesetzung die Formalisierung der Natur zu einer Bestimmung, die mit allem und jedem sich verträgt und faktisch mit dem Bestehenden und gerade Mächtigen paktiert und darüber hinaus vor allem damit beschäftigt ist, zu »gelten«. So gehört in diesen ganzen Zusammenhang auch das interessante Phänomen der überaus großen Anfälligkeit gerade des Naturbegriffs für Funktionswechsel.

77 Trotz der beständigen Versuche, es zu tun: etwa von Schillers

Unterscheidung zwischen »wahrer« und »wirklicher Natur« (Säkularausgabe XII 233: Über naive und sentimentalische Dichtung 1795) über H. Steffens' Unterscheidung von »reinigender« bzw. »heiligender« und »verführerischer« Natur (Anthropologie 1822 Bd. 1 16) bis hin zu Freuds später Unterscheidung zwischen »Eros« und »Todestrieb«.

78 Vgl. Schelling III 341: »Die vollendete Theorie der Natur würde diejenige sein, kraft welcher die ganze Natur sich in eine Intelligenz auflöste« (Transzendentalsystem).

79 Vgl. Schelling VII 358 ff. (Freiheitsaufsatz 1809).

80 A. Schopenhauer I 446–471 (Die Welt als Wille und Vorstellung 1819).

81 F. Nietzsche XIV 179 (Aus der Zeit des Zarathustra 1882/86).

82 Man könnte von Tätern spezifischer Differenz zwischen Regression und Befreiung sprechen.

83 III 610.

84 III 611.

85 III 351.

86 III 612–629; vgl. oben Abschnitt 1.

87 Vgl. Anm. 7.

88 F. Nietzsche III 10, 46 u. ö. (Die Geburt der Tragödie 1872 bzw. 1886); »Hier, in dieser höchsten Gefahr des Willens, naht sich, als rettende, heilkundige Zauberin, die Kunst: sie allein vermag jene Ekelgedanken über das Entsetzliche oder Absurde des Daseins in Vorstellungen umzubiegen, mit denen sich leben läßt«: III 56/57; vgl. auch XIX 229 (Der Wille zur Macht 1888): »Wir haben die Kunst, damit wir nicht an der Wahrheit zu Grunde gehen«, wobei die Wahrheit die Natürlichkeitswelt des Willens zur Macht und der ewigen Wiederkehr ist; vgl. dazu die Bestimmungen der Kunst als nur momentaner »Trost« bei Schopenhauer a.a.O. bes. I 315/316 und als nur »flüchtige Entrückung aus den Nöten des Lebens« durch »die milde Narkose, in die uns die Kunst versetzt« beim späten Freud: XIV 439 (Das Unbehagen in der Kultur 1930).

89 Vgl. I. Kant, Kritik der Urteilskraft (1790) § 46 Werke ed. Cassirer V 382/383: »daß Genie ... als *Natur* die Regel gebe«; darum sind »die Dichter ... schon ihrem Begriff nach, die Bewahrer der Natur«: F. Schiller, Säkularausgabe XII 183 (Über naive und sentimentalische Dichtung 1795); vgl. Schelling III 612 ff.

(Transzendentalsystem): Genie ist jene Potenz, »in welcher« durch »Gunst der Natur« (III 615, 617) »die bewußtlose Tätigkeit durch die bewußte bis zur vollkommenen Identität mit ihr gleichsam hindurchwirkt« (III 613) und dadurch zur »Synthesis von Natur und Freiheit« (III 619) wird.

90 Vgl. insbes. Freuds »Naturschutzpark«-Theorie der Kunst: am klarsten XI 387 (Vorlesungen zur Einführung in die Psychoanalyse 1917); vgl. Anm. 151.

91 Landschaft, Kindheit, Primitivzustände der Menschheit etc.; vgl. Anm. 75.

92 Auch die Natur als »das ›Wahre‹, ›Echte‹ bedeutet die Ablehnung des Gegenwärtigen und ist schließlich nur das Anderswo und Anderswann, das Andere schlechthin«, wie C. Schmitt, Politische Romantik ([2]1925) mit intimer Kundigkeit interpretiert: die Natur hat nur als die »ferne« Geltung, und zwar nicht nur, weil der Romantiker sich überhaupt alle Realität vom Hals halten will, sondern gerade auch die, nach der er am meisten ruft.

93 Vgl. S. Kierkegaard, Über den Begriff der Ironie mit ständiger Rücksicht auf Sokrates (1841) übers. Schaeder (1929) 236: »daß das Zunichtewerden mit aufgenommen ist«; dies kann als allgemeine Charakteristik der Tendenz der Genieästhetik gelten: diese erfüllt sich eben nicht als Ästhetik der vollkommenen Harmonie des Einzelnen (»Freiheit«) mit dem Weltlauf (»Notwendigkeit«) d. h. als Ästhetik des Schönen, sondern als Ästhetik einzig der Harmonie des Einzelnen (»Freiheit«) mit seiner vollkommenen Negation durch den Weltlauf (»Notwendigkeit«) d. h. als Ästhetik des Nicht-Schönen: des Erhabenen, Tragischen, Pathetischen, Komischen, Häßlichen, Dionysischen, Grotesken, Skurrilen, Kauzigen, Humoristischen usf.: sie ist im Effekt nicht die Erlösungsästhetik der aufgelösten, sondern die Rückzugsästhetik der ertragenen Widersprüche und nicht die Ästhetik der begrüßten, sondern die der ausgehaltenen Natur. Hier kann nicht diskutiert werden, inwieweit vielleicht Schelling – der merkwürdige Fall eines Denkers mit maximaler Ästhetik-Intention und minimaler Ästhetik-Durchführung – alsbald auf eine zentrale Stellung der Ästhetik überhaupt verzichtet hat, gerade um diesen Trend der Genieästhetik nicht vollstrecken zu müssen.

94 Just das ist auch die Figur der »Verfallstheorien«, deren Er-

freulichkeitsertrag und daran hängender Allgemeinerfolg gerade aus dieser Struktur begreiflich wird. Innerhalb des Künstlerischen ist ein vorzügliches Beispiel die Novelle, die ja gerade zu dieser Zeit in neuer und bedeutender Weise zum Zuge kommt: wenn die Novelle – nach Deutung von B. v. Wiese, Die deutsche Novelle von Goethe bis Kafka (*1959) – eine Geschichte ist, für die »der Vorrang des Ereignisses vor den Personen« (15) d. h. die Überlegenheit des Ereignisses über die Einzelnen wesentlich ist, macht die angegebene Struktur plausibel, warum man sie gerade in Situationen schätzt und erzählt, in denen die Fatalität der Ereignisse den Individuen überlegen ist. Solange die derartige Katastrophensituation als transitorische gelten konnte (Pest etc.), markierte man sie durch Rahmenerzählung; seit sie als perennierende Weltverfassung gilt, wird ihre besondere Ankündigung durch Rahmenerzählung überflüssig: die Rahmenerzählung tritt teils ab, teils spezialisiert sie sich auf Markierung erfreulicher Situationen.

95 Vgl. S. Kierkegaard, Gesammelte Werke ed. Hirsch XXIV/XXV 75 (Die Krankheit zum Tode 1849).

96 Nämlich jene Rück-Veräußerlichung der »verinnerlichten« Destruktion, wie sie – nach der schönen These zuerst von Lou Andreas-Salomé, Friedrich Nietzsche in seinen Werken (²1911) 220 ff., bes. 224 und 226: Nietzsche habe aus einer »Befürchtung« bzw. »Qual« eine »begeisterte Überzeugung« gemacht, indem er, was zunächst Selbstzerstörung war, als Verfassung der Wirklichkeit erblickte und verkündete – zu Nietzsches Konzeption der »ewigen Wiederkehr des Gleichen« geführt hat: die Destruktion wird, wo sie nicht mehr in Innerlichkeit und Kunstwerk gebannt bleibt, zur Verfassung der Realität; der Künstler ist ein allzuschwacher »Aufhalter« dieses Großfalls einer – im Sinne von Freud I 63 (Die Abwehr-Neuropsychosen 1894) – »Konversion«.

97 Aus der bloß rhetorischen Figur werden sie zur »Daseinsform« (Pivcevic): zum Versuch, nicht nur der Wirklichkeit, sondern vor allem auch der Nichtigkeit und eigenen Destruktivität zu entgehen; dabei setzt in der »romantischen Ironie« der Ironiker »*sich* über sich selbst« (d. h. auch: über die eigene Destruktivität) »weg« (F. Schlegel, Kritische Schriften ed. Rasch 1956 19), es setzt in der Ironie der indirekten Mitteilung Kierkegaards der

Ironiker *die Anderen* über sich (den Ironiker und seine Destruktivität) selbst weg.

98 Den als Problem jene Interpretation zu vergessen geneigt ist, die am Ästhetischen nur seinen »Mangel an Wirklichkeit« bemerkt und beklagt. Daß letzterer ein gleichernstes Problem ist, bleibt damit unbestritten: vgl. v. Verf. Kant und die Wende zur Ästhetik, in: Zeitschrift für philosophische Forschung 16 (1962) bes. 371 ff. 373.

99 Vgl. Novalis, Werke ed. Wasmuth III Frgmt. 1833 (1798).

100 Der ja erst um die Mitte des Jahrhunderts durch die Generation u. a. von Du Bois-Reymond, Ludwig, Brücke, Virchow im Gegenzug zur »naturphilosophischen« Medizin (von der hier zunächst die Rede sein wird) sich vollzog. Es scheint bemerkenswert, daß die »Konjunktur der Therapeutik« *nicht* mit dem Zeitpunkt des Exakt-Werdens der Medizin d. h. durch naturwissenschaftlichen Erfolg, sondern *vor* diesem Zeitpunkt im Zusammenhang mit der philosophischen Wende zur Natur und der »romantischen Medizin« einsetzt. Vgl. zum Folgenden medizingeschichtlich: Werner, Schellings Verhältnis zur Medizin und Biologie (1909); das Kap. Romantische Ärzte in: R. Huch, Die Romantik II ([5]1917) 264–295; E. Hirschfeld, Romantische Medizin, in: Kyklos 3 (1930) 1–89; W. Leibbrand, Romantische Medizin ([2]1937); Heilkunde. Eine Problemgeschichte der Medizin (1954) bes. 330–349; Die spekulative Medizin der Romantik (1956); K. E. Rothschuh, Geschichte der Physiologie (1953) 91 ff.

101 Bezüglich der Kunstphilosophie-Vorlesungen 1802/05 gilt ja, was man angesichts der heute vorliegenden Editionen zu vergessen geneigt ist: »daß Schelling niemals im Sinn hatte, die Ästhetik als Ganzes zu ediren«: Sohn K. F. A. Schelling in: Schelling V XVI; die Kunstphilosophie-Vorlesungen sind gehalten nicht *als* sondern *statt* Durchführung der Ästhetik.

102 Denn im Zusammenhang mit dem Tod Auguste Böhmers (1800) stehen ja auch die Kontroversen mit der Jenaischen A. L. Z. um die »Bambergischen Theses«: vgl. dazu Schelling IV 548 ff. (Benehmen des Obscurantismus gegen die Naturphilosophie 1801).

103 Bes. Sommer 1800: unter dem Eindruck Schellings werden die anfänglichen »Brownianer« Adalbert Friedrich Marcus (1753–

1816) und Andreas Röschlaub (1768–1853) zu Anhängern der »Naturphilosophie« und Bamberg zur Keimzelle der »naturphilosophischen« Medizin.

104 1803–1806.

105 III 220–239 (1799).

106 A. C. A. Eschenmayer, Spontaneität = Weltseele dortselbst 2 (1801) 1–68; Ph. Hoffmann, Ideen zu einer Konstrukzion der Krankheit 69–108.

107 Im Zuge des Landshuter Universitätsfestes 4.–7. 6. 1802, unmittelbar nach der Berufung Röschlaubs nach Landshut.

108 13. Vorlesung V 335–343 (gedr. 1803); Schelling betont dort zugleich, »daß die Wissenschaft der Medizin ... nicht nur überhaupt philosophische Bildung des Geistes, sondern auch Grundsätze der Philosophie voraussetze«: V 340/341.

109 Letztmalig gehalten Würzburg WS 1804/1805.

110 1806/1808.

111 VII 131 (1806); 1808 wird Schelling Ehrenmitglied der Physikalisch-Medizinischen Sozietät zu Erlangen.

112 Versteht sich: bei Schelling nur als Zwischenstation des Übergangs von der naturphilosophisch-ästhetisch orientierten Frühphilosophie zur theologisch orientierten Spätphilosophie. Trotzdem scheint es mir zu wenig, Schellings »Wende zur Medizin« nur als Systemkomplettierung und Auswirkung seiner Beschäftigung mit der eigenen Krankheit zu verstehen: selbst Hypochondrie ist bereits eine »ontologische Grundstellung« und als solche ernst zu nehmen und aufzuklären.

113 In seinen Zusammenhang gehört z. B. die Neigung der Nicht-Ärzte unter den »romantischen Naturphilosophen« zu Theorien der Medizin (etwa: J. J. Wagner, Von der Philosophie und der Medicin, ein Prodromus für beide Studien 1805; vgl. vor allem aber auch Novalis) und medizinischer Praxis: der junge Görres studiert 1793 mit Eifer Medizin und scheint auch vereinzelt praktiziert zu haben. Henrich Steffens, Was ich erlebte IV (1841) schreibt 354: »Ich war selbst von meiner Kindheit an unter Ärzten erwachsen, meine Studien ... waren dem ärztlichen Studium nahe verwandt, ja ich wäre Arzt geworden ... Die Disciplinen der Arzneikunde waren mir keineswegs fremd, die Erfahrungen am Krankenbette wichtig ... (ich war) überzeugt ... von der hohen Bedeutung ärztlicher Erfahrung für

die Ausbildung der Naturphilosophie«; und er suchte um die Jahrhundertwende den Kontakt mit Reil (vgl. 180–182) und dem Bamberger »medizinischen Institut« (vgl. bes. 350–362).

114 Dietrich Georg Kieser (1779–1862), System der Medicin I (1817) IV; er fordert und sieht, »daß die philosophische Ansicht des Lebens überhaupt ... auch in der Medicin immer tiefere Wurzeln schlägt«: 95.

115 »Entwurf einer philosophischen Geschichte der Medicin« a.a.O. 1–96; denn »um den Gang der Medicin und die Geschichte derselben ganz zu verstehen, muß man ... mit der Geschichte der Philosophie bekannt sein. Jede wissenschaftliche Theorie ist nur Reflex ... der Philosophie«: a.a.O. 6.

116 Vgl. etwa die schon zit. Theorie von Schelling III 220–239 und von Ph. Hoffmann vgl. Anm. 106.

117 Z. B. Karl Richard v. Hoffmann (1797–1877), Vergleichende Idealpathologie. Ein Versuch, die Krankheiten als Rückfälle der Idee des Lebens auf tiefere normale Lebensstufen darzustellen (1839).

118 Früher und betonter noch als bei Johann Nepomuk v. Ringseis (1785–1880), System der Medicin (1841) 116–120, 241 und insbes. 243 ff. bei Carl Josef Hieronymus Windischmann (1775–1839), Über Etwas, was der Heilkunst Noth thut. Ein Versuch zur Vereinigung dieser Kunst mit der christlichen Philosophie (1823, in Buchform 1824) bes. 70–139.

119 Zeitlebens Mediziner bzw. Pharmazeuten waren davon: Kielmeyer, Ritter, Treviranus, Oken, Troxler, Carus; Eschenmayer und Windischmann waren später Professoren zugleich für Philosophie und Medizin; Schubert wurde schließlich Prof. für Naturgeschichte, Baader Bergbaubeamter. Steffens betont a.a.O. 134, daß »die Naturphilosophie vorzüglich die Ärzte in Anspruch zu nehmen anfing«, »und die Zahl der Anhänger, besonders unter den Ärzten, nahm sehr zu«: 251; »Die Naturphilosophie hatte schon angefangen, ihren Einfluß, besonders auf die Arzneikunde, zu zeigen«: 354; vgl. 267 u. ö.

120 Es erschienen – außer den im folgenden zit. Büchern von Platner, Kant, Gruithuisen, Steffens, Heinroth, Ennemoser, Burdach, Carus, Lotze – Anthropologien u. a. von: Usteri (1791), Ith (1794/95), Metzger (1798), Pölitz (1800), Abicht (1801), Wenzel (1802), Funk (1803), Bartels (1806), Liebsch (1806),

Fries (1807), Heinroth (1807), Görres (1810), Gruithuisen (1811), Troxler (1811), Weiß (1811), Geitner (1812), Suabedissen (1814/18), Neumann (1815/18), Schulze (1815), Hartmann (1820), Fries (1820/21), Hillebrand (1822/23), Maine de Biran (1823/24), Berger (1824), Ennemoser (1824 u. 1825), Bischoff (1827), Keyserling (1827), Siegwart (1827), Choulant (1828), Heusinger (1829), Bonstetten (1829), Suabedissen (1829), Weber (1829), Troxler (1830), Leupold (1834), Schubert (1837), Michelet (1840), Ennemoser (1849), I. H. Fichte (1856); Feuerbachs »Wesen des Christentums« erscheint 1841; vgl. auch die Reflexionen von C. A. Heinroth, Über das Bedürfnis des Studiums der medicinischen Anthropologie (1811) und C. F. Nasse, Die Aufgaben der Anthropologie (1823); dazu, daß Hegel in seiner Encyclopädie zwischen 1817 und 1830 den Abschnitt »Die Seele« in »Anthropologie« umbenennt; usf. Eine ausführlichere Charakteristik wird Verf. an anderer Stelle vorlegen und dort auch jener Entwicklung von einem »naturalistischen« zu einem »theologisch-personalistischen« Ansatz dieser Anthropologien nachgehen, die in der gegenwärtigen »medizinischen Anthropologie« ihre Parallele hat.

121 1818–22 als »Zeitschrift für psychische Ärzte«, 1823–26 als »Zeitschrift für die Anthropologie«, 1830 als »Jahrbücher für Anthropologie und zur Pathologie und Therapie des Irreseins«; die psychiatrische Orientierung schließt allgemein-philosophisches Interesse und Aufsätze auch über die Anthropologie des AT ebensowenig aus wie substanzielle Beiträge zur Ästhetik wie z. B. die Abhandlung a.a.O. 1824 371–374: Unglückliches Ende einer Künstlerinn durch Ekstase des Gefühllebens; von Herrn Professor Grohmann.

122 Johann Christian August Heinroth (1773–1843; Prof. der psychischen Heilkunde Leipzig), Lehrbuch der Anthropologie (1822, hier zit. nach ^{2}1831) VII; dabei gilt die Anthropologie als Fundamentalphilosophie: »die Naturlehre wie die Philosophie hat ihre Wurzeln wie ihren Gipfel in der Anthropologie«: 10; dabei hat nach der Meinung Heinroths »unstreitig ... Schelling auch die Bahn zu einer Vollendung der Anthropologie gebrochen«: 35.

123 Franz v. Paula Gruithuisen (1774–1852; Prof. u. a. für Zootomie, später Astronom München) a.a.O. V; »Ist denn nicht

gerade die Philosophie des Tages so perturbirt, daß uns endlich zur eigenen Erhebung und Orientierung eine physiologische Anthropologie höchst erwünscht seyn muß?«: a.a.O. IV.

124 Joseph Ennemoser (1787–1854; Prof. der Medizin Bonn), Anthropologische Ansichten oder Beiträge zur besseren Kenntniß des Menschen (1828) V.

125 Henrich Steffens, Anthropologie (1822) I 3 ff. im Zusammenhang der Argumentation gegen Kants Ablehnung der physiologischen Anthropologie; vgl. 7: »Daß er aber demohnerachtet genöthigt ist, eine solche ... physiologische Anthropologie der pragmatischen gegenüber zu stellen, beweist, welche Gewalt die Idee der wirklichen Einheit der Natur und des Geistes über ihn hatte« – welche Idee nach Steffens und in der Tat wirklich in dieser ganzen Zeit das »Interesse« an der Anthropologie begründet: a.a.O. 4, 8 ff. »Physiologische« Anthropologie bedeutet einfach *naturphilosophische* Anthropologie, und zwar zu einer Zeit, in der die Naturphilosophie die Fundamentalphilosophie ist: »alle Philosophie ist nur Naturphilosophie«, schreibt programmatisch L. Oken, Über den Wert der Naturgeschichte, besonders für die Bildung der Deutschen (1809).

126 Etwa das zit. Lehrbuch Heinroths, das nicht nur in der Diskussion der »Geschichte und Literatur der Anthropologie« a.a.O. 13–36, sondern vor allem auch in den »Beilagen« 417–518 erheblichstes philosophisches Niveau zeigt. Auch darf nicht vergessen werden, daß z. B. eine Schrift wie Hermann Lotze, Mikrokosmos. Ideen zur Naturgeschichte und Geschichte der Menschheit. Versuch einer Anthropologie (1856) in den Zusammenhang dieser Ärzte-Anthropologien gehört: Lotze (1817–1881) begann als praktischer Arzt und Medizindozent (1839), ehe er sich 1840 philosophisch habilitierte.

127 Ennemoser a.a.O. 33.

128 a.a.O. 38/39; vgl. M. Scheler, Die Stellung des Menschen im Kosmos (1927).

129 J. G. Herder, Über den Ursprung der Sprache (1770); Ideen zur Philosophie der Geschichte der Menschheit (1784 ff.); für Herder ist freilich der Geist der Natur ebensowenig entgegengesetzt wie für die früher unmittelbar »naturphilosophischen« Anthropologien, die Ennemoser als Theorien der »Sublimation« (a.a.O. 25, 29 u. ö.) kritisiert.

130 Zu all diesem gehören weitere Phänomene: so z. B. nicht zuletzt die wachsende Disposition zu einem Revirement der in der Philosophie diensthabenden »Bildfelder« (Weinrich): die zunehmende Neigung, die »juristische« Metaphorik des deutschen Idealismus (Prozeß, Geschichte als Weltgericht, Deduktion im Sinne der Rechtslehrer etc.) durch »medizinische« zu ersetzen (Krankheit der Zeit, Diagnose, Suche nach Therapien etc.): wo der Arzt zum Weltweisen wird, muß schließlich auch umgekehrt der Weltweise als Arzt sich geben und ärztliche Sprache sprechen.

131 H. R. Jauß, Die Ärztesatire in Marcel Prousts »Auf der Suche nach der verlorenen Zeit«, in: Die Waage 4 (Aachen 1959) 109.

132 Diese Aussage ist ungesichert; Monographisches liegt nur partiell vor: vgl. etwa A. Schöne, Interpretationen zur dichterischen Gestaltung des Wahnsinns in der deutschen Literatur (ungedr. Diss. Münster 1952).

133 Als Vorarbeit zur Monographie vgl. L. Fauler, Der Arzt im Spiegel der deutschen Literatur vom ausgehenden Mittelalter bis zum 20. Jhdt. (Diss. Freiburg/Br. 1941); Bibliographisches darin nur in einigen Ansätzen 100/102. Einschlägiges bei E. Marquard, Philologische Beobachtungen an Molières Komödie »L'Amour médecin« (Mskpt. 1960: Staatsarbeit Münster) 4–13 und 66–76.

134 Fürs ausgehende 19. und beginnende 20. Jh. vgl. B. Wachsmut, Der Arzt in der Dichtung unserer Zeit (1939); F. Wittmann, Der Arzt im Spiegelbild der deutschen schöngeistigen Literatur seit dem Beginn des Naturalismus (1936).

135 Hierhin gehört die von B. v. Wiese, Die deutsche Tragödie von Lessing bis Hebbel ([2]1952) geschilderte Bewegung dieser Gattung von der Grenze der »Theodizee« »bis an die Grenze des Pathologischen« nicht weniger als die sich innerhalb der Tragödientheorie anbahnende Ablösung der »ästhetischen« Formel der Katharsis durch ihre »medizinische« Formel; usf.

136 Im gleichen Jahr beginnt Kant seine Anthropologie-Vorlesung; zu deren Vorbereitung wiederum gehören nicht weniger die »Beobachtungen über das Gefühl des Schönen und Erhabenen« (1764) als der »Versuch über die Krankheiten des Kopfes« (1764).

137 Vgl. bereits E. Platner, Neue Anthropologie für Ärzte und Weltweise (1790) 339–371 und von den bisher zit. Arbeiten: Gruithuisen a.a.O. 457–459 (Theorie zugleich der »Kunstgeschicklichkeit«); Heinroth a.a.O. 220–228; Ennemoser a.a.O. 70–84 (Theorie insbes. der Einbildungskraft); vgl. auch Karl Friedrich Burdach (1776–1847; Arzt in Leipzig und dann Medizinprof. in Dorpat und Königsberg), Der Mensch nach den verschiedenen Seiten seiner Natur oder Anthropologie für das gebildete Publikum (1836) §§ 374–390; C. G. Carus, Psyche (1846, ed. Klages 1926; Carus Psychologie berührt sich mit der Anthropologie, die er »bereits im Winter 1827/28 in einigen zwanzig Vorlesungen« gehalten hat: Vorlesungen über Psychologie 1831 Ed. Darmstadt 1958 XXXVI) bes. 131, 158, 242 u. ö. und seine ästhetischen Schriften.

138 Der (1789–1869) zwar Maler und Kunsttheoretiker (u. a. Neun Briefe über Landschaftsmalerei 1835) war, zugleich aber vergleichender Anatom, Gynäkologe, Leiter der geburtshilflichen Klinik und Leibarzt des Königs in Dresden blieb.

139 J. Moreau (de Tours), La psychologie morbide dans ses rapports avec la philosophie de l'historie ou de l'influence des névropathies sur le dynamisme intellectuel (1859). Vgl. W. Dilthey, Dichterische Einbildungskraft und Wahnsinn (1886) Gesammelte Schriften IV 91: »Ist doch Frankreich nicht nur ... lange der Hauptsitz psychiatrischer Wissenschaft, sondern auch psychiatrischer Phantasien gewesen, die ganz wohl mit unseren naturphilosophischen verglichen werden können. Sie sind eine Romantik des Materialismus.«

140 G. Lombroso, Genio et folia (1863).

141 W. Lange-Eichbaum, Genie – Irrsinn und Ruhm (1927); Das Genie-Problem. Eine Einführung ([2]1935).

142 Vgl. die Aufsätze von G. Benn: Genie und Gesundheit (1930); Das Genie-Problem (1930): Gesammelte Werke ed. Wellershoff I 84–89 und 107–122. Vgl. in der Gegenwart noch einmal W. Muschg, Tragische Literaturgeschichte ([2]1953) 427 ff. bes. 438–443.

143 Indirekt auch dort, wo – wie in der Anm. 139 zit. Abhandlung Diltheys – gegen die Irrsinnsthese die »Gesundheit« des Genies eingeklagt wird.

144 F. Nietzsche XV 389 (Zur Genealogie der Moral 1887).

145 Vgl. die oben Anm. 19 erwähnten Gespräche und die bei Förster-Nietzsche a.a.O. 490 abgedruckte briefliche Äußerung Paneths: »Auch sprachen wir von der Verwandtschaft des Genies mit dem Wahnsinn«.

146 VII 470.

147 O. Pöggeler, Schopenhauer und das Wesen der Kunst, in: Zeitschrift für philosophische Forschung 14 (1960) 353–389.

148 Vgl. A. Schopenhauer, Die Welt als Wille und Vorstellung Bd. 1 (1819) I 226–228, Bd. 2 (1844) II 454–458.

149 O. Rank, Schopenhauer über den Wahnsinn, in: Zentralblatt für Psychoanalyse 1 (1910) 69–71.

150 Vgl. bes. X 53 (Zur Geschichte der psychoanalytischen Bewegung 1914).

151 Es ist plausibel, daß Arbeiten der Freud-Schule – wie z. B. O. Rank, Der Künstler. Ansätze zu einer Sexualpathologie (1907); Das Inzestmotiv in Dichtung und Sage. Grundzüge einer Psychologie des dichterischen Schaffens (1912); Th. Reik, Flaubert und seine Versuchung des Heiligen Antonius. Ein Beitrag zur Künstlerpsychologie. Mit einer Vorrede von Alfred Kerr (1912); u. a. – in den skizzierten Zusammenhang hineingehören. Auffällig aber ist, daß gerade diese »therapeutisch« orientierte Ästhetik – vgl. einschlägig von Freud selbst: Der Dichter und das Phantasieren (1908); Formulierungen über die zwei Prinzipien des psychischen Geschehens (1911) VIII bes. 234 ff.; Vorlesungen zur Einführung in die Psychoanalyse (1917) XI bes. 386–391: die entscheidenden Kategorien sind »Phantasie«, »Spiel« (Kinderspiel), »Traum« (Tagtraum) usf. – daß also gerade sie unter den gegenwärtigen Ästhetiken diejenige ist, die (in einer Zeit der Romantikkritik) faktisch am meisten den Ansatz der »romantischen Genie-Ästhetik festhält: die Therapeutik vermag sich so wenig von ihrem Rivalen und Vorgänger im Amte zu lösen, daß sie ihn innerhalb ihrer eigenen Theorie konserviert.

152 Vgl. oben Abschnitt 7.

153 Vgl. oben Abschnitt 3.

154 Vgl. die zit. Stelle Schelling X 94/95 und etwa IV 77 (Allgemeine Deduktion des dynamischen Prozesses 1800): »Die platonische Idee, daß alle Philosophie Erinnerung sei, ist in diesem Sinne wahr; alles Philosophieren besteht in einem Erinnern des

Zustandes, in welchem wir eins waren mit der Natur.« Und Freud XI 451/452 (Vorlesungen zur Einführung in die Psychoanalyse 1917): »Wir können das Ziel unserer Bemühung in verschiedenen Formeln ausdrücken: Bewußtmachung des Unbewußten, Aufhebung der Verdrängungen, Ausfüllung der amnestischen Lücken, das kommt alles auf das Gleiche hinaus.«

155 Potenzierungstheorie: vgl. oben Anm. 28 u. 31.

156 Sublimierungstheorie: vgl. oben Anm. 30; zur einschlägig eingesetzten Theorie der Zielhemmung vgl. etwa Freud XIII bes. 155/156 (Massenpsychologie und Ich-Analyse 1921) u. a.

157 Der Präzedenzfall einer »schlimmen« Sublimierung ist die Geschichte des Schuldgefühls in Freuds Theorie des Unbehagens in der Kultur (1930), knapp zusammengefaßt bereits XIII 284 (Das Ich und das Es 1923): »Je mehr ein Mensch seine Aggression meistert, desto mehr steigert sich die Aggressionsneigung seines Ideals gegen das eigene Ich«: ibid. als »Sublimierung« beschrieben.

158 A. Schopenhauer II 653 (Die Welt als Wille und Vorstellung Bd. 2 1844).

159 A. Schopenhauer I 367 (Die Welt als Wille und Vorstellung Bd. 1 1819).

160 Vgl. XIII 40 ff. mit der extremen These, »daß das gesamte Triebleben der Herbeiführung des Todes dient«: XIII 41 (Jenseits des Lustprinzips 1920).

161 XIII 53.

162 Von dort aus ergibt sich die Frage: was bedeutet es, daß jene Ansätze, die – sei es enthusiastisch: H. Marcuse, Eros und Kultur. Ein philosophischer Beitrag zu Sigmund Freud (1957); sei es elegisch: Th. W. Adorno, u. a. Minima Moralia. Reflexionen aus dem beschädigten Leben (1951) bes. 96–113, zum Verhältnis von Soziologie und Psychologie, in: Sociologica (1955) 11–45 – Freuds Psychoanalyse (mit guten und hier durchaus bejahten Gründen) als Marxismus-Ersatz in Anspruch zu nehmen suchen, dabei auf eine Position treffen, die sich durch Kontinuität zur transzendentalphilosophisch-romantischen Wende zur Natur definieren läßt?

Zu: Weltanschauungstypologie. Bemerkungen zu einer anthropologischen Denkform des neunzehnten und zwanzigsten Jahrhunderts

1 Vgl. die heitere Betrachtung dieser Situation bei Lukian, Hermotimos, wie noch bei Kant: Werke hrsg. Cassirer VII 504: beim Menschen »wird der Hang: sich dieses Vermögens (sc. der Vernunft) zum Vernünfteln zu bedienen, nachgerade methodisch und zwar bloß durch Begriffe zu vernünfteln, d. i. zu p h i l o - s o p h i r e n ; darauf sich auch polemisch mit seiner Philosophie an Andern zu reiben, d. i. zu d i s p u t i r e n und, weil das nicht leicht ohne Affect geschieht, zugunsten seiner Philosophie zu z a n k e n , zuletzt in Masse gegeneinander (Schule gegen Schule als Heer gegen Heer) vereinigt offen K r i e g z u f ü h r e n « usf. (Verkündigung des nahen Abschlusses eines Traktats zum ewigen Frieden in der Philosophie); dazu das Kästner-Zitat 507, Anm.: »Auf ewig ist der Krieg vermieden, / Befolgt man, was der Weise spricht; / Dann halten alle Menschen Frieden, / Allein die Philosophen nicht.« Dilthey sagt dasselbe ernsthaft: »Grenzenlos chaotisch liegt die Mannigfaltigkeit der philosophischen Systeme hinter uns und breitet sich um uns aus«: Gesammelte Schriften VIII 76 (Die Typen der Weltanschauung und ihre Ausbildung in den metaphysischen Systemen, 1911).

2 Es handelt sich also um eine in ihrer Absicht ganz begrenzte Überlegung. Das – pauschal etwa so zu nennende – Problem ›Typologie und Toleranz‹ bleibt hier undiskutiert. Zum besprochenen Zusammenhang vgl. u. a. L. Landgrebe, Wilhelm Diltheys Theorie der Geisteswissenschaften, in: Jahrbuch für Philosophie und phänomenologische Forschung 9 (1928) bes. 277–302 und G. Lukács, Die Zerstörung der Vernunft (²1955) bes. 345 ff.

3 Dilthey, VIII 73–118.

4 Dilthey VIII 76, 75, 76.

5 Dilthey VIII 99 u. ö.; vgl. 25 und bes. II 259 ff., V 241 ff., 270 f., 346.

6 Dilthey VIII: 1) 100–107, 2) 107–112, 3) 112–118.

7 Dilthey VIII 86, 98, 80; vgl. f., 86 ff.

8 Vgl. Dilthey V 339–416, bes. 402 ff. (Das Wesen der Philosophie, 1907), VIII 220–226 (Traum 1903), II bes. 312–315 (Der entwicklungsgeschichtliche Pantheismus nach seinem ge-

schichtlichen Zusammenhang mit den älteren pantheistischen Systemen, 1900) ansatzweise: IV 528–554, bes. 546 ff. (Die drei Grundformen der Systeme in der ersten Hälfte des 19. Jahrhunderts, 1898), VI bes. 144–148 (Die Einbildungskraft des Dichters, 1897), Hinweis auf frühe Tagebuchaufzeichnungen durch B. Groethuysen, Dilthey VIII Vorbericht VIII.

9 Hrsg. Glockner (Kleine philosophische Reihe 3) 1949.

10 J. Wach, Die Typenlehre Trendelenburgs und ihr Einfluß auf Dilthey (1926).

11 Vgl. z. B. Dilthey VIII 220 (Traum, 1903).

12 Johann Gottlieb Fichte's Sämtliche Werke, hrsg. I. H. Fichte I 431, 425/26 (Erste Einleitung in die Wissenschaftslehre, 1797).

13 Vgl. Kant VIII 262 u. ff. (Preisschrift über die Fortschritte der Metaphysik, ca. 1793).

14 Fichte I 434, a.a.O.

15 Friedrich Wilhelm Joseph von Schellings sämmtliche Werke, hrsg. K. F. A. Schelling I 308, 306; vgl. 300 ff. (Philosophische Briefe über Dogmatismus und Kritizismus, 1795).

16 Schelling I 313 u. ff.; vgl. schon 309 ff. F. H. Jacobi, Über die Lehre Spinozas (1785) und insgesamt: Die Hauptschriften zum Pantheismusstreit zwischen Jacobi und Mendelssohn hrsg. von H. Scholz (1916). Zur einschlägigen Interpretation: F. Kaulbach, Der Begriff des Standpunktes im Zusammenhang des Kantischen Denkens, in: Archiv für Philosophie XII 14–45, bes. 39 ff.

17 H. Nohl, zusf.: Stil und Weltanschauung (1920); J. Wach, Typen religiöser Anthropologie (1932); B. Groethuysen, Dialektik der Demokratie (1932); E. Spranger, Lebensformen (1921); H. Leisegang, Denkformen (1928).

18 Vgl. M. Weber, Wirtschaft und Gesellschaft, hrsg. von J. Winckelmann (1964) allgemein: 4 ff.; Typen der Herrschaft (rationale, traditionale, charismatische) 157 ff.; Typologie der Städte 923 ff.

19 K. Mannheim, Strukturanalyse der Erkenntnistheorie (1922), will eine »Typologie der Erkenntnistheorien«: 33 ff.; vgl. die Sortierungsattitüde in: Ideologie und Utopie (1928, [3]1952), z. B. 80 ff., 162 ff. u. 243; auch insgesamt 184–215.

20 K. Jaspers, Psychologie der Weltanschauungen (1919, [3]1925), Reflexion über Typologie: 14 ff.; Weisen des Umgreifenden (Dasein, Bewußtsein überhaupt, Geist, Welt, Transzendenz): das sind keine fünf in unmittelbarer Erfassung aufgewiesenen »Ur-

sprünge«, sondern fünf fast durch Zitate deklarierte und dann sortierte philosophische Gegenwartsmöglichkeiten: Typen: Vernunft und Existenz ([2]1947) 34–56; Von der Wahrheit (1947) 45–222; Weisen des Wahrheitssinns: Vernunft und Existenz 57 ff.; Von der Wahrheit 602 ff.

21 C. G. Jung, Psychologische Typen (1921); E. Kretschmer, Körperbau und Charakter (1921); G. Pfahler, System der Typenlehren. Grundlegung einer pädagogischen Typenlehre (1929).

22 Zum traditionellen Pensum der Anthropologie gehört ja die Sortierung von natürlichen Verschiedenheiten des Menschen: von Lebensaltern, Geschlechtereigenschaften, Temperamenten, Rassen, Krankheiten usw., Geisteskrankheiten usf.; bei Dilthey aber wird in gewisser Hinsicht zuerst betont »Anthropologie ... Grundlage aller Erkenntnis des geschichtlichen Lebens«: I 32; bei ihm tritt also das Geschichtliche massiv in den Aktionsradius der alt-anthropologischen Denkform der Typologie. Diese Tatsache, daß Dilthey das Geschichtsdenken nicht sowohl mit der ›neuen‹ Wissenschaft Anthropologie, sondern daß er es mit der durchaus ›alten‹ Wissenschaft Anthropologie in Verbindung gebracht hat, sollte bei der Diskussion seiner Typologiethese nicht vergessen werden. Vgl. vom Verf.: Zur Geschichte des philosophischen Begriffs ›Anthropologie‹ seit dem Ende des 18. Jahrhunderts, u. S. 121 ff.

23 Trendelenburg, a.a.O. 19.

24 Dilthey VIII 112.

25 Dilthey VIII 7 (Das geschichtliche Bewußtsein und die Weltanschauungen, posth.).

26 Von Kant, Idee zu einer allgemeinen Geschichte in weltbürgerlicher Absicht (1784), bis zu Hegels Einweisung der Geschichtsphilosophie in die Rechtsphilosophie. Vgl. vom Verf.: Idealismus und Theodizee, oben S. 52 ff.

27 Hegel, Die Vernunft in der Geschichte, hrsg. von Hoffmeister, 55.

28 »Die Forderung, die Illusionen aufzugeben, ist die Forderung, einen Zustand aufzugeben, der der Illusionen bedarf«: so noch durchaus in dieser Tradition Marx, Zur Kritik der Hegelschen Rechtsphilosophie (1843/44), in: Die Frühschriften, hrsg. von Landshut (1953) 207.

29 Präziseste Diagnose bei Hegel, etwa Logik I (1812) hrsg. von Lasson, 140; Enzyclopädie (Fassung 1830) hrsg. von Hoffmeister, 83, usf.

30 J. Burckhardt, Weltgeschichtliche Betrachtungen (1868), Werke VII 1: die Geschichtsphilosophie »ist ein Kentaur, eine contradictio in adjecto; denn Geschichte, d. h. das Koordinieren, ist Nichtphilosophie und Philosophie, d. h. das Subordinieren, ist Nichtgeschichte«. Dazu A. Schopenhauer, Die Welt als Wille und Vorstellung (Bd. 1 1819), Werke hrsg. von Deussen, I 75, prägnanter Bd. 2 1844, II 500: der »Geschichte ... fehlt der Grundcharakter der Wissenschaft, die Subordination des Gewußten, statt deren sie bloße Koordination desselben aufzuweisen hat. Daher giebt es kein System der Geschichte«; vgl. ff.; dagegen prophylaktisch Hegel, Encyclopädie (1817: § 114; 1830: § 165): »Dem Unterschiede von subordinirten und coordinirten liegen der begriffslose Unterschied vom Allgemeinen und Besondern, und deren Verhältniß-Beziehung in einer äußerlichen Reflexion zu Grunde.«

31 N. Hartmann, Grundzüge einer Metaphysik der Erkenntnis (1921 [3]1941) 122 ff., bes. 125 ff.: »Die Grundtypen möglicher Standpunkte«.

32 Dilthey VIII 224; vgl. IV 529.

33 Dilthey VIII 85.

34 Das eine repräsentiert durch die Vollstrecker des »historischen Sinns«, das andere z. B. durch die Methodenunterscheidungen des südwestdeutschen Neukantianismus: W. Windelband, Geschichte und Naturwissenschaft (1894: idiographisch/nomothetisch), in: Präludien II (1911) 136–160; H. Rickert, Kulturwissenschaft und Naturwissenschaft (1898: individualisierend/generalisierend).

35 Dilthey VIII 126; vgl. ff.; Jugendgeschichte Hegels 1905 ff.: Dilthey IV.

36 Psychologie der Weltanschauungen ([3]1925) 46.

37 Vgl. o. S. 109.

38 Vgl. o. S. 110; Ältestes Systemprogramm, 1796; Ideen zu einer Philosophie der Natur, 1797.

39 Schiller, Über naive und sentimentalische Dichtung (1795), Säkularausgabe XII 250; vgl. ff.

40 Das bleibt hier Behauptung: Theorie und Begriffsgeschichte von »Typus« waren hier als Problem ebenso ausgeklammert wie Theorie und Begriffsgeschichte von »Weltanschauung«.

41 Vgl. Kant, VII 427 u. ff. (Zum ewigen Frieden, 1795); Dilthey VIII 220–226 (Traum, 1903).

Zu: Zur Geschichte des philosophischen Begriffs »Anthropologie« seit dem Ende des achtzehnten Jahrhunderts

1 Als Themenbestandsaufnahme dieser Disziplinen vgl. etwa Fischer-Lexikon Bd. Anthropologie, verf. u. hrsg. von G. Heberer, G. Kurth, I. Schwidetzky-Roesing (1959); zur Geschichte W. E. Mühlmann: Geschichte der Anthropologie (1948).

2 Vorwort 1928 zu M. Scheler: Die Stellung des Menschen im Kosmos (1927, 1947) 8.

3 M. Heidegger: Kant und das Problem der Metaphysik (1929, ²1951) 189; vgl. ibid.: »Anthropologie sucht nicht nur die Wahrheit über den Menschen, sondern beansprucht jetzt die Entscheidung darüber, was Wahrheit überhaupt bedeuten kann.«

4 Vgl. M. Landmann: Philosophische Anthropologie (1955) 50.

5 Vgl. die Bibliographie zur philosophischen Anthropologie von G. Diem in: M. Landmann: De Homine (1962) 543–614, bes. den zweiten Teil 579 ff. – Einige Belegtitel für die genannten Prägungen: V. v. Weizsäcker: Über medizinische Anthropologie, in: Philos. Anz. 2 (1927) 236–254; Grundfragen medizinischer Anthropologie (1948); Der kranke Mensch. Eine Einführung in die medizinische Anthropologie (1951); O. Schwarz: Medizinische Anthropologie (1929); V. E. Frh. v. Gebsattel: Prolegomena zu einer medizinischen Anthropologie (1954); A. Huth: Abriß der pädagogischen Anthropologie (1954); J. Wach: Typen religiöser Anthropologie (1932); F. Gogarten: Das Problem einer theologischen Anthropologie, in: Zwischen den Zeiten 7 (1929) 493 ff.; Imago Dei. Beiträge zur theologischen Anthropologie, hrsg. von H. Bornkamm (1932); E. Brunner: Gott und sein Rebell. Eine theologische Anthropologie (1958); H. Thielicke: Tod und Leben. Studien zur christlichen Anthropologie (²1946); E. Rothacker: Probleme der Kulturanthropologie (²1948); M. Landmann: Der Mensch als Schöpfer und Geschöpf der Kultur. Geschichts- und Sozialanthropologie (1961); W. Sombart: Vom Menschen. Versuch einer geisteswissenschaftlichen Anthropologie (1938, ²1956); H. Thomae: Grenzprobleme zwischen philosophischer und psychologischer Anthropologie, in: Studium generale (Berl.) 9 (1956) 433–445; E. Krieck: Völkisch-politische Anthropologie, 3 Bde. (1934 ff.);

L. Binswanger: Ausgewählte Vorträge und Aufsätze, Bd. 1: Zur phänomenologischen Anthropologie (1947); H. Wein: Realdialektik. Von Hegelscher Dialektik zu dialektischer Anthropologie (1957); A. Portmann: Um eine basale Anthropologie, in: Biologie und Geist (1956) 293–308; L. v. Wiese: Homo sum. Gedanken zu einer zusammenfassenden Anthropologie (1940); Synthetische Anthropologie. Vorträge und Diskussionsberichte der Konferenz zur Förderung der verbundenen Wissenschaften vom Menschen am 27./28. Sept. 1949 in Mainz, hrsg. von L. v. Wiese und K. G. Specht (1956).

6 A. Gehlen: Anthropologische Forschung (1961) 7.

7 Für B. Groethuysen: Philosophische Anthropologie (1928: im Handbuch der Philosophie) umfaßt »Anthropologie ... alle diese Gebiete (sc. Philosophie, Religion, Kunst), soweit in ihnen die menschliche Selbstbesinnung zum Ausdruck gelangt, ebenso wie den ganzen Umfang dieser wechselnden Lebensäußerungen, in denen der Mensch sein Leben, sich selbst und sein Schicksal deutet« (7): angesichts dieser Bestimmung ist es bereits eine Einschränkung aufs nur Europäische und nur Philosophische, wenn Groethuysens Darstellung bei Platon beginnt; er führt sie bis zu Montaigne und gibt dann einen kurzen »Ausblick auf die Fortbildung der anthropologischen Auffassungsweisen in der Neuzeit« (203–207): er hört – ähnlich wie Baeumlers Ästhetik-Darstellung im gleichen Handbuch – gerade dort auf, wo die wortgeschichtlich orientierte Untersuchung anfangen muß. – M. Scheler: Mensch und Geschichte, in: Philosophische Weltanschauung (1929) 15–46, proklamiert »eine Geschichte des Selbstbewußtseins des Menschen von sich selbst, eine Geschichte der idealtypischen Grundarten, in denen er sich selbst dachte, schaute, fühlte und in die Ordnungen des Seins hineingestellt ansah« (16) und findet »fünf Grundtypen der Selbstauffassung des Menschen« (19), »in deren Rahmen natürlich die anthropologische Theorie im einzelnen noch ungemein vielfarbig sein kann« (20): 1. religiös-christliche Anthropologie, 2. Anthropologie des »homo sapiens«, 3. »naturalistische« Anthropologie des »homo faber«, 4. Anthropologie des Menschen als »Deserteur des Lebens«, 5. Anthropologie des »postulatorischen Atheismus«. – W. Brüning: Philosophische Anthropologie (1960) betrachtet »Philosophische Anthropologie« als »ein uraltes Anliegen« und will

»von den wichtigsten Grundtypen der philosophischen Anthropologie ausgehen« (5); er findet letzten Endes »Zwei Grundrichtungen anthropologischen Denkens, die von der ordnenden Form und die von der erfüllenden Lebendigkeit bestimmte« (181) und differenziert sie typologisch: »Jeder der anthropologischen Typen wird in einem historischen Längsschnitt behandelt, d. h. es werden ... seine Grundlagen in der Antike, dem Mittelalter und der Neuzeit aufgewiesen, und dann wird ausführlicher auf seine Vertreter in der Gegenwart eingegangen« (5/6). – Angesichts von Scheler und Brüning entsteht die Frage, warum eigentlich das geschichtliche Selbstverständnis der Anthropologie so ausgeprägt zur Typologie neigt. Zur Antwort vgl. unten Anm. 86. – M. Landmann, De Homine (1962: unter Mitarbeit von G. Diem, N. Hinske, P. Lehmann, P. C. Ludz, M. Theunissen, E. Tielsch) – vgl. außerdem das oben Anm. 4 zitierte Buch – verfolgt »die ›anthropologische Linie‹ der Philosophiegeschichte« (XIX) und betont, daß diese »Geschichte der philosophischen Anthropologie ... nicht einfach den anerkannten Hauptstationen der bisherigen ... Philosophiegeschichtsschreibung folgen (kann), sondern ... ihre eigenen Akzente setzen (muß). Protagoras und Poseidonius werden ihr ... wichtiger sein als Platon, Montaigne und Pascal wichtiger als Descartes, Herder wichtiger als Kant, Feuerbach wichtiger als Hegel« (XIX): für Landmann muß sich die philosophische Anthropologie – im Gegenzug zur traditionellen Metaphysik, die sich zu Platon und Aristoteles, und im Gegenzug zur Lebens- und Existenzphilosophie Nietzsches und Heideggers, die sich zur frühen Vorsokratik bekennt – mit Nachdruck auf die Sophistik als ihren Ursprung berufen. Aber gerade mit dieser zweifellos fruchtbaren Wendung bleibt auch Landmanns bedeutsamer Versuch primär ein Beitrag zur Geschichte des Begriffs »Mensch« und im Grunde nicht oder nur beiläufig einer zur Geschichte des Begriffs »Anthropologie«.

8 Ausnahmen: Abschn. Philosophische Anthropologie von H. Plessner im Art. Anthropologie der RGG[3]; Art. Anthropologie von J. Habermas im Fischer-Lexikon Bd. Philosophie (1958): beide begreifen philosophische Anthropologie wesentlich als Gegenwartsphänomen.

9 W. Sombart: Beiträge zur Geschichte der wissenschaftlichen An-

thropologie, in: Sitzungsber. Preuß. Akad. Wiss., philos.-hist. Klasse 13 (1938) 96–130.

10 So bes. auch in der Interpretationsliteratur. Es gibt – vgl. den ersten Teil der oben in Anm. 5 zit. Bibliographie von G. Diem – inzwischen Untersuchungen über die »Anthropologie« u. a. von Platon (De Corte 1938; Sichirollo 1957), Aristoteles (De Corte 1938; Weil 1946), Philon (Ternus 1936), Plotin (Armstrong 1948), Paulus (Bultmann 1932; Gutbrod 1934), Tertullian (Quacquarelli 1949); Origines (Crouzel 1955), Athanasius (Dimitropoulos 1954), Gregor v. Nyssa (Ladner 1958), Augustinus (u. a. Dinkler 1934), Thomas v. Aquin (Hislop 1950), Dante (Leisegang 1948), Luther (Stomps 1935), Descartes (Adler 1949), Pascal (Lohde 1936; Perdomo Garcia 1949; Pflügge 1949), Kierkegaard (Slok 1954), Marx (Tillich 1950), Nietzsche (Heimsoeth 1943); es gibt Arbeiten über die »Anthropologie« u. a. der Griechen (Sikes 1914), der Stoa (Ivanka 1950), der Bibel und des Altchristentums (Karpp 1950), des Hochmittelalters (Pieper 1951) usf. (jeweils im Titel oder Untertitel des Buches oder Aufsatzes Gebrauch des Wortes »Anthropologie«, »Anthropology«, »antropologia«, »anthropologie«); dazu kommen die zahllosen Arbeiten, die innerhalb des Textes mehr oder minder betont von »Anthropologie« reden; als Beispiel: A. Wlosok: Laktanz und die philosophische Gnosis (1960) bedient sich selbst der »begriffsgeschichtlichen Methode« (VIII), spricht aber ohne Zögern von der »philosophischen Anthropologie« bei Xenophon, Platon, Aristoteles, in der Stoa und der platonisierenden Erbauungsphilosophie (8–47) und von der »Umdeutung der philosophischen Anthropologie in der hellenistischen Religionsspekulation« (48–179). Die folgende Überlegung möchte den Wortgebrauch von »Anthropologie« dieser Arbeiten in Frage stellen, nicht ihren sachlichen Wert für die Untersuchung des jeweils einschlägigen Themas »Mensch«.

11 Offenbleiben muß hier die Frage, ob das auch für anthropologia in theologischer Bedeutung (= Verfahren der Vermenschlichung Gottes: ihn menschlich reden und handeln zu lassen) gilt. Diese (innerhalb der deutschen Forschung offenbar unbemerkte) Bedeutung scheint im Französischen lange Zeit – mindestens im ausgehenden 17., im 18. und beginnenden 19. Jahrhundert – herrschend gewesen zu sein: vgl. z. B. N. Male-

branche: Traité de la nature et de la grâce (1680) I, 2 (»L'anthropologie ... des vérités qu'ils n'auraient pu comprendre d'une autre manière ...«); G. W. Leibniz: Discours de métaphysique (1685/86) 36 (»C'est en cela qu'il s'humanise qu'il veut bien souffrir des anthropologies ...«) und vor allem die Art. anthropologie in: Le grand Dictionnaire de l'academie Française mindestens von [6]1835 und *1845 (spätestens ab [7]1878 fehlt diese Bedeutung, während [1]1695 und [2]1695 noch keinen Art. anthropologie haben); Encyclopédie ou Dictionnaire raisonné des Sciences, des Arts et des Métiers (1778); E. Littré: Dictionnaire de la langue française (*1956) und auch noch A. Lalande: Vocabulaire technique et critique de la Philosophie ([7]1956). Das ist nun zwar offensichtlich jene Bedeutung, die einige hellenistische Philosophen und Kirchenväter durch Formen des Verbs ἀνθρωπολογέω ausgesagt haben: so Philo Alexandrinus, De sacrificiis Abelis et Caini 29: Ed. The Loeb Classical Library II (1950) 164; Quod Deus immutabilis sit 13: a.a.O. III (1954) 40; Didymus Alexandrinus: De Trinitate 3, 3: Patrologia Graeca ed. J. P. Migne 39 (1863) 816 C; Anastasius Sinaita: Hodegos sive viae dux adversus Acephalos 12: a.a.O. 89 (1865) 200 D; Julius Episcopus Romanus (faktisch aber Apollinarius Laodicenus): Epistula ad Dionysium Alexandrinum Episcopum 10: Patrologia Latina ed. J. P. Migne 8 (1844) 935 A; Dionysius Areopagita: De divinis nominibus I: opera omnia I (1755) 404; vgl. dazu die Art. ἀνθρωπολογέω in: A Patristic Greek Lexicon ed. G. W. H. Lampe (1961 ff.); A Greek-English Lexicon compiled by H. G. Liddell/R. Scott ([9]1953); J. C. Suicer: Thesaurus ecclesiasticus e patribus graecis ordine alphabetico exhibens (1682). Aber ein deutlicherer Zusammenhang zwischen beiden Fundsphären – mit evtl. früherem Gebrauch von theol. *anthropologia – ließ sich einstweilen nicht belegen. So bleibt auch die Vermutung problematisch, daß ein zunächst ›theologisches‹ Wort *anthropologia für den heute geläufigen ›philosophischen‹ Gebrauch ›freigeworden‹ sei im Zusammenhang jenes Prozesses, in dem sich das Wort Anthropomorphismus und seine Varianten (vgl. Art. anthropomorphitae und ἀνθρωπομορφῖται u. a. in: Du Cange: Glossarium mediae et infimae latinitatis [[x]1937] bzw. Du Fresne/Du Cange: Glossarium ad Scriptores mediae et infimae Graecitatis [x1938]) aus einer Häretikerbezeichnung zu einer allgemeinen Religionscharakteristik wandelte und nun in kritischer Färbung die Bedeutung von *anthropologia mitübernahm. Sicher ist also nur, daß anthropologia als philosophischer Begriff – vgl. die unten erwähnten Bücher von Hundt und Casmann – im 16. Jahrhundert etwa gleichzeitig mit anderen griechischen Disziplinentiteln (psychologia: Melanchthon, Goclenius; ontologia: Goclenius, Kalov, Clauberg) auftritt. Darüber hinaus ist wahrscheinlich, daß die Geltung der theologischen Bedeutung von anthrophologie im Französischen das Auftreten der philosophischen Bedeutung dieses Wortes verzögert hat: Titelbegriff wird es dort meines Wissens erst bei A. C. Chavannes: Anthropologie ou science générale de l'homme (1788). Dies alles bedarf näherer Untersuchung.

12 Damit ist nicht nur nachträgliche Abkehr, sondern auch Reserve und Zuwendungsvermeidung gemeint, wie sie für die beginnende Anthropologietradition charakteristisch scheint.

13 Interpretationsbegriff im Rekurs auf E. Husserl: Die Krisis der europäischen Wissenschaften und die transzendentale Phänomenologie (1935 ff.), in: Husserliana VI, bes. 105 ff.

14 Philosophische Anthropologie entsteht demnach aus der Distanzierung von Metaphysik, Naturwissenschaft und Geschichtsphilosophie, d. h. aus dem Mißtrauen gegenüber den drei repräsentativsten Organen der Vernunft. Diese These entspricht so der von O. F. Bollnow: Das Wesen der Stimmungen (1941) 1/2: »Unter philosophischer Anthropologie versteht man ... die philosophische Bemühung um die Beantwortung der Frage: Was ist der Mensch? ... diese Frage (entstand) ... in dem Augenblick ..., wo der Glaube an die Vernunft als den entscheidenden Wesenskern des Menschen hinfällig geworden war ... diese Frage heißt darum genauer: Wodurch wird der Mensch in seinem Wesen bestimmt, wenn wir dieses nicht von der Vernunft her zu begreifen imstande sind?«

15 Anthropologium de hominis dignitate, natura et proprietatibus, de elementis, partibus et membris humani corporis etc. de Spiritu humano etc. de anima humana et ipsius appendiciis per Magnum Hundt ... magistrum in gymnasio Liptzensi (Liptzik 1501): vgl. Sombart a.a.O. (s. oben Anm. 9) 100. Die Titelformulierung läßt an G. Pico della Mirandola: Oratio de

hominis dignitate (1486) denken; der aber gebraucht den Titel »anthropologia« noch nicht. Seine Position ist – wie die der Renaissancephilosophie des Menschen insgesamt: bes. Ficino und Vives – in der Tat auch anders: er sieht die »dignitas« des Menschen in seiner fast schrankenlosen Freiheit. Erst die progressive Entdeckung der »misère« dieser Freiheit – vgl. dazu die politischen Reflexionen von Machiavelli bis Hobbes und die theologischen schließlich bei Pascal – zwingt zur Aufmerksamkeit auf das, was im Menschen menschlicher Freiheit nicht unterliegt: auf die Natur. Das geschieht unter anderm in der französischen Moralistik – vgl. die schöne Interpretation bei H. Friedrich: Montaigne (1949) bes. 391 ff. – und in Deutschland in schulmäßiger Form in den »somatologischen« Anthropologien.

16 Psychologia anthropologica sive animae humanae doctrina methodice informata etc. etc. ab Othone Casmanno (Hannoviae 1594); Secunda pars anthropologiae: hoc est; Fabrica humani corporis; methodice descripta etc. ab Othone Casmanno (Hannoviae 1596). Vgl. als Indiz für ›lebensweltliche‹ Orientierung auch Othonis Casmanni Biographia sive de vita hominis naturali, quam Homo vi animae suae viventis et corpus suum animantis, naturaliter vivit (Francofurti 1602).

17 So ist die Optik dieser Anthropologie von vornherein bestimmt durch Relation zum Nicht-menschlich-Lebendigen: durch Blick auf die belebte Natur. Darum kann in der Folge – bis in die Gegenwart hinein: vgl. den »psychosomatischen« Ansatz heutiger »medizinischer Anthropologie« (v. Weizsäcker) und andererseits den Ansatz Schelers: dazu unten Anm. 109 – der Bezug der Seele zum Leib und die Stellung des Menschen in der (organischen) Natur für sie zum Zentralproblem werden.

18 Vgl. W. Dilthey: Gesammelte Schriften II (1904) 416–492; dazu die Arbeiten dieses Bandes zur »Weltanschauung und Analyse des Menschen seit Renaissance und Reformation« insgesamt.

19 Wie gehören de Lammetrie, Helvetius, Holbach, Barthez u. a. in die anthropologische Tradition? Wie Shaftesbury, Pope, Sims u. a.? Vgl. dann vor allem die mit E. Platner: Anthropologie für Ärzte und Weltweise (1772); Neue Anthropologie für Ärzte und Weltweise (1790) einsetzende Entwicklung. Zugleich ist – durch Aufteilung der Psychologie in »psychologia rationalis«

und »empirica« – das Themenfeld der Anthropologie teilweise durch letztere besetzt: noch Kants Reflexionen zur Anthropologie bestehen zum Teil aus Erläuterungen zur Psychologia empirica in A. G. Baumgartens Metaphysica: vgl. Akademieausgabe XV 3–54. Und so gehört die »beobachtende Methode« von J. N. Tetens: Philosophische Versuche über die menschliche Natur und ihre Entwicklung (1777) nicht weniger als die »Erfahrungsseelenlehre« des ausgehenden 18. Jahrhunderts (L. H. Jacob: Grundriß der Erfahrungsseelenlehre [1791]; J. B. C. Kiesewetter: Faßliche Darstellung der Erfahrungsseelenlehre [1791]; J. C. Hoffbauer: Anfangsgründe der Logik, nebst einem Grundriß der Erfahrungsseelenlehre [1794]; vgl. auch das Magazin zur Erfahrungsseelenkunde [Berlin 1785–1793] von C. Ph. Moritz; usw.) in den Umkreis der Anthropologie.

20 Anthropologie in pragmatischer Hinsicht abgefaßt von Immanuel Kant (1798, ²1800, ³1820, ⁴1833; unber. Nachdruck 1799): es handelt sich um die einzige seiner Vorlesungen, die Kant selber ediert hat.

21 Vgl. zusf. K. Vorländers Einleitung zu seiner Anthropologieausgabe der Philos. Bibl. (⁶1922).

22 I. Kant: Werke (ed. Cassirer: nach dieser Ausg. wird im folgenden zitiert) IX 116.

23 Ibid.

24 Kant IX 105 (an Herz vom 21. Febr. 1772).

25 Der einzig mögliche Beweisgrund zu einer Demonstration des Daseins Gottes; Untersuchungen über die Deutlichkeit der Grundsätze der natürlichen Theologie und der Moral; Versuch, den Begriff der negativen Größen in die Weltweisheit einzuführen. Zur einschlägigen Interpretation vgl. H. Heimsoeth: Metaphysik der Neuzeit (1929) 91 ff. und auch vom Verfasser: Skeptische Methode im Blick auf Kant (1958) 93 ff. bes. Anm. 45.

26 De mundi sensibilis atque intelligibilis forma et principiis: den naturwissenschaftsbezüglichen Charakter ihrer Aussagen belegt insbes. § 12: II 413/414.

27 Jene bezieht sich aufs Ens possibile, diese aufs Ens experimentabile: jene beschränkt sich auf den Kopf, diese aufs Labor.

28 Mundus intelligibilis, mundus noumenon.

29 Mundus sensibilis, mundus phaenomenon.

30 Kant VIII 3/4; im Blick auf diesen bei Kant neu auftretenden ›dritten Weltbegriff‹ hat M. Heidegger: Vom Wesen des Grundes, in: Jb. Philos. u. phänomenol. Forsch., Husserlfestschrift (1929) 93–95 von der »existenziellen Bedeutung des Weltbegriffs« gesprochen.

31 Bereits 1773 im zit. Brief an Herz IX 116/117: sein »collegium privatum der Anthropologie« soll »eine Vorübung der Geschiklichkeit, der Klugheit und selbst der Weisheit vor die academische Jugend« sein; sie ist »nebst der physischen geographie von aller andern Unterweisung unterschieden ... und (kan) die Kentnis der Welt heissen«. Ganz das Nämliche schreibt Kant noch 1798: er habe »einige dreissig Jahre hindurch zwei auf Weltkenntnis abzweckende Vorlesungen: nämlich (im Winter-) Anthropologie und (im Sommerhalbenjahre) physische Geographie gehalten«: VIII 6 Anm. 1. Kants entscheidende Definition bestimmt die »Anthropologie, als Weltkenntnis«: VIII 4; denn »der Mensch ... Ihn ... seiner Spezies nach als mit Vernunft begabtes Erdwesen zu erkennen, verdient besonders Weltkenntnis genannt zu werden«: VIII 3. Vgl. die Kollegentwürfe aus den 70er Jahren Akademieausgabe XV 659: »Weltkentnis ist Menschenkentnis«; dazu die aus den 80er Jahren a.a.O. 799–801.

32 Vgl. im zit. Brief an Herz IX 117: »Ich bin unabläßig so bey der Beobachtung selbst im gemeinen Leben daß meine Zuhörer ... niemals eine trokene sondern durch den Anlaß den sie haben unaufhörlich ihre gewöhnliche Erfahrung mit meinen Bemerkungen zu vergleichen iederzeit eine unterhaltende Beschäftigung haben.«

33 Vgl. VIII 4/5; vgl. Akademieausgabe XV 659.

34 1125 a 5: bei der Diskussion der μεγαλοψυχία: der μεγαλόψυχος ist οὐδ' ἀνθρωπολόγος.

35 The Works of Aristotle transl. into English IX (Oxford 1925); vgl. J. C. Suicer: Thesaurus ecclesiasticus (1682) Art. ἀνθρωπολογέω: »ἀνθρωπολόγος apud Aristot. in Ethicis ... est, qui de hominibus libenter verba facit«.

36 Kant notiert in den Kollegentwürfen der 70er Jahre (Akademieausgabe XV 658): »Montaigne«. Auch das Inhaltsverzeichnis von Kants Anthropologie VIII 7/8 liest sich wie das einer Suite von Essays. Wenn die »Weltkenntnis ... Menschenkenntnis« ist,

gehört in den Umkreis der Anthropologie nicht weniger A. Frhr. v. Knigge: Über den Umgang mit Menschen, 2 Bde. (1788) wie A. Schopenhauer: Aphorismen zur Lebensweisheit (1851) und F. Nietzsche: Menschliches, Allzumenschliches (1878); dabei hat Schopenhauer (Balthasar Gracian's Orakel der Weltklugheit in dreihundert Lebensregeln, posth. 1862) seinen Gewährsmann durch Übersetzertätigkeit verraten; Nietzsche – vgl. das Material bei F. Krökel: Europas Selbstbesinnung durch Nietzsche. Ihre Vorbereitung bei den französischen Moralisten (1929) – hat sich nachdrücklich auf die franz. Moralistik berufen. Tatsächlich tragen – vgl. Sombarts Hinweis auf den Anthropologiecharakter u. a. von Pierre le Charron: De la sagesse (1601) a.a.O. 104 – Moralistik und Anthropologie gemeinsame Züge: jene ist (wie man sagen könnte) Weltleute-Weltkenntnis, diese Schulleute-Weltkenntnis; und vielleicht gab es in Frankreich die Anthropologie nur deswegen so spät, weil so früh und so lange die Moralisten ihre Sache taten.

37 Die grundsätzliche Gleichzeitigkeit der Ausbildung von Ästhetik und Anthropologie ist ein Phänomen, das Aufmerksamkeit verdient. Auch dafür ist Kants Entwicklungsgang exemplarisch: seine »Beobachtungen über das Gefühl des Schönen und Erhabenen« (1764), Kants erste »ästhetische« Publikation, gehören nicht nur zeitlich in den Zusammenhang der Anthropologievorbereitung; sie decken sich auch stilistisch und in bedeutendem Umfang thematisch mit der Anthropologievorlesung; denn diese enthält umgekehrt Elemente der Ästhetik: vgl. bes. §§ 28 ff. (Einbildungskraft, Genie, Dichtungsvermögen usf.) und §§ 67 ff. (Vom Gefühl für das Schöne d.i. . . . dem Geschmack). Das aber ist kein Einzelfall: vgl. etwa – um nur einige Beispiele aus dem hier untersuchten Zeitraum zu nennen – die Reflexionen zu Themen der Ästhetik bei E. Platner: Neue Anthropologie für Ärzte und Weltweise (1790) 339–371; F. v. Paula Gruithuisen: Anthropologie . . . für angehende Philosophen und Ärzte (1810) 457–459; J. C. A. Heinroth: Lehrbuch der Anthropologie (1822, ²1831) 220–228; J. Ennemoser: Anthropologische Ansichten (1828) 70–84; K. F. Burdach: Der Mensch nach den verschiedenen Seiten seiner Natur (1836) §§ 374–390; vgl. J. Görres: Aphorismen über die Kunst. Als Einleitung zu Aphorismen über . . . Anthropologie (1802); dazu jene Anthropolo-

gen, die zugleich bedeutende selbständige Beiträge zur Ästhetik verfaßt haben: von C. G. Carus über W. Dilthey bis zu A. Gehlen: Zeitbilder (1960). Das sind nur einige Hinweise, die das Problem beleuchten mögen: was bedeutet es, daß Ästhetik und Anthropologie nämliche Vorfahren haben? daß »die große Zeit der wissenschaftlichen Anthropologien ... im 18. Jahrhundert an(brach) und ... bis in die zweite Hälfte des 19. Jahrhunderts hinein (dauerte)« (Sombart a.a.O. 105) – just so wie die der Ästhetik?

38 Vgl. Kants Unterscheidung von »Schulbegriff« und »Weltbegriff« der Philosophie (Kritik der reinen Vernunft B 866/867) und die eindeutige Zuordnung der »Anthropologie, als Weltkenntnis, welche auf die Schule folgen muß« (VIII 4) zum letzteren; vgl. Akademieausgabe XV 658 ff. 799 ff. Vgl. ähnliche – radikalisierte – Aussagen bei L. Feuerbach: Vorläufige Thesen zur Reform der Philosophie (1842): »Die neue ... Philosophie ist die Negation aller Schulphilosophie« (Kleine philosophische Schriften ed. M. G. Lange [1950] 74). Das ist freilich ein Grundcharakter aller Anthropologie. Kant unterscheidet »zweyerley Art von studien ...: Vor die Schule und vor das Leben ... Die erste Kentnis ist schulgerecht, die zweyte populair« (Akademieausgabe XV 658: Kollegentwürfe aus den 70er Jahren). Ebendarum will die Anthropologie emphatisch »populär« sein: eine »populär ... abgefaßte Anthropologie«: Kant VIII 5. »Selbst die rohesten Versuche in der Anthropologie wollen populär sein«, sagt H. Steffens: Anthropologie I (1822) 4; darum setzt auch er »das Eigentümliche der Anthropologie ... in die Art der Darstellung. Sie tritt nicht in der Form der Spekulation hervor ... ebensowenig in der Form der Naturwissenschaft« (8), sondern »will ... für jeden Gebildeten zugänglich sein« (9) und »ein jeden Menschen ansprechendes Gepräge« (5) haben. Darum wählt z. B. K. F. Burdach: Der Mensch nach den verschiedenen Seiten seiner Natur (1836) den Untertitel: Anthropologie für das gebildete Publicum; denn sie ist – als Anthropologie – »für das größere Publicum bestimmt« (IV); usf.

39 Etwa ihre Bereitschaft, sich auf die Einzelwissenschaften und ihre Resultate einzulassen; vgl. dazu die These von J. Habermas, Art. Anthropologie im Fischer-Lexikon Bd. Philosophie (1958) 20.

40 Auch also J. G. Fichte: Die Bestimmung des Menschen (1800) wird hier – trotz des sonst für Anthropologien charakteristischen Interesses für das, »was außer der Schule brauchbar ist von der neueren Philosophie« (Werke ed. I. H. Fichte II 167) – als Geschichtsphilosophie interpretiert und nicht als Anthropologie: das Wort Anthropologie kommt in dieser Schrift nicht vor; das Lehrstück »Anthropologie« findet sich bei Fichte vielmehr in: Grundlage des Naturrechts (1796) III 77 ff. als Theorie des »menschlichen Leibes« d. i. »Leib eines vernünftigen Wesens« (den Hinweis darauf verdanke ich B. Willms).

41 Repräsentativ ist Hegels Geschichtsphilosophie; vgl. aber auch Fichtes Definition der »Wissenschaftslehre« als einer »pragmatischen Geschichte des menschlichen Geistes« (Werke I 222) und Schellings Definition der »Philosophie« als einer »Geschichte des Selbstbewußtseins« (Werke ed. K. F. A. Schelling III 399 vgl. 331). Vgl. insgesamt auch Art. Geschichtsphilosophie von K. Gründer/R. Spaemann in: Lexikon für Theologie und Kirche IV ([2]1960).

42 Kant VIII 343/344: Rückführung der drei philosophischen Grundfragen nach Wissen, Tun, Hoffen auf die »4) Was ist der Mensch? ... die vierte (Frage beantwortet) die Anthropologie. Im Grunde könnte man aber alles dieses zur Anthropologie rechnen«.

43 Vgl. G. Krüger: Philosophie und Moral in der Kantischen Kritik (1931) 37 ff.

44 I. Kant: Idee zu einer allgemeinen Geschichte in weltbürgerlicher Absicht (1784).

45 Kant: Anthropologie VIII 3.

46 Ibid.; diese Formulierung greift eben jene empirisch-deskriptive und ethisch-geschichtsphilosophische Frage zusammen, die Kant andernorts ausdrücklich unterscheidet; etwa in der »Metaphysik der Sitten« (1797) VII 216 als »Anthropologie« und »Anthroponomie«; jene ist »Naturlehre« des Menschen, diese »Sittenlehre«: VII 195. In der Anthropologievorlesung beweist ihren geschichtsphilosophischen Impetus nicht nur ihr Schlußthema, die »weltbürgerliche Gesellschaft« (VIII 226; vgl. insgesamt 215–228), sondern auch ihre Definition: »Eine solche Anthropologie ... wird ... pragmatisch genannt, ... wenn sie die Kenntnis des Menschen als Weltbürgers enthält«: VIII 4.

47 Diese ›zweite Besetzung‹ wird bei Kant nötig durch Unsicherheit der ›ersten‹: die Geschichtsphilosophie ist bei ihm teils (als Ethik) ohne Rücksicht aufs Realisierungsproblem, teils (als konkrete Geschichtsphilosophie) nur in der Form der »Mutmaßung« und des »Glaubens« durchgeführt. Weil sich so die Frage, was der Mensch »als freihandelndes Wesen aus sich selber ... machen kann und soll«, von der, »was er ... aus sich selber macht«, trennt, muß letztere zum Gegenstand einer eigenen Theorie werden: wo die Philosophie der Zukunftsaspekte des Menschseins zur reinen »Anthroponomie« (VII 216) wird, muß sie ihren Realitätsmangel durch »Anthropologie« kompensieren. Bereits bei Kant gerät also – im Fortgang seiner Entwicklung, die ja auch die urteilskraftkritische Wende zum Ästhetischen und zur Natur nötig macht: vgl. vom Verf.: Kant und die Wende zur Ästhetik, in: Z. philos. Forsch. 16 (1962) 231–243, 363–374 – die Anthropologie in die Rolle einer Konsequenz von Krisen der Geschichtsphilosophie. Darum auch ist sie faktisch in weit stärkerem Maße eine »physiologische Anthropologie«, als Kant selber dies wahrhaben will: vgl. die »Apologie der Sinnlichkeit« VIII 28–31; die Affektenlehre 141 ff., Temperamentenlehre 178 ff., Physiognomik 188 ff., Geschlechterlehre 196 ff., Rassenlehre 214 f.: alles Theorien dessen, »was die Natur aus dem Menschen macht«. Zu letzterer vgl. II 443–460: Von den verschiedenen Rassen des Menschen (1775); dort ist II 460 – ebenso wie in den oben Anm. 31 zit. Stellen IX 117 und VIII 6 Anm. 1 – der enge Zusammenhang zwischen Kants Anthropologie und seiner Vorlesung über physische Geographie ausgesprochen. Diese Vorlesung ist eben keineswegs nur »Geographie« – und dies nicht nur, weil der erste Abschnitt ihres zweiten Teiles »Vom Menschen« handelt. Sondern: die physische Geographie gehört zur Anthropologie, und sie kommt als Teil der Anthropologie gerade dort zum Zuge, wo diese primär erkennen will, »was die Natur aus dem Menschen macht« – in der Romantik; vgl. Steffens, der – wie z. B. faktisch auch J. G. Herder in den beiden ersten Büchern seiner Ideen zur Philosophie der Geschichte der Menschheit (1784 f.) – in seiner Anthropologie (1822) mit der »geologischen Anthropologie« beginnt.

48 Vgl. die Aporetik der Geschichte bei F. W. J. Schelling: System des transzendentalen Idealismus (1800) III 593 ff., bes. 605/

606; dazu die Kritik des »unendlichen Progresses« bei G. W. F. Hegel, u. a.: Glauben und Wissen (1802), Werke (Glockner) I 313.

49 F. W. J. Schelling: Ideen zu einer Philosophie der Natur (1797); Von der Weltseele (1798); Erster Entwurf eines Systems der Naturphilosophie (1799); dazu die Arbeiten von Baader, Eschenmayer, Steffens, Wagner, Windischmann, Ritter, Görres, Treviranus, Oken, Troxler, Schubert, Novalis usf.

50 »... denn alle Heilkraft ist nur in der Natur«: F. W. J. Schelling: Darlegung des wahren Verhältnisses der Naturphilosophie zu der verbesserten Fichteschen Lehre (1806) VII 19.

51 Die Naturphilosophie sucht jene »Anschauung, dadurch uns die Natur als selbstlebendig erscheint«: Schelling a.a.O. VII 19; »Was begehrt der Physiker? Das Leben, und nur dieses ist die Beute, die er ... davontragen will«: a.a.O. 109/110. Vgl. Ideen zu einer Philosophie der Natur (1797) bes. II 46 ff. und das Prinzip der »Autonomie der Natur«: Erster Entwurf eines Systems der Naturphilosophie (1799) III 17.

52 »Ist denn nicht gerade die Philosophie des Tages so perturbirt, daß uns endlich zur eignen Erhebung und Orientirung eine physiologische Anthropologie höchst erwünscht seyn muß?«: F. v. Paula Gruithuisen: Anthropologie ... für angehende Philosophen und Ärzte (1810) IV. Daß – meint H. Steffens: Anthropologie I (1822) 7 – selbst Kant, obwohl er der physiologischen Anthropologie absagt »demohnerachtet genöthigt ist, eine solche ... physiologische Anthropologie der pragmatischen gegenüber zu stellen, beweist, welche Gewalt die Idee der wirklichen Einheit der Natur und des Geistes über ihn hatte«: eben jene Idee, die das »Interesse« an der Anthropologie begründet: a.a.O. 4 und 8 ff.

53 Steffens a.a.O. 15.

54 a.a.O. 14; und sie »will eben zeigen, daß die Natur ... nichts ... dem Geistigen, ja dem Göttlichen in dem Menschen Fremdes, daß sie vielmehr ... das Geheimniß seiner höheren Natur in sich verbirgt«: a.a.O. 9; vgl. dazu die kritische Würdigung bei C. L. Michelet: Anthropologie und Psychologie (1840) 50: »Die Naturphilosophie bezieht die Seele wieder auf Natur und Gott ... nur daß ... in diesen Psychologien, der Zusammenhang des Menschen mit der Natur zur Hauptsache gemacht wird ... hierher gehört dann namentlich Steffens, der ... in seiner Anthropo-

logie ... von dem untadeligen Gedanken aus(geht), daß der Geist in Verbindung mit der Natur betrachtet werden müsse, nur bleibt diese bei ihm zu sehr die Grundlage des Menschengeistes; so daß sie sogar das Geheimniß seiner höheren Natur in sich verbergen soll und die Rettung des ganzen Menschengeschlechts von der Rettung der Natur abhängig gemacht wird.« Ganz »naturphilosophisch« denkt auch noch K. F. Burdach: Der Mensch nach den verschiedenen Seiten seiner Natur oder Anthropologie für das gebildete Publicum (1836) Abt. 1 IV: »was kann wohl den Extremen besser steuern und die mannichfaltigen Verirrungen gewisser verhüten, als eine unbefangene und umfassende Naturanschauung?« »Eine solche Zusammenstellung der auf die gesammte Natur des Menschen sich beziehenden Resultate der Wissenschaft« – nämlich »sämtlicher Zweige der Naturwissenschaft« – »ist es nun, was wir unter Anthropologie verstehen«: a.a.O. 2/3.

55 J. Chr. A. Heinroth (1773–1843: Prof. der psych. Heilkunde Leipzig): Lehrbuch der Anthropologie (1822, [2]1831) 35; denn »Schelling hat das große Verdienst, die Natur wieder mit dem Geist verknüpft zu haben«: ibid.

56 Man könnte also diese Anthropologie als eine minder theologische Variante des »identitätsphilosophischen« Ansatzes verstehen; und Schelling hat – trotz X 287–294 (Anthropologisches Schema 1840) – keine durchgeführte Anthropologie, weil es bei ihm das theologisch inspirierte »Identitätssystem« gibt.

57 Heinroth a.a.O. 10.

58 a.a.O. VII.

59 1818–22 als Zeitschrift für psychische Ärzte, 1823–26 als Zeitschrift für die Anthropologie (darin 1823 C. F. Nasse: Die Aufgaben der Anthropologie), 1830 als Jahrbücher für Anthropologie und zur Pathologie und Therapie des Irreseins: jeweils hrsg. von C. F. Nasse. Die psychiatrische Orientierung dieser Organe spricht nicht gegen ihre philosophische Bedeutung, sondern für die philosophische Bedeutung der Ärzte in dieser Zeit. Vgl. außerdem: Anthropologisches Journal, hrsg. v. K. Chr. Schmid (1803).

60 Hier wenigstens die Titel einschlägiger Werke der Genannten: J. D. Metzger: Medizinisch-philosophische Anthropologie für Ärzte und Nichtärzte (1798); K. H. L. Pölitz: Populäre Anthropologie, oder Kunde von dem Menschen nach seinen sinn-

lichen und geistigen Anlagen (1800); J. H. Abicht: Psychologische Anthropologie 1. Abth. (1801); G. J. Wenzel: Menschenlehre oder System einer Anthropologie nach den neuesten Beobachtungen, Versuchen und Grundsätzen der Physik und Philosophie (1802); Grundzüge einer pragmatischen Anthropologie (o. J.); J. Görres: Aphorismen über die Kunst. Als Einleitung zu Aphorismen über Organonomie, Physik, Psychologie und Anthropologie (1802); Chr. L. Funk: Versuch einer praktischen Anthropologie oder Anleitung zur Kenntnis des Menschen und zur Vervollkommnung seiner Seelenkräfte als Vorbereitung zur Sitten- und Religionslehre (1803); W. Liebsch: Grundriß der Anthropologie, 2. Bde. (1806/08); J. F. Fries: Neue oder anthropologische Kritik der Vernunft (1807); Handbuch der psychischen Anthropologie oder der Lehre von der Natur des menschlichen Geistes, 2 Bde. (1820/21); I. P. V. Troxler: Blicke in das Wesen des Menschen (1811); Über Philosophie, Princip, Natur und Studium derselben, eine Antrittsrede zugleich als Einleitung in seine Vorträge über Anthropologie (1830); M. Geitner: Physiologie des Menschen oder Darstellung des Absoluten in den Funktionen des Geistes und den den reellen Organismus konstituierenden Organen (1812); D. Th. A. Suabedissen: Die Betrachtung des Menschen, 3 Bde. (1814/18); Die Grundzüge der Lehre vom Menschen (1829); K. G. Neumann: Von der Natur des Menschen, 2 Theile (1815/18); G. E. Schulze: Psychische Anthropologie (1816, ^{2}1819, ^{3}1826); J. Hillebrand: Die Anthropologie als Wissenschaft, 3 Theile (1822); Maine de Biran: Nouveaux essais d'anthropologie (1823/24); J. E. v. Berger: Grundzüge der Anthropologie und Psychologie (1824); H. C. W. Siegwart: Grundzüge der Anthropologie (1827); L. Choulant: Anthropologie, 2 Bde. (1828); C. F. Heusinger: Grundriß der physischen und psychischen Anthropologie für Ärzte und Nichtärzte (1829); C. v. Bonstetten: Der Mensch (1829); H. B. v. Weber: Handbuch der psychischen Anthropologie, mit vorzüglicher Rücksicht auf das Praktische und die Strafrechtspflege insbesondere (1829); M. B. Rittel: Grundzüge der Anthropologie als Basis der Philosophie (1833); J. M. Leupoldt: Die gesammte Anthropologie neu begründet durch allgemeine Biosophie und als zeitgemäße Grundlage der Medizin im Geiste germanisch-christlicher Wissenschaft, 2 Bde.

(1834); K. F. Burdach und C. L. Michelet: vgl. oben Anm. 54; I. H. Fichte und H. Lotze: vgl. unten Anm. 64. – Vgl. außerdem: K. L. Pörschke: Anthropologische Abhandlungen (1801); Gruber: Versuch einer pragmatischen Anthropologie (1803); C. F. Pockels: Der Mann. Ein anthropologisches Charaktergemälde seines Geschlechts, 2 Theile (1805/06); Goldbeck: Metaphysik des Menschen oder reiner Theil der Naturlehre des Menschen (1806); E. D. A. Bartels: Anthropologische Bemerkungen über das Gehirn und den Schädel des Menschen mit besonderer Beziehung auf die Gallschen Entdeckungen (1806); F. v. Paula Gruithuisen: vgl. unten Anm. 62; Zootomie oder über das niedrige Lebensverhältnis als Propädeutik zur Anthropologie (1811); Chr. Weiss: Untersuchungen über das Wesen und Wirken der menschlichen Seele (1811); J. C. A. Heinroth: Über das Bedürfnis des Studiums der medizinischen Anthropologie (1811); Grundzüge der Naturlehre des menschlichen Organismus (1822); vgl. Anm. 55; Masius: Grundriß anthropologischer Vorlesungen (1812); Voit: Versuch einer physiologisch-psychischen Darstellung des Menschen (1813); S. C. Lukä: Entwurf eines Systems der medizinischen Anthropologie (1815); Weber: Anthropologische Versuche zur Beförderung einer gründlichen und umfassenden Menschenkunde für Wissenschaft und Leben, 2 Theile (1817); Salat: Psychologische Anthropologie (1820, [2]1826); Ph. C. Hartmann: Der Geist des Menschen in seinen Verhältnissen zum physischen Leben, oder Grundzüge zu einer Physiologie des Denkens (1820); J. Ennemoser: Historisch-psychologische Untersuchungen über das Wesen der menschlichen Seele überhaupt und über die Beseelung des Kindes insbesondere (1824); Über die nähere Wechselwirkung des Leibes und der Seele mit anthropologischen Untersuchungen über den Mörder A. Moll (1825); vgl. unten Anm. 65; Der Geist des Menschen in der Natur oder Psychologie in Übereinstimmung mit der Naturkunde (1849); Chr. H. Bischoff: Grundriß einer anthropologischen Propädeutik zum Studio der gerichtlichen Medizin für Rechtsbeflissene (1827); H. v. Keyserling: Hauptpunkte zu einer wissenschaftlichen Begründung der Menschenkenntniß (1827); D. F. Groos: Die geistige Natur des Menschen, Bruchstücke einer psychischen Anthropologie (1834); G. H. v. Schubert: Lehrbuch der Menschen- und Seelenkunde (1837); G. L. Kneise: Anthropologie und Psychologie zum Gebrauch für Lehrer an Bürger- und Landschulen (1837); C. Daub: Vorlesungen über die Anthropologie (gehalten ab 1797) ed. Marheineke/Dittenberger (1838); J. Tissot: Anthropologie spéculative générale, 2 vols. (1843); H. S. Lindemann: Die Lehre vom Menschen oder die Anthropologie, 1. Abth. (1844); A. Rosmini-Serbati: Anthropologia in servigio della scienza morale (1847); K. C. F. Krause: Vorlesungen über die psychische Anthropologie (gehalten 1828) ed. H. Ahrens (1848); J. E. Erdmann: Leib und Seele (1837, [2]1849); Voss: Grundriß einer vorbereitenden Anthropologie (o. J.). – Vgl. vor 1798 (Erscheinungsjahr von Kants Anthropologie) nach 1790 (Erscheinungsjahr von Platners Neuer Anthropologie: vgl. oben Anm. 19) u. a.: P. Usteri: Grundlage medizinisch-anthropologischer Vorlesungen für Nichtärzte (1791); J. C. Loder: Anfangsgründe der medizinischen Anthropologie (1793); Anfangsgründe der philosophischen Anthropologie und der Staatsarzneikunde ([3]1800); G. A. Flemming: Über den Charakter des Menschen (1794); J. Ith: Versuch einer Anthropologie, oder Philosophie des Menschen nach seinen körperlichen Anlagen, 2 Theile (1794/95); M. Wagner: Beiträge zur Philosophischen Anthropologie und den damit verwandten Wissenschaften, 2 Bde. (1794/96); W. v. Humboldt: Plan einer vergleichenden Anthropologie (1795); usf. – Es handelt sich hier insgesamt keineswegs nur um »naturphilosophisch« romantische Anthropologien: beteiligt sind Kantianer, Hegelianer u. a.; weil es aber einzig darum geht, den Aufschwung des Interesses an Anthropologie zu belegen, kann hier auf Gliederung verzichtet werden. Die von Sombart a.a.O. (s. oben Anm. 9) 105 ff. versuchte und von Diem bei Landmann a.a.O. (s. oben Anm. 7) 355 ff. variierte Typologie ist keineswegs unbedenklich.

61 Vgl. C. G. Carus: Vorlesungen über Psychologie (1831; ed. F. Arnold 1958) XXXVI: er hat »bereits im Winter 1827/28 in einigen zwanzig Vorlesungen vor einem Kreis von Gelehrten, Künstlern und Staatsbeamten einen Überblick der Anthropologie gegeben«.

62 F. v. Paula Gruithuisen (1774–1852; Prof. für Chemie, Physik, Zootomie, Anthropologie, später für Astronomie in München): Anthropologie oder von der Natur des menschlichen Lebens und Denkens für angehende Philosophen und Ärzte (1810) V.

63 Vgl. vom Verf.: Über einige Beziehungen zwischen Ästhetik und Therapeutik in der Philosophie des 19. Jahrhundert, oben S. 85–106.

64 Etwa das zit. Lehrbuch Heinroths, das in seiner Diskussion der »Geschichte und Literatur der Anthropologie« a.a.O. 13–36, in seinem Hauptteil und insbes. auch in den »Beilagen« 417–518 entschieden philosophisches Interesse verdient. In den Zusammenhang dieser Ärzte-Anthropologien gehört aber z. B. auch H. Lotze: Mikrokosmos. Ideen zur Naturgeschichte und Geschichte der Menschheit. Versuch einer Anthropologie (1856 ff.): Lotze (1817–1881) begann als praktischer Arzt und Medizindozent (1839), ehe er sich 1840 philosophisch habilitierte. Sogar I. H. Fichte: Anthropologie. Die Lehre von der menschlichen Seele. Neubegründet auf naturwissenschaftlichem Wege für Naturforscher, Seelenärzte und wissenschaftlich Gebildete überhaupt (1856) ist »Seinem theuren Sohne Carl Eduard Fichte, der Medicin, Chirurgie und Geburtshülfe Doctor, gewidmet«. Schließlich ist nicht zu vergessen, daß auch Max Scheler als Mediziner begann.

65 J. Ennemoser (1787–1854; Prof. der Medizin in Bonn): Anthropologische Ansichten oder Beiträge zur bessern Kenntniß des Menschen (1828) 33.

66 a.a.O. 38/39; vgl. M. Scheler: Die Stellung des Menschen im Kosmos (1927); vgl. aber auch A. Gehlen: Der Mensch (1940), denn Ennemoser nimmt Thesen Herders (Mängelwesen) auf. Für Herder ist freilich der Geist der Natur ebensowenig entgegengesetzt wie für die unmittelbar naturphilosophische Anthropologie (Troxler, Steffens u. a.), die Ennemoser als Theorie bloß der »Sublimation« (a.a.O. 25. 29 u. ö.) kritisiert.

67 Diese Spätposition wird hier also nicht durch ein bestimmtes Datum, sondern als jener Ansatz definiert, den diese Charakteristik trifft. Der Übergang gerade der Ärzte-Anthropologie zu dieser Spätposition hat eine auffällige Parallele im gegenwärtigen Übergang von den ›naturphilosophischen‹ Thesen Freuds zu den personalistisch-theologischen der »medizinischen Anthropologie« bes. v. Weizsäckers, Binswangers, Frankls, v. Gebsattels.

68 Vgl. bes. Heinroth a.a.O. Beilage VI (Über die Würde der Anthropologie) 504–518: gerade weil »die Philosophie die Wis-

senschaft nicht ist, die uns das Höchste erkennen lehrt« (511), besteht »das Recht der Anthropologie auf die Hinweisung zur Erkenntniß des Höchsten« (509). »Eines muß fallen, entweder die Versöhnungslehre oder die Philosophie; denn beide begründen einen radicalen Widerspruch« (518); »wenn von irgend einem Punkte aus der Philosophie der Todesstoß droht, so ist es von dem aus, welcher in dieser Arbeit behauptet worden ist« (518). »Noch sträubt man sich, die Offenbarung als das Höchste für den Menschen gelten zu lassen ... Irrt der Verfasser nicht ganz, so ist jetzt ein Wendepunkt der Ansicht gekommen, und der Hebel, welcher hiebei am besten anzuwenden ist ... scheint ihm die Anthropologie« (518). Vgl. auch J. C. A. Heinroth: Pisteodicee (1829).

69 »Auflösung der Theologie in die Anthropologie«: L. Feuerbach: Grundsätze der Philosophie der Zukunft (1843): Kleine philosophische Schriften ed. M. G. Lange (1950) 87. Eine interessante Frage ist, wieweit im Wortgebrauch Feuerbachs – eines genauen Kenners gerade der franz. Philosophie des 17. Jahrhunderts – eventuell die ›theologische Bedeutung‹ des Wortes Anthropologie (vgl. oben Anm. 11) lebendig ist – z. B. in Formulierungen wie: »Das Geheimnis der Theologie ist die Anthropologie«: Vorläufige Thesen zur Reform der Philosophie (1842) a.a.O. 55, diese Anthropologie aber ist »die ... Vermenschlichung Gottes«: Grundsätze a.a.O. 87.

70 Vgl. S. Kierkegaard: Papirer X 2, 128 ff. (= A 163 von 1849), Übers. in: S. Kierkegaard: Christentum und Christenheit, übers. von E. Schlechta (1957) 202/2.3.

71 L. Feuerbach: Grundsätze a.a.O. 167; vgl. auch Vorläufige Thesen a.a.O. 074. 77/78 u. ö.

72 L. Feuerbach: Das Wesen des Christentums (1841, ^{2}1843).

73 Vgl. Bibliographie der Schriften über Feuerbach in: Sämtliche Werke (ed. Bolin/Jodl) XI ed. H. M. Sass (1962) 347 ff.; repräsentativ: einerseits F. Engels: Ludwig Feuerbach und der Ausgang der klassischen deutschen Philosophie (1888), andererseits M. Buber: Die Schriften über das dialogische Prinzip (1954) Nachwort 287–289; betont wird dort der »Materialismus« Feuerbachs, hier seine Theorie des Ich-Du-Bezugs.

74 G. W. F. Hegel: Sämtliche Werke (ed. Glockner) VI 231 (vgl. Encyclop.^{3} § 387); dazu bereits Hegel: Philosophische Propä-

deutik (1808/11) III 200: »Der Geist für sich betrachtet ist: 1) in seinem natürlichen Dasein und seiner unmittelbaren Verbindung mit dem Körper und seiner daher rührenden Abhängigkeit von dessen Affectionen und Umständen zu begreifen, Anthropologie.«

75 Fassung 1817: »A. Die Seele.« Fassung 1827 und 1830: »A. Anthropologie. Die Seele.«

76 Vgl. Hegel VI 233, 234 ff.; vgl. auch 232: »unmittelbare Identität der in sich seyenden Subjectivität und der Leiblichkeit«.

77 Vgl. Ein Hegelsches Fragment zur Philosophie des Geistes. Eingeleitet und hrsg. von F. Nicolin, in: Hegel-Studien 1 (1961) 36: daß »die Kenntniß der concretern Geistigkeit ... in der Wissenschaft auf dem Standpunkte der Anthropologie sich noch nicht gefaßt hat«.

78 C. L. Michelet: Anthropologie und Psychologie oder die Philosophie des subjectiven Geistes (1840): er hat »in Bezug auf Hegel die Grundanschauung ... beibehalten ... doch in Ansehung der Organisation des Stoffs« geändert (IV). »Der Geist tritt hier nur als natürlicher Geist oder als *Seele* auf; und das ist der Gegenstand der *Anthropologie*«(71/72): »wir haben den menschlichen Geist zuerst nach seiner natürlichen Seite zu betrachten, wie er als Naturgeist ist, oder als Seele durch den Leib bestimmt wird. Das ist vornehmlich das Anthropologische unserer Betrachtungen« (13) – die aber eben darum »objektiven« und »absoluten Geist« außer sich haben. Vgl. auch J. E. Erdmann: Leib und Seele (1837, [2]1849, ed. Bolland 1902) bes. 113–128.

79 Hier sei wenigstens kurz auf die im Text nicht verfolgten Anpassungsversuche hingewiesen. Der hier vorgeschlagenen These zufolge etabliert sich Anthropologie ja nicht nur im Gegensatz zur Geschichtsphilosophie, sondern auch im Gegensatz zu mathemathischer Naturwissenschaft und traditioneller Schulmetaphysik. Darum gibt es im 19. Jahrhundert neben dem gegenläufigen Versuch ihrer Wiederanpassung an die Geschichtsphilosophie (Hegel) auch die Versuche ihrer Wiederanpassung an die exakte Naturwissenschaft und ihrer Wiederanpassung an die traditionelle Schulmetaphysik. – Jenes geschieht – alsbald beflügelt durch die Thesen Darwins (The Origin of Species [1865]; The Descent of Man [1871]) – im Zeichen der »anthropologischen

Gesellschaften«, die in der zweiten Jahrhunderthälfte allenthalben gegründet werden: in Paris 1859 als »Société d'Anthropologie« durch Paul Broca, der dort 1876 auch die »Ecole d'Anthropologie« einrichtet; in Berlin 1869 unterm Einfluß von Adolf Bastian und Rudolf Virchow; zwischen 1863 und 1888 überall in Europa und auch in Japan: das Interesse gilt der Ethnologie mit bes. Berücksichtigung der Abstammungslehre; in diesen Zusammenhang gehört weitgehend die Entwicklung der »anthropology« in den englischsprechenden Ländern. – Dieses geschieht durch Aufnahme der »Anthropologie« in die Disziplinengliederung der Metaphysik; wieweit das im Zusammenhang der Genese der Neuscholastik der Fall ist, bedarf der Untersuchung. Zur Rolle des Bezugspunkts »Natur« innerhalb der gegenwärtig metaphysikbereiten Anthropologie vgl. etwa die Placierung der Anthropologie im Zusammenhang der Naturphilosophie in der »Philosophia Lovaniensis« bei L. de Raeymaeker: Einführung in die Philosophie (dtsch. 1949) 92; auch B. v. Brandenstein: Der Mensch und seine Stellung im All. Philosophische Anthropologie (1947) verlangt, »daß diese ... Aufhellung seiner selbst ... den Menschen von heute zurückführe zur Natur, in welcher er so fremd geworden ist« (12).

80 »Was der Mensch sei, sagt ihm nur seine Geschichte«: W. Dilthey: Gesammelte Schriften VIII 224 (Traum 1903), vgl. IV 529 (Die drei Grundformen der Systeme in der ersten Hälfte des 19. Jahrhunderts 1898); der Satz steht durchweg im Zusammenhang einer Nietzschekritik: weil Nietzsche an der Geschichte vorbeigehen wollte, hat er faktisch das Leben und die Natur an ein nur Geschichtliches – das Machtmenschenideal der Renaissance – verraten; derlei Verwechslungen will Dilthey durch historische Reflexion vermeiden. Der Satz proklamiert also nur sekundär und instrumental eine ›Wende zur Geschichte‹, primär und fundamental aber eine radikalere ›Wende zur Natur‹: Diltheys berühmteste Fürsprache für die Geschichte steht im Dienste einer Wende zur Natur.

81 Zit. bei G. Misch: Vorbericht zu Dilthey V, XCI; vgl. Dilthey VIII 78 f., 80 f., 85, 140 ff. (Die Typen der Weltanschauung und ihre Ausbildung in den metaphysischen Systemen 1911.)

82 Vgl. bes. Dilthey I 86–112 (Einleitung in die Geisteswissenschaften Bd. 1 [1883]).

83 J. Burckhardt: Werke VII 1 und 3 (Weltgeschichtliche Betrachtungen [1868]).

84 Dilthey VIII 79 (Die Typen der Weltanschauung [1911]).

85 a.a.O. 80/81. 140ff. u. ö.; auch schon Burckhardt spricht a.a.O. 2 von »dem großen allgemeinen Lebensrätsel«.

86 Auch dies nicht nur bei Dilthey a.a.O.; vgl. Burckhardt a.a.O. 3: »wir betrachten das sich Wiederholende, Konstante, Typische«. Die Typologieneigung gerade des anthropologischen Ansatzes – vgl. oben Anm. 7 – ist plausibel: zum traditionellen Pensum der Anthropologie gehört ja die Theorie der natürlichen Verschiedenheiten des Menschen, die Sortierung von Lebensaltern, Geschlechtereigenschaften, Temperamenten, Rassen, Krankheiten bzw. Geisteskrankheiten usf.; spätestens bei Dilthey tritt das Geschichtliche – im Zusammenhang der Wende zur allgemeinen Menschennatur – in den Aktionsradius dieser alt-anthropologischen Denkform der Typologie.

87 Dilthey a.a.O. 85: »Eine gemeinsame Menschennatur und eine Ordnung der Individuation steht in festen Lebensbezügen zur Wirklichkeit, und diese ist immer und überall dieselbe, das Leben zeigt immer dieselben Seiten.«

88 Vgl. etwa Dilthey V 207 (Ideen über eine beschreibende und zergliedernde Psychologie 1894): daß »die Biologie ... den Gesichtskreis dieser Erörterungen zu erweitern geeignet ist«; vgl. ff. In diesen ganzen Zusammenhang gehört auch Diltheys Vorliebe für den »objektiven Idealismus«; und H. Plessner: Die Stufen des Organischen und der Mensch (1928) bemerkt mit Recht: es »erzwingt der Gedanke einer Grundlegung der geisteswissenschaftlichen Erfahrung ... eine Philosophie der *Natur* ... Das hat auch Dilthey gewußt ... Man darf das Interesse an Goethescher Naturphilosophie bei Dilthey und seinen Schülern daher nicht rein historisch bewerten« (24).

89 Vgl. bes. Dilthey I 28 ff. (Einleitung in die Geisteswissenschaften Bd. 1 [1883]): es »ist Anthropologie und Psychologie die Grundlage aller Erkenntnis des geschichtlichen Lebens« (32); vgl. die späte Aussage VI 305 (Das Problem der Religion [1911]) und die frühe im Novalisaufsatz (zuerst 1865) in: Das Erlebnis und die Dichtung (^{12}1921) 194: »Vor allem ist ihm Anthropologie die Basis der Menschengeschichte ... Hiermit antizipiert er einen uns naheliegenden Standpunkt.«

90 Vgl. insgesamt Dilthey VIII: Weltanschauungslehre.

91 »Indem die Philosophie sich zur Anthropologie wendet, tritt (sie) ins Reich wissenschaftsfremder Weltanschauung über ... Die Philosophie gewinnt in der Anthropologie den glänzenden Schein einer Weltanschauung, aber sie verliert ihre wissenschaftliche Funktion«: J. Ritter: Über den Sinn und die Grenze der Lehre vom Menschen (1933) 28/29.

92 E. Rothacker: Probleme der Kulturanthropologie, in: Systematische Philosophie ed. N. Hartmann (1942) 55–198; J. Wach: Typen religiöser Anthropologie (1932).

93 Symptomatisch ist aber auch, daß z. B. nicht nur der frühe Husserl – vgl. Logische Untersuchungen I (1900, [4]1928) 116–122 – zugunsten der Wesensphänomenologie, sondern ebenso der späte zugunsten einer phänomenologischen Philosophie der Geschichte den »Anthropologismus« verwirft: E. Husserl: Phänomenologie und Anthropologie (a lecture given in Berlin, June 10, 1931), in: Philosophy and Phenomenological Research 2 (1941) 1.

94 M. Heidegger bestimmt die ontologisch erhebliche Verfassung des Menschen als »Dasein« und verlangt, es müsse »die Fundamentalontologie ... in der existenzialen Analytik des Daseins gesucht werden«: Sein und Zeit (1927) 13; ohne Zweifel also stellt er in diesem Sinn ›den Menschen‹ ins Zentrum seiner Philosophie. Und G. Lukács: »Radikal sein ist die Sache an der Wurzel fassen. Die Wurzel für den Menschen aber ist der Mensch selbst«: dieser Marx-Satz ist Motto seines Verdinglichungsaufsatzes – Geschichte und Klassenbewußtsein (1923) 94 –, der ausdrücklich den »Mensch zum Maß aller Dinge« erklärt: a.a.O. 203; vgl. ff.

95 M. Heidegger: Kant und das Problem der Metaphysik (1929, [2]1951) 193; vgl. insgesamt 188 ff.; auch schon Sein und Zeit vollzieht 45 ff. eine »Abgrenzung der Daseinsanalytik gegen Anthropologie ...«.

96 M. Heidegger: Vorträge und Aufsätze (1954) 87; vgl. Holzwege (1950) 91/92.

97 Lukács a.a.O. 204.

98 Ibid.

99 Zur Platnerkritik vgl. Kant IX 116/117 (Brief an Herz, undat. 1773); zur Herderkritik vgl. Kant IV 177–200 (Rezensionen

von J. G. Herders Ideen zur Philosophie der Geschichte der Menschheit [1785]): Kant bezeichnet Herders Theorie als »Anthropologie« (192) und schreibt: »Rezensent muß gestehen, daß er diese Schlußfolge aus der Analogie der Natur ... doch nicht einsehe« (187); vgl. zu Kant auch die Anthropologiekritik bei H. Cohen: Ethik des reinen Willens (1904) 8 ff. Zur Frieskritik vgl. am knappsten und klarsten zusammenfassend Hegel VI 328 (Über Friedrich Heinrich Jacobis Werke [1817]): ohne Namensnennung, aber mit eindeutiger Anspielung. Zur Feuerbachkritik von Marx vgl. zusammenfassend bes. die 6. der Thesen über Feuerbach (1845/46) und den Feuerbachteil der Deutschen Ideologie (1845/46), bes. prägnant K. Marx: Frühschriften ed. Landshut (1953) 351: »Feuerbachs Auffassung ... setzt ›den Menschen‹ statt den ›wirklichen historischen Menschen‹«; vgl. ff.

100 I. Fetscher im Vorwort zu A. Kojève: Hegel. Eine Vergegenwärtigung seines Denkens. Kommentar zur Phänomenologie des Geistes ed. Fetscher (1958) 9; vgl. auch I. Fetscher: Der Marxismus im Spiegel der französischen Philosophie, in: Marxismusstudien 1 (1954) 173–213. In welchem Maße gerade Kojèves Position eine ›Wende zur Natur‹ bedeutet, kann hier ebensowenig diskutiert werden wie die Frage, ob J. P. Sartre erst mit seiner Critique de la raison dialectique (1960) eine Wende zur »anthropologie philosophique« vollzieht, oder ob bereits L'être et le néant (1943) mit seiner These vom pour-soi als dem »genichteten« en-soi(Natur) als eine Art Mängelwesentheorie Anthropologie ist.

101 H. Kunz: Die anthropologische Bedeutung der Phantasie, 2 Bde. (1946); L. Binswanger: Grundformen und Erkenntnis menschlichen Daseins (1941, [2]1953); Ausgewählte Vorträge und Aufsätze, 2 Bde. (1947, 1955); Der Mensch in der Psychiatrie (1957); E. Staiger: Die Zeit als Einbildungskraft des Dichters (1953): allen gemeinsam ist die Korrektur der extremen Geschichtlichkeitsthese Heideggers mindestens durch einen betont phänomenologischen Rekurs auf »allgemeine Möglichkeiten des Menschen«: E. Staiger: Grundbegriffe der Poetik (1956) 254. So ist es repräsentativ für diese Sezession, wenn O. F. Bollnow: Das Wesen der Stimmungen (1941) in seiner Auseinandersetzung um »Begriff und Methode der philosophischen Anthropologie« (4 ff.) gegen Heidegger »die volle Zeit-

struktur« (119) einklagt: er reklamiert mit dem »Zeiterlebnis der glücklichen Stimmungen« (120) »Zustände einer eigentümlichen ›Enthebung‹ über die Zeit« (125): so macht er gegenüber dem bloßen Zukunftsdenken Heideggers (nicht zuletzt unter Berufung auf »Nietzsches Lehre vom ›großen Mittag‹«: 168 ff.) so etwas wie ›Bleiben‹ geltend – durchaus ähnlich wie K. Löwith in einer Bewegung von der Geschichtsphilosophie zu einer Philosophie der »Natur«, d. h. Von Hegel zu Nietzsche (1939, [3]1953) und von Heidegger auf anthropologischen Wegen zur Naturphilosophie gegen das biblische Zukunftsdenken und seine Säkularisationen (Weltgeschichte und Heilsgeschehen [dtsch. 1953]) Nietzsches Philosophie der ewigen Wiederkehr des Gleichen (1935).

102 K. Löwith: Das Individuum in der Rolle des Mitmenschen. Ein Beitrag zur anthropologischen Grundlegung der ethischen Probleme (1928): die Arbeit ist »Grundstück einer philosophischen Anthropologie« (XIII), sie hat »›Philosophie‹ – aber ›auf dem Standpunkt der Anthropologie‹ zur Absicht« (XIV).

103 K. Löwith: Von Hegel zu Nietzsche (1939, [3]1953) 8; vgl. den Rückverweis auf diese Frage bei Löwith: Weltgeschichte und Heilsgeschehen (1953) 7.

104 K. Löwith: Gesammelte Abhandlungen. Zur Kritik der geschichtlichen Existenz (1960), Vorbemerkung. Vgl. insbes. den zuerst in der Plessnerfestschrift erschienenen Aufsatz »Natur und Humanität des Menschen« a.a.O. 179–207; und: »was könnte fragwürdiger sein« – sagt Löwith – »als die moderne Voraussetzung, daß die Geschichte *die* Dimension der menschlichen Existenz ist, wobei man von der ganzen natürlichen Welt, dem physischen Kosmos absieht« (Mensch und Geschichte a.a.O. 160) und »den einen physischen Kosmos in eine Vielheit geschichtlicher Welten und die immergleiche Natur des Menschen in eine Mannigfaltigkeit geschichtlicher Existenzweisen aufgelöst hat«: a.a.O. 164.

105 Freilich: nicht jede philosophische Wende zur Natur ist heute Anthropologie (vgl. die Konzeptionen von W. Szilasi, E. Heintel, F. Kaulbach) und nicht jeder Ausbruch aus der Geschichtsphilosophie im Namen des Menschen auch Wende zur Natur: vgl. z. B. G. Marcel: Les hommes contre l'humain (1951), der

»l'homme contre l'histoire« (173–187), d. h. unter anderm auch »contre cette idolâtrie hégélianisante de l'histoire« (184) retten will, ohne dabei zur Natur als Bezugspunkt und zur Losung »anthropologie« sich zu wenden.

106 Darum gehört zum anthropologischen Ansatz – vgl. nicht zuletzt Dilthey – verbreitet die skeptische Attitüde: K. Löwith: Wissen, Glaube und Skepsis (1956) versteht »das Wissen der Philosophie ... als skeptisch untersuchendes Fragen« (4; vgl. den Aufsatz Skepsis und Glaube a.a.O. 26–48) und bestimmt vielleicht gerade deswegen auch dort die »aus sich selbst hervorgehende physis« als »dieses erste und letzte Thema jeder natürlichen Philosophie« (68). Und H. Plessner: Die Aufgabe der philosophischen Anthropologie (1936) abgedr. in: Zwischen Philosophie und Gesellschaft (1953) 117–131 will die Anthropologie als »eine Lehre vom Menschen am Leitfaden seiner grundsätzlichen Bezweifelbarkeit« (125): »Sie erfüllt in Wirklichkeit die Funktion, welche alle Skepsis ... gehabt hat: falsche Autorität abzuwehren« (128). Indes: »die Weltgeschichte des Verdachts gegen jede Autorität« hat »die natürliche Daseinsbasis am Ende allein übriggelassen« (124): »Bis auf die Basis der Natur sind alle Ebenen unverbindlich geworden, von wo aus und woraufhin der Mensch sich in seinem Gattungscharakter verstehen muß« (ibid.). Aber: »Diese Skepsis werden wir nicht eher überwinden, als bis wir sie verwirklicht haben. Die im Sinne ihrer Überwindung verwirklichte Skepsis ist allein möglich als Philosophische Anthropologie« (123).

107 Wo eine Diskussion der uferlosen Literatur nicht möglich ist; vgl. zur Besprechung neuerer Literatur u. a. E. Ströker: Zur gegenwärtigen Situation der Anthropologie, in: Kantstudien 51 (1959/60) 461–479 und die zahllosen Aufsätze W. Brünings (s. oben Anm. 7).

108 M. Scheler: Die Stellung des Menschen im Kosmos (1927, als Buch 1928); vgl. auch M. Scheler: Zur Idee des Menschen (1915) in: Vom Umsturz der Werte ([4]1955) 171–195.

109 M. Scheler: Die Stellung des Menschen im Kosmos ([x]1947) 11: »Die Sonderstellung des Menschen kann uns erst deutlich werden, wenn wir den gesamten Aufbau der biophysischen Welt in Augenschein nehmen.«

110 a.a.O. 11–34.

111 a.a.O. 34–80.

112 H. Plessner: Die Stufen des Organischen und der Mensch (1928) 26; diesen Zusammenhang – vgl. auch schon H. Plessner: Die Einheit der Sinne. Grundlinien einer Ästhesiologie des Geistes (1923) bes. 134 ff. – betont auch N. Hartmann: Naturphilosophie und Anthropologie (1944) in: Kleinere Schriften I (1955) 214: »Darin hängen Naturphilosophie und Anthropologie unlöslich zusammen, daß es eine ›menschliche Natur‹ gibt ... Die Natur des Menschen und der Mensch in der Natur – so kann man das Thema umreißen, das beiden Wissensgebieten gemeinsam ist«; entsprechende »anthropologische« Impulse N. Hartmanns hat dann – gegen die metaphysischen – vor allem H. Wein zur Geltung gebracht, der »mit Hilfe der Idee einer Logik der Struktur« der »Forderung nach einem anthropologischen Philosophieren« genügen will (Realdialektik. Von Hegelscher Dialektik zu dialektischer Anthropologie [1957] 183) und dabei eben nicht nur die Verbindung zu amerikanischer Anthropologie, sondern auch Zugang zu philosophischer Kosmologie (1954) sucht.

113 J. v. Uexküll: Umwelt und Innenwelt der Tiere ([2]1921); Streifzüge durch die Umwelt von Tieren und Menschen (1934: zus. mit G. Kriszat); A. Gehlen: Der Mensch ([6]1958) kann seine Anthropologie – mit den Vorbehalten 83 ff. – »als Anwendungen derjenigen echt biologischen Betrachtungsweise, welche sich unter der Führung Uexkülls durchgesetzt hat« (33), verstehen; L. Bolk: Das Problem der Menschwerdung (1926); K. Lorenz: Kants Lehre vom Apriorischen im Lichte gegenwärtiger Biologie, in: Blätter für deutsche Philosophie 15 (1941/42) 94–125; außerdem die bei Gehlen a.a.O. 25 zitierten Abhandlungen; A. Portmann: Zoologie und das neue Bild vom Menschen. Biologische Fragmente zu einer Lehre vom Menschen (1956); Biologie und Geist (1956).

114 Vgl. für v. Weizsäcker, v. Gebsattel die Anm. 5, für Binswanger die Anm. 101 genannten Titel: Ziel dieser »medizinischen Anthropologie« ist freilich der Weg heraus aus »bloßer« Naturwissenschaft hin zur Beachtung des »ganzen Menschen«; was für die offizielle Philosophie dabei faktisch bedeutsam wird, ist aber das Umgekehrte: eine neue Art von Kontakt mit Problemen der Natur.

115 A. Gehlen: Der Mensch. Seine Natur und seine Stellung in der Welt (1940, zit. nach [6]1958).

116 Vgl. a.a.O. 90; überdies schließt Gehlens Buch mit einem Novalis-Zitat: »Die höhere Philosophie behandelt die Ehe von Natur und Geist«: 438.

117 Ausgangsbefund ist, daß »die Natur ein Wesen allen Gefahren ... auslieferte ... dem Risiko einer Physis, die aller beim Tier wohlbewährten organischen Gesetzlichkeit geradezu widerspricht. Wenn irgendeine Betrachtungsweise biologisch genannt werden darf, so dürfte es diese sein: ein Wesen unter die Frage zu stellen, mit welchen Mitteln es eigentlich existiert. Wenn man dies tut, so gewahrt man einen außerordentlichen Bereich einer ganz neuen Wissenschaft: einer Gesamtwissenschaft vom Menschen«: a.a.O. 17/18; es besteht also »die anthropo-biologische Fragestellung ... allein in der Frage nach den *Existenzbedingungen* des Menschen«: a.a.O. 16.

118 Vgl. zum Problem u. a. K. Löwith: Natur und Humanität des Menschen, in: Gesammelte Abhandlungen (1960) bes. 187 ff.

119 »Die anthropologischen Studien des Verfassers führten notwendig weiter und in sozialphilosophische Fragen, mit ihnen auf das Feld der Geschichte hinaus«: A. Gehlen: Urmensch und Spätkultur (1956) 7.

120 J. Habermas: Art. Anthropologie im Fischer-Lexikon Bd. Philosophie (1958) 20.

121 Für die Pädagogik vgl. R. Spaemann: Dialektik und Pädagogik, in: Pädagogische Aspekte in unserer Welt, Festschrift für E. Lichtenstein (1961) 21–35; für die Medizin vgl. vom Verf.: Über einige Beziehungen zwischen Ästhetik und Therapeutik in der Philosophie des 19. Jahrhunderts, oben S. 85–106.

122 Zu dieser Genese der Soziologie vgl. G. Lukács: Die Zerstörung der Vernunft (1954) 461 ff. und R. Spaemann: Der Ursprung der Soziologie aus dem Geist der Restauration (1959). Ob H. Schelsky: Der Mensch in der wissenschaftlichen Zivilisation (1961) und E. Lichtenstein: u. a. Die philosophisch-pädagogische Frage nach der Erziehbarkeit des Menschen, in: Bollnow/Lichtenstein/Weber: Der Mensch in Theologie und Pädagogik (1957) 22–43 – jener soziologisch, dieser dialogisch orientiert – wirklich im hier gemeinten Sinne »anthropologisch« denken, bleibt an dieser Stelle ebenso offen wie die Frage, was Philoso-

phie tun kann, wenn sie nicht nur – wie die hier versuchte Überlegung – vom heute recht allgemeinen Abschied von der Geschichtsphilosophie auch den Schmerz dieses Abschieds verlangt.

123 Vgl. nicht nur A. Gehlen: Urmensch und Spätkultur (1956) und: Die Sozialstrukturen primitiver Gesellschaften, in: Soziologie ed. Gehlen/Schelsky (1955) 11–43 und bei H. Freyer u. a.: Theorie des gegenwärtigen Zeitalters (1955), offengelegte Prämissen, sondern auch den z. B. durch M. Mead repräsentierten Trend der »cultural anthropology« in den USA.

124 Vgl. M. Buber: Die Schriften über das dialogische Prinzip (1954), daraus bes. Ich und Du (1923): »Die Beziehung zum Du ist unmittelbar ... Vor der Unmittelbarkeit der Beziehung wird alles Mittelbare unerheblich«: a.a.O. 15/16; vgl. »die geistesgeschichtliche Einleitung zu einer anthropologischen Begründung« (a.a.O. 306) durch M. Buber: Das Problem des Menschen (1948).

125 M. Landmann, Creatura Creatrix. Ursprünge und Zielsetzung der philosophischen Anthropologie: Erkenntnis und Glaube, Schriftenreihe der ev. Forschungsakademie Ilsenburg 22 (o. J.).

126 M. Landmann, Der Mensch als Schöpfer und Geschöpf der Kultur. Geschichts- und Sozialanthropologie (1961) 62.

127 a.a.O. 17.

128 a.a.O. 25.

129 a.a.O. 27.

130 a.a.O. 26.

131 Vgl. J. G. Herder, Auch eine Philosophie der Geschichte zur Bildung der Menschheit (1774); vgl. C. Grawe, Herders Kulturanthropologie (1967).

132 Landmann, a.a.O. 62; vgl. Ds., Philosophische Anthropologie (1955)

133 Landmann, a.a.O. (Anm. 126) 27.

134 M. Landmann, Pluralität und Antinomie. Kulturelle Grundlagen seelischer Konflikte (1963) 109 ff.

135 a.a.O. 198 ff.

136 Landmann, Der Mensch als Schöpfer und Geschöpf der Kultur a.a.O. 54 ff.

137 M. Landmann, Das Ende des Individuums. Anthropologische Skizzen (1971) bes. 115 ff.

138 Landmann, Pluralität und Antinomie a.a.O. 134 ff.

139 Landmann, Das Ende des Individuums a.a.O. 147 ff. Landmann betont beides: der Mensch ist Schöpfer, er ist Geschöpf seiner Kulturen: »Wir sind die Schaffendsten und die Empfangendsten«, »durch Welt und Umstände prägbar bis zur Preisgegebenheit«: a.a.O. 70. Die Akzentuierung dieses letzteren Gesichtspunkts disponiert zu einer skeptisch-fatalistischen Version, die sich in soziologischen Anthropologien findet: vgl. H. Schelsky, Der Mensch in der Wissenschaftlichen Zivilisation (1961): der Mensch ist der »künstliche Mensch« (13) in der Welt der Sachzwänge. Dabei hat die Anthropologie zwei mögliche Funktionen. Entweder kann sie – angesichts der Reduktion des Menschen auf die verwissenschaftlichte und Rollen-Welt der Gesellschaft – kompensatorisch seine Ganzheit erträumen; vgl. W. Sombart, Vom Menschen (1938); L. v. Wiese, Homo sum. Gedanken zu einer zusammenfassenden Anthropologie (1940); dazu kritisch: Schelsky a.a.O. 40 ff. Oder die Anthropologie kann den Menschen – angesichts seines Rollen-Daseins: vgl. R. Dahrendorf, Homo Sociologicus (1958 [5]1965) – auf dem Wege »eines ... Entwurfs privativer Anthropologie« (87) als Protestwesen deuten; wenn man so will: als Mitmenschen in der Rolle des Individuums.

140 A. Gehlen, Anthropologische Forschung (1961) 59.

141 E. Cassirer, An Essay on Man (1944); vgl. D. Bidney, E. Cassirers Stellung in der Geschichte der philosophischen Anthropologie, in: E. Cassirer, ed. P. A. Schilpp (o. J.) 335 ff.

142 Vgl. W. E. Mühlmann, Homo Creator. Abhandlungen zur Soziologie, Anthropologie und Ethnologie (1962); ders./ E. W. Müller, Kulturanthropologie (1966). Vgl. hierzu auch die grundsätzlichen Äußerungen der soziologisch sich wendenden Volkskunde: I. M. Greverus, Kulturanthropologie und Kulturethologie: ›Wende zur Lebenswelt‹ und ›Wende zur Natur‹, in: Zeitschrift für Volkskunde 67 (1971) 13–26.

143 Vgl. E. Rothacker, Mensch und Geschichte (1950); ders., Zur Genealogie des menschlichen Bewußtseins (1966).

144 Neue Anthropologie, ed. H. G. Gadamer/P. Vogler (1972 ff.; bisher 1,2: Biologische Anthropologie; 3: Sozialanthropologie; 4: Kulturanthropologie); vgl. H. G. Gadamer, a.a.O. 1 XXIX: »Keine vorgefaßte Dogmatik, kein Standpunkt, der sich gegen-

über anderen Standpunkten mit Eindeutigkeit abgrenzte, hält die Beiträge dieses Werkes eigentlich zusammen ... Das will sagen, am Anfang stand nicht ein systematischer Entwurf inhaltlicher Art, sondern eine Überschau über die großen Leistungen der Forschung – und ein gefühltes Bedürfnis.« Auch hier perenniert die altanthropologische Tendenz zum Populären; das Werk ist an den »Laien« adressiert: XXX.

145 M. Horkheimer, Bemerkungen zur philosophischen Anthropologie (1935), in: ders., Kritische Theorie I (1968) 200–227.

146 M. Horkheimer/Th. W. Adorno, Dialektik der Aufklärung (1947) 12.

147 U. Sonnemann, Negative Anthropologie (1969): »Erschließung des Humanen aus seiner Verleugnung und Abwesenheit«: 227; vgl. Th. W. Adorno, Negative Dialektik (1966) 9.

148 H. Marcuse, Der eindimensionale Mensch (1964, dt. 1967) 83 ff. u. i. w.

149 P. Probst, Untersuchungen zur Theorie und Genese der philosophischen Anthropologie der Gegenwart (phil. Diss. Gießen 1971) bes. §§ 6, 7; Radikalisierung dieses »latenten Naturalismus« inzwischen bei A. Schmidt, Emanzipatorische Sinnlichkeit. Ludwig Feuerbachs anthropologischer Materialismus (1973).

150 D. Claessens, Nova Natura. Anthropologische Grundlagen modernen Denkens (1970); vgl. ders., Instinkt, Psyche, Geltung (1967 [2]1970).

151 »Weil der Mensch es sich jetzt leisten kann, sich als Naturwesen zu akzeptieren«: Claessens, Nova Natura a.a.O. 95/96.

152 L. Krader, Ethnologie und Anthropologie bei Marx (dt. 1973).

153 W. Lepenies, Soziologische Anthropologie. Materialien (1971) 14.

154 W. Lepenies/H. Nolte, Kritik der Anthropologie (1971) 16. Vgl. hier auch die erneute Korrelation zwischen Anthropologie und Skepsis: a.a.O. 16 ff.

155 a.a.O. 9 u. ö.

156 a.a.O. 7.

157 Vgl. a.a.O. 9–76.

158 a.a.O. 17: »praktische Erprobung des anthropologisch vielleicht Möglichen«. – Bei einer derartigen Position steckt plausiblerweise der Teufel im Detail, und es ist zweifellos ihr Verdienst, ihn dorthin gesteckt zu haben. Dies begründet zugleich

das Recht, auch sie im Kontext der Quasihegelianismen zu diskutieren. Da sie die *widerlegliche* Vermutung der Natürlichkeit des einstweilen Unabänderlichen zur Arbeitshypothese macht, läge es in der Konsequenz ihres Ansatzes, mit Positionen zu koalieren, die von der *widerleglichen* Vermutung der Vernünftigkeit von Bestehendem ausgehen: vgl. M. Kriele, Die Herausforderung des Verfassungsstaats (1970), zusf. bes. 18–20; vgl. auch N. Luhmann, Status quo als Argument, in: Studenten in Opposition ed. H. Baier (1968) 73–82.

159 C. Lévi-Strauss, Strukturale Anthropologie (1958, dt. 1967) 362; vgl. ders., Rasse und Geschichte (1952, dt. 1972) bes. 20 ff., 31 f., 48 ff.; ders., Traurige Tropen (1955, dt. 1970) 345–368. Die strukturale Anthropologie von Lévi-Strauss ist repräsentativ für die Pariser Schule, so daß für die Zwecke dieser Überlegung auf eine Diskussion der anderen Positionen verzichtet werden kann; vgl. dazu G. Schiwy, Der französische Strukturalismus (1969); ders., Neue Aspekte des Strukturalismus (1973).

160 C. Lévi-Strauss, Das wilde Denken (1962, dt. 1968) 292, vgl. ff.

161 Ibid.

162 a.a.O. 303.

163 Vgl. H. Ritter, Claude Lévi-Strauss als Leser Rousseaus, in: W. Lepenies/H. Ritter, Orte des wilden Denkens (1970) 113–159; vgl. 128: »Lévi-Strauss ... will, konsequenter als Rousseau, konkrete gesellschaftliche Erfahrung nicht nur kritisch distanzieren, sondern in dieser Distanzierung unkritisch verharren.« Warum unkritisch? Gewiß: der Ethnologe ist der verreiste Revolutionär, der, der sich »auf die Flucht einer Reise« begeben hat: Lévi-Strauss, Traurige Tropen a.a.O. 13. Aber tat er nicht gut daran, zu verreisen? »Die anderen Gesellschaften sind wahrscheinlich nicht besser als die unsere, und selbst wenn wir dies anzunehmen geneigt sind, so können wir es auf keinen Fall beweisen. Wenn es uns aber gelingt, fremde Gesellschaften besser zu kennen, so verschaffen wir uns wenigstens die Mittel, uns von der unseren zu lösen, nicht weil diese als einzige absolut schlecht wäre, sondern weil sie die einzige ist, zu der wir Distanz gewinnen müssen«: a.a.O. 363. Zunächst also ist da das Bedürfnis der Distanz; es gehört zum

»Westen« (358) und zu dem, was man seinen Exotismus nennen kann: die anthropologische Ethnologie ist zunächst nur eine seiner Formen. Eine andere, immanentere Form des Exotismus ist z. B. jene, an welche die Philosophie vor kurzem – in anderem Zusammenhang – erinnert wurde durch K. Gründer, Einleitung zu: J. Bernays, Grundzüge der verlorenen Abhandlung des Aristoteles über Wirkung der Tragödie, ed. K. Gründer (1970) VII ff.: es ist die um 1800 so genannte »Morgenländerei«, der frühe und verdeckte Versuch einer Mythologie der dritten Welt. Sie hat – meine ich – mindestens drei Stadien: zunächst die klassisch-philologische Nachtseitenforschung von Heyne und Zoëga über Creuzer bis Bachofen; dann das germanistisch-nordistische Morgenländerei-Surrogat von Wagner bis Rosenberg; schließlich – nach der Konversion sozusagen von Odin zu Mao, hilfsweise zu Iberoamerikanischem – die sinologische Linksmorgenländerei unseres Jahrhunderts: »flüchte du, im reinen Osten Patriarchenluft zu kosten«: J. W. v. Goethe, West-östlicher Divan (1819), Hegire 3/4, der auch seinen Ho oder Che hatte: Hafis. Wer nicht »ohne Angst anders sein« (Adorno) kann, muß mit Angst woanders sein: er muß im Kampf ums Dabeisein möglichst weit weg dabeisein. Es empfiehlt sich, den Exotismus des Westens, der sich als Ethnologie etabliert, zusammenzusehen mit diesem immanenteren Exotismus, der zunächst als mythologische Morgenländerei auftrat: diese zerfällt gegenwärtig in Maoismus und Tourismus. Die im Anschluß an solche Überlegungen mögliche Frage ist die, ob der geschichtsphilosophische Utopismus nicht nur der »dritte Exotismus« des Westens sei: Exotismus durch Proklamation einer unendlichen qualitativen Differenz zwischen Zukunft und Gegenwart; diese wirkt als dogmatische Abwehr der kritisch detaillierten Frage, ob – wo, wo nicht – Veränderungen vertretbar sind. Der ehrliche Exotismus der Ethnologie vermag möglicherweise den geschichtsphilosophischen Utopismus von jenem unehrlichen Surrogat-Exotismus zu befreien, der ihn zwingt, die Zukunft nur als das ganz Andere zur Gegenwart in Frage kommen zu lassen. Im Blick darauf wäre dann die Erörterung zu wiederholen, wer kritisch distanziert und wer in Wirklichkeit in dieser Distanzierung unkritisch verharrt.

164 Vgl. Lévi-Strauss, Das wilde Denken a.a.O. 293: »Vielleicht ist dieses goldene Zeitalter des historischen Bewußtseins bereits endgültig dahin« zugunsten jener »einzigen dauerhaften Gegenwart: jener, bei der sich der Unterschied auflöst zwischen dem Sinn und dem Fehlen von Sinn«: ders., Traurige Tropen a.a.O. 366. »Wir haben seit 1954 im Anschluß an Cournot den so erreichten Zustand als ›posthistoire‹ bezeichnet«: A. Gehlen, Die Säkularisierung des Fortschritts, in: Säkularisation und Utopie. Ebracher Studien, E. Forsthoff zum 65. Geburtstag (1967) 70.

165 Lévi-Strauss, Strukturale Anthropologie a.a.O. 362.

166 Ders., Das wilde Denken a.a.O. 294/5; dem widerspricht nur scheinbar ders., Vom Honig zur Asche (1966, dt. 1972) 524: »die strukturale Analyse ... verwirft ... also nicht die Geschichte. Ganz im Gegenteil, sie räumt ihr einen vorrangigen Platz ein, der zu Recht der irreduziblen Kontingenz zukommt, ohne die man nicht einmal die Notwendigkeit zu erfassen vermöchte.« Denn: »Wie man von bestimmten Karrieren sagt, sie führten überall hin, so auch die Geschichte, unter der Bedingung allerdings, daß man aus ihr heraustritt«: ders., Das wilde Denken a.a.O. 302.

167 Ibid.

168 Ders., Traurige Tropen a.a.O. 363/4: daß »sich die Menschen von jeher nur einer einzigen Aufgabe gewidmet haben, nämlich eine Gesellschaft zu schaffen, in der zu leben möglich ist«; a.a.O. 364: »daß der Mensch sich seit Jahrtausenden immer nur wiederholt hat«; a.a.O. 363: »daß die Menschen immer und überall im Hinblick auf ein gleiches Ziel die gleichen Aufgaben unternommen und daß sie sich im Laufe der Zeit nur verschiedener Mittel bedient haben ... Die Fortschrittsgläubigen laufen Gefahr, die ungeheuren Reichtümer zu übersehen, welche die Menschheit links und rechts jener engen Rille angehäuft hat, auf die allein sie ihre Blicke heften.«

169 A. Gehlen, Moral und Hypermoral. Eine pluralistische Ethik (1969).

170 »Auf der Grundlage sozial erweiterter Komplexität kann und muß der Mensch wirksamere Formen der Reduktion von Komplexität entwickeln«: N. Luhmann, Vertrauen. Ein Mechanismus der Reduktion sozialer Komplexität (1968) 6 u. i. w.

171 Vgl. A. Schmidt, Der strukturalistische Angriff auf die Geschichte, in: Beiträge zur marxistischen Erkenntnistheorie ed. A. Schmidt (1971) 194–265. In Frankreich protestiert insbesondere Sartre gegen den Versuch von Lévi-Strauss, die wilde Entschlossenheit der Dialektik zum nur noch wilden Denken zu zähmen.

172 J. Habermas/N. Luhmann, Theorie der Gesellschaft oder Sozialtechnologie – Was leistet die Systemforschung? (1971).

Nachweise

Schwierigkeiten mit der Geschichtsphilosophie.
1973. Bisher noch nicht veröffentlicht.

Hegel und das Sollen.
Antrittsvorlesung in Münster am 22. 11. 1963. Zuerst veröffentlicht in: Philosophisches Jahrbuch 72 (1964) 103–119 (Wilhelm Szilasi zum 75. Geburtstag).

Idealismus und Theodizee.
Vortrag auf dem 2. Internationalen Kant-Kongreß in Düsseldorf am 27. 7. 1965. Zuerst veröffentlicht in: Philosophisches Jahrbuch 73 (1965) 33–47.

Wie irrational kann Geschichtsphilosophie sein?
Vortrag vor der Sektion Philosophie der Görres-Gesellschaft bei deren Generalversammlung in Nürnberg am 4. 10. 1971. Zuerst veröffentlicht in: Philosophisches Jahrbuch 79, (1972) 241–253 (Clemens Heselhaus zum 60. Geburtstag).

Über einige Beziehungen zwischen Ästhetik und Therapeutik in der Philosophie des neunzehnten Jahrhunderts.
Sektionsvortrag auf dem 7. Deutschen Kongreß für Philosophie in Münster am 22. 10. 1962. Zuerst veröffentlicht in: Literatur und Gesellschaft. Festgabe für Benno v. Wiese, ed. H. J. Schrimpf (Bonn 1963) 22–55.

Weltanschauungstypologie. Bemerkungen zu einer anthropologischen Denkform des neunzehnten und zwanzigsten Jahrhunderts.
Antrittsvorlesung in Gießen am 7. 6. 1966. Zuerst veröffentlicht in: Die Frage nach dem Menschen. Festschrift für Max Müller, ed. H. Rombach (Freiburg/München 1966) 428–442.

Zur Geschichte des philosophischen Begriffs ›Anthropologie‹ seit dem Ende des achtzehnten Jahrhunderts.
Vortrag beim Habilitationskolloquium vor der Philosophischen Fakultät der Universität Münster am 22. 2. 1963. Zuerst veröffentlicht in: Collegium Philosophicum. Studien, Joachim Ritter zum 60. Geburtstag (Basel 1965) 209–239.
Anhang dazu (Abschnitt 9): 1973. Bisher noch nicht veröffentlicht.

Suhrkamp Verlag GmbH
Torstraße 44, 10119 Berlin
info@suhrkamp.de
www.suhrkamp.de